交通运输危险犯研究

赵微 著

法律出版社 LAW PRESS · CHINA
北京

图书在版编目（CIP）数据

交通运输危险犯研究 / 赵微著. -- 北京 : 法律出版社, 2024. -- ISBN 978 - 7 - 5197 - 8786 - 8

Ⅰ. D924.324

中国国家版本馆 CIP 数据核字第 20242HY088 号

交通运输危险犯研究
JIAOTONG YUNSHU WEIXIANFAN YANJIU

赵 微 著

策划编辑 张 珺
责任编辑 张 珺
装帧设计 汪奇峰

出版发行 法律出版社
编辑统筹 法商出版分社
责任校对 张翼羽
责任印制 胡晓雅
经　　销 新华书店

开本 710 毫米×1000 毫米 1/16
印张 19.25 **字数** 229 千
版本 2024 年 12 月第 1 版
印次 2024 年 12 月第 1 次印刷
印刷 北京新生代彩印制版有限公司

地址:北京市丰台区莲花池西里 7 号(100073)
网址:www.lawpress.com.cn
投稿邮箱:info@lawpress.com.cn
举报盗版邮箱:jbwq@lawpress.com.cn
销售电话:010 - 83938349
客服电话:010 - 83938350
咨询电话:010 - 63939796

书号:ISBN 978 - 7 - 5197 - 8786 - 8
定价:86.00 元

凡购买本社图书,如有印装错误,我社负责退换。电话:010 - 83938349

前 言

危险犯理论，发展了以实害结果作为犯罪成立条件的犯罪构成理论，并为刑法早期介入社会生活、惩治具有侵害法益危险性之行为提供了法理依据。为保护人民生命、健康和财产权益，防患于未然，我国《刑法》近年来增加了大量的危险犯罪名，交通运输危险犯是其中比较重要的一个类型。

2016 年 12 月 9 日出台的中共中央、国务院《关于推进安全生产领域改革发展的意见》(以下简称《安全生产改革意见》)彻底否定了“先发展后治理”“边发展边治理”的被动理念，把生产安全的意义提高到前所未有的新高度，贯彻以人民为中心的发展思想，始终把人的生命安全放在首位，正确处理安全与发展的关系，强调指出“安全生产是关系人民群众生命财产安全的大事，是经济社会协调健康发展的标志，是党和政府对人民利益高度负责的要求”。换言之，此后再也不允许以人的生命安全为代价换取生产发展和经济利益，“防患于未然”成为《刑法》立法的重要理念。《安全生产改革意见》提出“以防范遏制重特大生产安全事故为重点”，坚守“发展决不能以牺牲安全为代价”这条不可逾越的红线。针对生产中的安全隐患,《刑法》立法应当更加重视生产安全领域的早期治理,提前将危害公共安全的危险性行为犯罪化,通过增设危险犯,切断其发现为实害结果的通道,避免危害结果的现实转化。

安全可靠的交通运输不仅是提升经济贸易往来效率的前提条件,也是中国同世界保持密切联系的重要保障。2023 年 9 月 25 日至 26 日,交通运输部在北京成功举办了全球可持续交通高峰论坛(2023)以及第十五届国际交通技术与设备展览会。会上,我国正式提出《交通部长在全球可持续交通高峰论坛(2023)上的联合行动倡议》(《北京倡议》),得到塞尔维亚、蒙古国、沙特、新加坡等 25 个国家和国际组织的支持。该会议倡议成立全球可持续交通创新联盟。2023 年 9 月 25 日,国家主席习近平向全球可持续交通高峰论坛致贺信指出:“中国愿同世界各国一道,秉持共商共建共享理念,让可持续交通发展成果更好造福世界各国人民。”对于“可持续交通”理念的落实,首要问题就是交通安全的法治保障。

近年来,中国机动车和驾驶人保持高速增长态势。截至 2024 年 5 月底,全国机动车保有量达 4.4 亿辆,其中,汽车达 3.4 亿辆,驾驶人达 5.3 亿人。十年来汽车年均上牌超过 2000 万辆,新领证驾驶人超过 2800 万人,总量和增量均位居世界第一。[①]

中国又是航运大国,在排名前 10 位的海运强国(地区)中,除美国、日本,欧洲占三席,中国以及中国香港特别行政区和中国台湾地区占三席。[②] 近年来,我国大力扩展人工运河水道,在提高水上运输能力

---

① 参见曹子健:《中国机动车保有量达 4.4 亿辆　驾驶人达 5.3 亿人》,载中国新闻网 2024 年 6 月 13 日,https://www.chinanews.com/sh/2024/06-13/10233205.shtml。

② 参见《世界航运大国(世界航运大国有哪些)》,载水运物流网 2022 年 12 月 15 日,http://www.shuishangwuliu.com/jiabanjixie/211339.html。

的同时也对水路运输安全提出新的挑战。在整个交通运输体系中，水上交通具有成本上的绝对优势，有关统计资料表明：水路运输成本是空运的1/78、公路的1/28、铁路的1/6，开凿水上运河是人类减少运输成本最伟大的创举。根据交通运输部发布的信息，2023年我国不断加强水路交通基础设施建设，内河建设完成1052亿元、增长21.3%，沿海建设完成912亿元、增长14.8%。2023年年末全国内河航道通航里程12.82万公里，比上年年末增加184公里；全国港口生产用码头泊位22,023个，比上年年末增加700个，其中，万吨级及以上泊位2878个，比上年年末增加127个。2023年完成营业性货运量93.67亿吨，比上年增长9.5%，完成货物周转量129,952亿吨公里、增长7.4%；全年完成营业性客运量2.58亿人次，比上年增长121.6%，完成营业性旅客周转量53.77亿公里、增长137.9%。①

相比我国水上运输的实力，我国水上交通运输的风险防控能力低于其他运输形式，《刑法》的保护力度也远不及对陆路车辆交通运输安全的力度。有资料显示：水上交通运输安全事故34%来自航行的船舶，66%来自码头设施或作业船舶。还有一种交通运输风险是船舶溢油泄漏问题，其危害后果往往是不可修复的，其可控力远远低于陆上的溢油污染。船舶漏油会导致相关海域、沿岸的生态环境遭受毁灭性的破坏，严重危及人类与海洋生物的生存环境，乃至使海洋生物付出生命的代价。同样，内河中的危险品将严重危害其生态环境，危害程度比公路等其他运输方式严重。② 交通运输是经济发展的大动脉。目前，党中央、国务院对公共安全给予高度重视，提升刑法对交通安全的保护作用、科学合理设置交通运输危险犯也是时代发展的需要。

---

① 参见交通运输部《2023年交通运输行业发展统计公报》。

② 参见洪辉：《在海上危险货物运输海事监管研究》，大连海事大学2014年硕士学位论文，第11页。

鉴于交通运输事故多发于车辆与船舶运输过程中，本书专门以车辆与船舶交通运输风险为研究对象，铁道运输与航空运输的交通风险问题不在本书的研究范围之中。

目　录

导　言

一、相关概念、研究对象解读

逻辑思维的起点是“概念”，本书涉及的核心概念是“交通运输危险犯”，是由“交通”“运输”“危险”“犯罪”等概念所组成的。为了明确研究范围，需要澄清概念与概念之间的关系。

（一）本书相关概念解读

1.“交通”与“运输”的概念

在《辞源》中，“交通”一词，是指“人之往来。货物之运输。彼此通达无阻之谓也”。① 而“运输”一词，“谓转移货物也”。② 从词义来看，“交通”的外延似乎包揽了“交通”和“运输”两层意思，既有运送人的意思，又有运送货物的意思，但是其最为主要的内涵是畅通无阻到达目的地的意思。而“运输”是指对货物的转移，由此，有必要用“交通运输”一词体现畅

① 《辞源》（上册），商务印书馆1915年版，第141页。

② 《辞源》（下册），商务印书馆1915年版，第201页。

通无阻的人之往来与货物运送的意思。

在这两个概念的前提下,“交通运输犯罪”的概念已然明朗,即交通工具在运送人员和运送货物过程中实施的犯罪。在现代社会生活中,车辆与船舶是我国交通运输的主要工具,在这两类运输工具的作业中所产生的风险是导致交通事故较多、司法实践中比较常见的一类犯罪。

2.“风险”与“危险”的概念

“风险”一词来自意大利语“risque”。在现代早期的航海贸易和保险业中风险被理解为客观的危险,具体指自然灾害或者在航海过程中触礁、遭遇风暴等情形。[①] 在《现代汉语现词典》中,“风险”是指“可能发生的危险”。[②] 与此不同,“危险”则是指“有遭受损害或损失的可能”。[③] 从语境分析,我们习惯把“风险”与“机会”并用,这也说明,“风险”带来的后果可能是一种“危险”,也可能是一种有益的“机会”。而“危险”只能是一种不利的危害后果。有学者发现,人们喜欢用“风险”一词替代“危险”。[④] 虽然风险和危险在词面上是两个不同的概念,然而,“风险”和“危险”这两个概念或许存在区别,但基本含义是相同的,或者说至少存在交叉。在有的语境下,风险就是危险。“风险”和“危险”源于自然因素和人为因素,有些风险一旦形成便无法人为控制,甚至会导致实害化发展。于是,规避风险显得非常重要。为研究方便,本书对“风险”和“危险”不作区分,可

---

① 参见杨雪冬等:《风险社会与秩序重建》,社会科学文献出版社 2006 年版,第 12 页。

② 中国社会科学院语言研究所词典编辑室编:《现代汉语词典》(2002 年增补本),商务印书馆 2002 年版,第 377 页。

③ 中国社会科学院语言研究所词典编辑室编:《现代汉语词典》(2002 年增补本),商务印书馆 2002 年版,第 1305 页。

④ 参见田宏杰:《“风险社会”的刑法立场》,载《法商研究》2011 年第 4 期。

以相互置换并通用。

3.“机动车”与“船舶”的概念

依据《道路交通安全法》的规定,“机动车”是指以动力装置驱动或者牵引,上道路行驶的供人员乘用或者用于运送物品以及进行工程专项作业的轮式车辆。而车辆包括机动车和非机动车。“非机动车”是指以人力或者畜力驱动,上道路行驶的交通工具,以及虽有动力装置驱动但设计最高时速、空车质量、外形尺寸符合有关国家标准的残疾人机动轮椅车、电动自行车等交通工具。[①] 为表述方便,本书用“车辆”的概念代表“机动车”的概念,其实质含义是指具有“动力装置驱动或者牵引”能力的车辆。

依据《海上交通安全法》的规定,“船舶”是指各类排水或者非排水的船、艇、筏、水上飞行器、潜水器、移动式平台以及其他移动式装置。[②] 从交通工具的性能看,船舶是可移动式平台以及其他可移动装置,无论是否具有排水功能,只要是可在水上进行移动的平台或装置,都可被称为船舶。

由于船舶种类众多,依据不同的标准可划分出不同类型的船舶。从大类别上划分,依据船舶能否为公共目的所用,可分为私用船舶与公用船舶;依据船舶的航行区域,可分为内河船舶与海洋船舶,其中,海洋船舶又可分为远洋船舶与沿海船舶;依据船舶的用处,可分为商

---

① 《道路交通安全法》第 119 条规定:“本法中下列用语的含义……(二)‘车辆’,是指机动车和非机动车。(三)‘机动车’,是指以动力装置驱动或者牵引,上道路行驶的供人员乘用或者用于运送物品以及进行工程专项作业的轮式车辆。(四)‘非机动车’,是指以人力或者畜力驱动,上道路行驶的交通工具,以及虽有动力装置驱动但设计最高时速、空车质量、外形尺寸符合有关国家标准的残疾人机动轮椅车、电动自行车等交通工具。”

② 《海上交通安全法》第 117 条规定:“本法下列用语的含义是:船舶,是指各类排水或者非排水的船、艇、筏、水上飞行器、潜水器、移动式平台以及其他移动式装置。”

船、渔船、军舰、特种用途船，其中，商船还可分为客船与货船等。[①] 本书所研究的“船舶”包括商船和渔船，不包括军用船舶。

4.“交通运输风险”的概念

所谓“交通运输风险”，也可称为“交通危险”，是指交通工具在交通运输的过程中因自然因素或人为因素所带来的具有现实性和紧迫性的危险。尽管有关交通运输危险的内涵在学界存在争议，有“公共安全说”和“社会管理秩序说”，但是笔者坚持认为，交通运输中的危险性表现为损害人的生命、健康以及财产的危险可能性。交通运输未走进大众家庭之前主要用于业务活动，工作方式基本都有固定的模式，长期以来，人们已经总结出可能导致交通运输风险的行为，并将其通过法律的形式予以禁止。例如，违反安全驾驶规则的行为、违反安全通行规则的行为，实施这些行为会造成公共安全的现实风险，为避免危险转化为实害，《刑法》要突破传统观念中只惩治实害犯的制裁模式，而早期介入交通运输风险，在此基本上形成的刑法规范便是预防性刑法。

5.“预防性刑法”的概念

“预防刑法在整体上体现为预防性犯罪化与预防性刑罚化所形成的预防性罪刑规范”。[②] 因而，“预防性刑法”是“危险犯”罪责关系的规范表现形式。从《刑法》的功能看，预防性刑法是将尚未发生实害结果的、仅具有导致危害后果可能性危险的违法行为犯罪化，这些行为本来属于犯罪的预备行为，由于《刑法》早期介入而使定罪与处刑的过程前置于预备阶段。在理论根据上，“预防刑法，系相对于建立在启蒙思想之上的传统古典刑法而言，它不再严格强调以既成的法益侵害结果作为追究刑事责任的基础，而是着眼于未来，基于对安全的关注，着

---

① 参见赵微：《海上交通事故刑法规制研究》，法律出版社 2020 年版，第 28 页。

② 郑二威：《预防刑法的基本范畴厘清》，载《宁夏大学学报（人文社会科学版）》2023 年第 6 期。

重于防范潜在的法益侵害危险,从而实现有效的社会控制”。[①] 对于预防性刑法,学术界褒贬不一,有支持者,也不乏反对者。笔者主张在立法上采取积极的作为,在司法上采取克制的态度,使“严而不厉”的刑事政策落实在车辆和船舶交通运输风险犯罪的治理中。其目的是,“在立法阶段,积极地设置生活规则,管控风险;但在裁判阶段,通过司法专业人员基于法治理性的判断,对作为行为规范的刑法条文进行合理解释,从而将积极的刑事立法对人们生活的过度干预消除或者控制在最小的范围之内”。[②]

(二)为何仅选取车辆和船舶的交通危险犯作为本书研究对象

1. 车辆和船舶的交通运输危险比较常见

交通犯罪,从形式上讲,是指触犯了与陆路、海路以及空中交通运输有关的刑罚法规的行为,[③]笔者之所以仅选取车辆与船舶两类交通运输工具作为本书的研究对象,主要是因为车辆与船舶的交通运输风险与其他交通运输工具相比更为常见、更为复杂,具有更大的研究价值,并且,我国《刑法》在车辆与船舶交通运输实害犯的立法中共用“交通肇事罪”的罪名,也说明船舶交通运输风险与车辆交通运输风险具有相近性与可比性。申言之,公路、铁路、水路与空中四类事故型的交通运输犯罪只用了 3 个罪名进行规制:交通肇事罪(《刑法》第 133 条)、铁路运营安全事故罪(《刑法》第 132 条)、重大飞行事故罪(《刑法》第 131 条)。船舶交通肇事没有独立的罪名是立法的明显漏洞,同样,船舶危险驾驶行为也被“危险驾驶罪”排斥在外,其适用范围仅限于“在道路上”的危险驾驶犯罪,正因如此,本书将船舶交通运输危险

---

① 何荣功:《预防刑法的扩张及其限度》,载《法学研究》2017 年第 4 期。

② 黎宏:《预防刑法观的问题及其克服》,载《南大法学》2020 年第 4 期。

③ 参见[日]大谷实:《刑事政策学》,黎宏译,中国人民大学出版社 2009 年版,第 392 页。

犯的立法与司法完善方案作为研究的重点。

2. 车辆和船舶交通运输危险犯的立法体系存在严重缺陷

对于船舶肇事的实害犯，笔者曾经建议“在我国《刑法》第 131 条‘重大飞行事故罪’之后增加一项罪名——‘重大航行事故罪’，使航空器、船舶与火车交通安全责任事故犯罪全部从汽车交通安全事故犯罪中剥离出来，实现立法的规范化，体现罪责分布的平衡性”。[①] 对于驾驶中的危险犯，我国《刑法》第 123 条针对航空器规定了“暴力危及飞行安全罪”；第 133 条之一专门针对车辆规定了“危险驾驶罪”，“在道路上驾驶机动车”的，是该罪的客观构成要件要素，显然是把驾驶船舶或在水上驾驶水陆两用机动车上实施的危险驾驶行为排除在外。于是，针对妨碍火车、船舶和车辆安全驾驶的危险行为，《刑法》第 133 条之二又规定了“妨害安全驾驶罪”，把适用范围放宽至所有的交通工具，该罪的客观要件是“对行驶中的公共交通工具的驾驶人员使用暴力或者抢控驾驶装置，干扰公共交通工具正常行驶，危害公共安全的”，这便意味着，在所有的公共交通运输工具上发生了前述暴力行为，都可构成“妨害安全驾驶罪”，船舶也不例外。由此我们发现，“危险驾驶罪”就是专门为道路上的机动车设置的，其他交通工具并不能适用危险驾驶罪，由于船舶醉驾、超载和违规运输危险化学品的行为并不少见，此规则的设定不但遗漏了选言肢，也严重违反了逻辑的同一律原则。鉴于此，笔者将车辆与船舶交通运输危险犯合并为一个课题进行研究，是想通过对比发现立法不足、提出立法建议，也是适应立法模式的无奈选择。

鉴于车辆与船舶的功能、运力差别较大，驾驶环境、驾驶规则、事故处理等前置法也不同，本书对车辆与船舶危险犯的理论、立法与司

---

① 赵微：《海上交通事故刑法规制研究》，法律出版社 2020 年版，第 322 页。

法问题进行分类比较研究。

二、车辆交通运输危险犯的研究背景与理论综述

近年来,案发较多、社会关注比较集中的车辆交通运输风险主要表现在醉酒危险驾驶上,无论是在学术界,还是在立法与司法层面,对醉驾入罪入刑的研究越来越深入,立法与司法规范的变更也相对活跃。为此,本书将醉酒危险驾驶与其他陆上交通运输风险犯罪分开进行介绍与评价。

(一)车辆交通运输危险犯的研究背景

危险驾驶行为入罪前后刑法学界对交通风险的犯罪化问题产生了激烈的争论,醉酒型危险驾驶罪是其中关注度最高的,其他危险驾驶行为的入罪建议也是呼声不断,由此,导致危险驾驶罪的立法与司法活动都比较活跃,本书将其分为如下三个阶段进行介绍与评析。

1.《刑法修正案(八)》出台之前后的相关学术观点及其评价

在危险驾驶罪设置之前,我国交通刑法只关注具有实害结果的交通肇事以及破坏交通工具、破坏交通设施行为。伴随经济贸易的发展、车辆保有率的提高,车辆与船舶肇事率也越来越高,交通运输风险也得到社会各界的重视,连续发生的飙车、醉驾撞人事故引发民众的强烈谴责,有关飙车与醉驾行为入罪争论也成为当时特有的社会现象。2008 年 12 月,孙某铭在四川成都因醉酒驾驶汽车先后连续碰撞 5 辆汽车,导致 4 人死亡、1 人重伤的危害结果;2009 年 5 月,胡某驾驶非法改装的跑车在浙江杭州市区道路与同伴驾驶的汽车超速追逐竞驶,将在人行道上行走的男青年谭某撞死;2009 年 6 月,张某宝在江苏南京市因醉酒驾驶汽车,在路上先后撞倒 9 名行人、撞坏 6 辆停放在路边的汽车,并致 5 人死亡(包括 1 名孕妇)、2 人轻伤、2 人轻微伤的

危害结果。此类醉驾导致系列恶性案件，特别是被害人中还有触动人们敏感神经的孕妇，这些信息引起社会广泛关注。同时期国内部分大城市相继发生汽车、摩托车飙车事故，一些年轻人为追求刺激，将飙车竞技作为娱乐和赌博的工具，导致众多交通事故，引发重大舆情。

早在2008年，就有人民代表大会代表和中国人民政治协商会议委员会委员提出严惩醉酒驾驶的建议、提案等，理由是醉驾和飙车严惩威胁道路交通安全，容易导致人员伤亡和财产损失的严重后果，且近年来醉驾和飙车导致的恶性交通事故在国内频发，有必要把《刑法》的触角向前延伸到危害结果尚未发生之前，以满足控制社会危险的需要。例如，时任中国人民政治协商会议全国委员会委员戎嘉余提出：交通肇事罪的"轻型化"难以引起驾驶员的足够重视，只有加强惩处力度，包括在法律上加大对醉酒驾车、城市飙车的处罚力度，才能使有侥幸心理的人悬崖勒马。[①] 当时，在学术界对交通运输风险行为犯罪化问题形成了赞同者、谨慎者与反对者三种立场。支持入罪一方大多以风险社会或风险刑法为理论依据，高铭暄教授针对风险社会背景下刑法的担当提出，当代社会的风险性质使刑法承担了预防、惩治严重危险行为的功能和任务，刑罚提前处置危险犯便成了刑法立法的必然选择。然而，立法者必须承担说明正当根据的责任。[②] 针对日益严重的社会风险，储槐植教授从功利主义刑罚观的角度主张在风险社会就应突出刑法的预防性功能。[③] 其理由是"国家对犯罪人判处刑罚，有助

---

① 参见《全国政协委员戎嘉余：醉驾肇事就该终身禁驾》，载搜狐网，http://news.sohu.com/20100311/n270732963.shtml。

② 参见高铭暄：《风险社会中刑事立法正当性理论研究》，载《法学论坛》2011年第4期。转引自高铭暄：《刑法学70年之求索：人民教育家高铭暄先生文选》，法律出版社2024年版，第121页。

③ 参见储槐植：《美国刑法（第3版）》，北京大学出版社2005年版，第13页。

于提高法律尊严，减少私人报复的非法行为，这就是刑罚的一种功利考虑”。[①] 还有学者明确提出把交通运输风险入罪的理由是，面对当下交通运输风险日益突显、公共安全遭受严重侵犯的风险社会，有必要将没有造成严重后果的醉酒驾驶、无证驾驶、严重违章驾驶等行为入罪，待危害结果发生之后才去追究刑事责任，不能有效地防范危害发生。[②] 学者明确主张，“考虑到社会现实发展的需要和刑法立法应具有一定的超前性，我国有必要将危险驾驶规定为一种危险犯”。[③] 还有学者认为，醉驾、飙车等危险驾驶行为的潜在风险超出了社会容忍的边界，有必要增设新罪名。[④] 提出谨慎对待交通危险犯罪化的观点包括：危险驾驶罪是对汽车数量增加诱发风险的反应；[⑤]“如果刑法为化解风险社会的风险而过于扩张甚至突破罪刑法定主义、责任主义等法治底线……也不可取”；[⑥]“治理酒后驾车的关键不在于立法而在于司法”。[⑦] 也有个别学者明确反对将危险驾驶行为犯罪化，理由是“西方学者提出的风险社会概念不适用于现在的中国社会……危险驾驶罪的立法会存在理论错位与现实危险”。[⑧] 还有学者认为，行政处

---

① 储槐植：《美国刑法（第2版）》，北京大学出版社1996年版，第306页。

② 参见赵秉志、张磊：《“酒驾”危害行为的刑法立法对策》，载《法学杂志》2009年第12期；储槐植、闫雨：《危险驾驶行为入刑：原因、问题与对策》，载《中南民族大学学报（人文社会科学版）》2012年第2期。

③ 肖中华、王海桥：《危险驾驶犯罪行为的刑法界定》，载《法学论坛》2009年第6期。

④ 参见叶良芳：《危险驾驶罪的立法证成和规范构造》，载《法学》2011年第2期。

⑤ 参见张明楷：《“风险社会”若干刑法问题的反应》，载《法商研究》2011年第5期。

⑥ 参见陈兴良：《“风险社会”与刑法风险：双重视角的考察》，载《法商研究》2011年第4期。

⑦ 刘明祥：《“风险刑法”的风险及其控制》，载《法商研究》2011年第4期。

⑧ 王政勋：《危险驾驶罪的理论错位与现实危险》，载《法学论坛》2011年第3期。

罚的效果比刑罚的效果好。[①] 也有学者主张,“西方学者提出的风险社会概念不适用于现在的中国社会”。[②]

2011年2月25日,第十一届全国人民代表大会常务委员会第十九次会议表决通过了《刑法修正案(八)》,将醉驾行为从行政违法行为定性为犯罪,作为第133条之一的内容。“在道路上驾驶机动车追逐竞驶,情节恶劣的,或者在道路上醉酒驾驶机动车的”是该罪的两个法定罪状。2011年4月27日发布的最高人民法院、最高人民检察院《关于执行〈中华人民共和国刑法〉确定罪名的补充规定(五)》将《刑法》第133条之一的罪名确定为危险驾驶罪。

客观地讲,危险驾驶罪的设置是社会各界共同呼吁的结果,学术界在其中起到应有的引导作用,通过将危险行为直接入罪的立法建议,突破了交通犯罪只惩治实害犯的旧模式。人民代表大会代表在这一过程中也起到了重要作用。这一罪名的设置不但使交通运输领域的危险行为被纳入刑法规制的范围,在随后的几年里,生产作业安全与生产中的安全风险问题也走进立法者视野。2016年12月9日,中共中央、国务院出台《关于推进安全生产领域改革发展的意见》,明确要求将生产安全风险化解在实害结果之前,即“研究修改刑法有关条款,将生产经营过程中极易导致重大生产安全事故的违法行为列入刑法调整范围”,随后,《刑法》连续增加了“危险作业罪”“高空抛物罪”等预防性刑法规范,“危险驾驶罪”的设置成为我国《刑法》惩治风险犯罪的标志性成果。

2.《刑法修正案(九)》出台前后的学术观点及其评价

2015年8月29日,《刑法修正案(九)》第133条之一增加了该罪

---

① 参见周详:《民生法治观下“危险驾驶”刑事立法的风险评估》,载《法学》2011年第2期。

② 王政勋:《危险驾驶罪的理论错位与现实危险》,载《法学论坛》2011年第3期。

的客观要件,扩大了危险驾驶罪的入罪范围,把“从事校车业务或者旅客运输,严重超过额定乘员载客,或者严重超过规定时速行驶的”和“违反危险化学品管理规定运输危险化学品,危及公共安全的”列入危险驾驶行为的范围。新增加这两项内容缓解了交通运输领域的突出矛盾,回应了民众的关切。

笔者在当当网上搜寻到这一期间有关“交通运输犯罪”的著作有:周舟:《中日道路交通犯罪比较研究》,法律出版社 2016 年版;李朝晖:《交通犯罪论》,法律出版社 2018 年版;[日]川本哲郎:《交通犯罪对策研究》,杨宁译,法律出版社 2021 年版。

在这期间发表的学术论文比较多,提出如下几种主张。

首先,超速的幅度作为认定罪与非罪的标准。有学者建议将超速的幅度作为认定危险驾驶罪情节恶劣的标准,以此确定刑罚的量刑情节。①

其次,提高醉酒型危险驾驶罪的入罪门槛。周光权教授在 2021 年全国人民代表大会和中国人民政治协商会议(以下简称两会)上提出将危险驾驶罪的罪状从抽象危险犯变为具体危险犯,修改为“醉酒后,在道路上不能安全驾驶机动车的”。第十四届中国人民政治协商会议全国委员会委员皮剑龙,在向会议提交《关于修改“醉驾”型危险驾驶罪构成要件,适当提高“醉驾”入刑门槛的提案》,其中也提出可以将“醉驾”型危险驾驶罪的构成要件,由现行的“醉酒驾驶机动车的”修改为“醉酒驾驶机动车并导致不能安全行驶、对公共安全产生紧迫现实危险的”。目前,我国有学者主张对醉酒的认定进行实质性判断,因为不同的人对于酒精的感受不一样,尽管说血液中的酒精含量

① 参见刘晓睿:《我国扩大危险驾驶罪入罪范围之合理性研究——以风险刑法理论为视角》,载《经济与法》2018 年第 16 期。

已经达到或超过酒醉驾驶的临界值,但是行为人辨认和控制能力并没有问题,即人与人之间的酒量有很大不同。故应该打破血液酒精含量作为衡量醉驾的唯一标准,辅之以人体平衡之类的测试,综合性地评定"醉驾"。该学者支持提高"醉驾"入刑门槛的观点,认为危险驾驶罪的具体危险犯改造既契合《刑法》第 13 条"但书"条款之精神,增强了其灵活使用于本罪的可能,又能够解决前文所述本罪抽象危险犯定性导致的部分司法机关怠于进行危险性判断,过度倚赖酒精浓度标准,僵化认定犯罪构成的问题。①

最后,增加运输危险化学品犯罪的犯罪主体。有学者主张将机动车所有人、管理者纳入"危化品"运输型危险驾驶罪的共犯行列。因为"危化品"运输型危险驾驶罪是故意犯罪,但不要求行为人对"危及公共安全"有故意;认定行为人与机动车所有人、管理者成立危险驾驶罪的共犯与行为人构成交通肇事罪并不矛盾。②

研究发现,无论是学界对交通危险犯行为积极的犯罪化态度,还是刑法立法层面日益严密的规制交通风险的刑事法网,都是对风险社会在交通安全治理体系的应激反应,这种立法虽然具有一定的象征性,但也顺应了民众对交通安全的迫切需要,同时,也是交通强国战略在刑事法治领域的重要体现。2019 年中共中央、国务院印发的《交通强国建设纲要》对交通安全提出了总的要求:加强交通安全综合治理,切实提高交通安全水平;强化交通应急救援能力。惩治交通运输危险犯的预防性刑法规范在此背景下应当有更大的作为。《交通强国建设纲要》要求"构建安全、便捷、高效、绿色、经济的现代化综合交通体系,

---

① 参见吴卫云:《论醉驾型危险驾驶罪的司法适用与立法完善——基于醉驾电动摩托车问题的反思》,载《公安研究》2023 年第 7 期。

② 参见卢宇、娄瀚文:《机动车所有人、管理人之刑事责任研究——以危险驾驶罪为视角》,载《华南理工大学学报(人文社科版)》2019 年第 1 期。

打造一流设施、一流技术、一流管理、一流服务”,对我国构建更科学、更高效、更完善的交通安全管理体系提出了新的要求。近年来,我国积极主义刑法观已经逐渐渗透到刑法立法中,预备行为实行化、帮助行为正犯化、增设抽象危险犯与煽动型犯罪等理念在学界基本形成共识。在交通犯罪领域,“危险驾驶罪”“妨害安全驾驶罪”的增设成为交通刑法由传统责任刑法向预防刑法迈进的典型特征。正如高铭暄教授所言:“因应当代社会风险的预防性刑法理念呼之欲出,以犯罪化、危险犯配置、安全价值优位、刑罚积极预防等为特征的预防性立法是集中具象。”①

自2011年醉驾入刑后于2019年便成为全国入刑最多的罪名,由于该罪的附随后果对当事人的工作和生活影响较大,罪名的适用在国内引起各界的关注,褒贬不一。例如,2021年,有全国人民代表大会代表在两会上提交了《关于提高醉酒驾驶机动车案件入刑标准的建议》,理由是,处罚永远都不是事情发生之后的弥补手段,而是避免事情发生的措施。处罚不是我们入刑的目的,法律越严格,越能让我们有敬畏之心,才能对我们起到更好的约束作用,然而,一次错误就有可能造成终身的遗憾。再如,2022年,有全国人民代表大会代表认为,将醉酒驾驶行为纳入犯罪范围并没有起到有效遏制此类行为的效果,现实已偏离“醉驾入刑”的初衷。在实际情况中,当事人不仅面临坐牢、失业、纳入个人信用记录等问题,贷款、消费、就业、报考国家公务员、入伍都将受到限制。总之,醉驾行为本身的危害性与刑罚处罚带来的后果不成比例,长此以往,将带来一系列社会问题和社会矛盾,其建议取消酒驾入刑的规定。正是在前述学者们的呼吁之下,我国相关司法实务部门在刑法立法规范应急反应相对缓慢的情况下,及时以司法解释

① 高铭暄、孙道萃:《预防性刑法观及其教义学思考》,载《中国法学》2018年第1期。

的司法规范立法模式完善了醉酒驾驶的入刑问题，使学界重点关注的醉驾入刑失之粗放的问题得以缓解。有学者在研究了大量交通危险犯的立法与司法状况之后提出：尽管危险驾驶罪的大量适用导致服刑人员因前科而对后续生活产生负面影响，然而交通安全极为重要，刑法应当担当起防化交通安全风险的责任。因而，有必要研究刑法应当如何防止交通犯罪，如何设置交通风险管控法网，从而守护交通安全。①

3. 2023 年《关于办理醉酒危险驾驶刑事案件的意见》出台前后的学术观点及其评价

鉴于学界对醉驾的多方位诟病，包括对危险驾驶罪的危险程度与刑罚裁量标准提出各种意见和建议，将超速驾驶作为加重刑罚的依据，将“毒驾”、超载驾驶与无证驾驶入罪等。例如，2023 年两会期间，第十四届中国人民政治协商会议全国委员会委员、北京市金台律师事务所主任皮某某建议提高“醉驾”入刑门槛，降低实刑率，将“醉驾”型危险驾驶罪的构成要件由现行的“醉酒驾驶机动车的”修改为“醉酒驾驶机动车并导致不能安全行驶、对公共安全产生紧迫现实危险的”，以充分考量“醉驾”入刑现实操作的可行性和司法资源投入情况，适当提高入罪门槛，降低犯罪发生率。2023 年 12 月 13 日，最高人民法院、最高人民检察院、公安部、司法部共同出台了《关于办理醉酒危险驾驶刑事案件的意见》（以下简称《办理醉驾意见》），完善了危险驾驶行为入罪与出罪标准，以及宽宥与从严惩处的条件。其中，醉驾情节显著轻微、危害不大的，可以依据“但书”及《刑事诉讼法》第 16 条的规定，不予追究刑事责任，属于显著轻微的情节包括：血液酒精含量不满

---

① 参见姜敏：《交通风险语境下间接危害行为犯罪化研究》，中国法制出版社 2022 年版，第 1 页。

150 毫克/100 毫升的；出于急救伤病人员等紧急情况驾驶机动车，且不构成紧急避险的；在居民小区、停车场等场所因挪车、停车入位等短距离驾驶机动车的等酒精含量较低，或有其他能够被大多数人理解并接受的危险性较小的情节。

对于尽管属于醉驾，但具有自首、坦白、立功的、自愿认罪认罚的或者造成交通事故，赔偿损失或者取得谅解的，给予从宽处理。

醉驾后尚不构成其他犯罪的，具有下列情节的，从重处罚：造成交通事故且负事故全部或者主要责任的；造成交通事故后逃逸的；未取得机动车驾驶证驾驶汽车的；严重超员、超载、超速驾驶的；服用国家规定管制的精神药品或者麻醉药品后驾驶的；驾驶机动车从事校车业务且载有师生的；在高速公路上驾驶的；驾驶重型载货汽车的；运输危险化学品、危险货物；驾驶机动车从事客运活动且载有乘客的等情节。

近年来，由于危险驾驶罪被大量适用，使学界对交通犯罪的重视度与关注度陡然提升，然而，从现有的理论研究现状来看，其大多拘泥于危险驾驶罪的客观构成要件、司法认定的尺度，以及增加某类危险犯的立法建议上，研究成果虽然很多，然而却缺少对交通危险犯罪乃至整个交通犯罪刑法体系的宏观设计与考虑。正如某学者所言，“我国刑法理论研究侧重于以风险社会作为根据，很少落实到对危险驾驶行为本身的分析上。还存在一个问题是，我国现有的研究较少体系化地分析如何完善我国惩罚没有实害结果犯罪的立法……因此，研究还是比较零星。基于这些原因，理论上进行较为系统的分析显得尤为必要”。①

---

① 姜敏：《交通风险语境下间接危害行为犯罪化研究》，中国法制出版社 2022 年版，第 8 ~ 9 页。

(二)车辆交通运输危险犯理论综述

在《刑法修正案(八)》增设“危险驾驶罪”之后,该罪的立法与司法问题始终没有离开学界的视线。伴随危险驾驶罪司法适用数据的变化,学界和司法界对该罪的关注点也从回应社会关切、严惩醉驾行为,到醉驾司法后果失之过重、未能实现控制醉驾的立法初衷,应深入研究入刑标准,使入罪条件精准化和人性化等各种主张。中国裁判文书网显示,2013 年定性为“危险驾驶罪”的裁判文书仅有 25, 367 篇,2014 年就达到 111, 198 篇,2018 年为 207, 604 篇,2019 年达到了 251, 584 篇的最高峰,2020 年下降为 208, 012 篇,2022 年降到 32, 330 篇,2023 年又回升至 48, 184 篇。[①] 10 年间“危险驾驶罪”司法适用数据的变化也反映出司法者和学界对该罪的认知和情感的变化。从最初几万件判决书到第二年迅速上升为 10 万件以上,至 2019 年成为史上危险驾驶罪司法判决的最高峰,这一阶段的社会公众和司法机关都对醉驾行为抱有严惩的心态,情绪主导司法的味道非常明显。物极必反,2019 年前后,司法机关和学界已经开始反思“醉驾入刑”后的罪责关系失衡问题,特别是刑罚的附随性后果使罪犯的子女也背负沉重的代价,使人们对该罪的态度由严惩转变为同情,于是,学界和司法机关便在如何提高醉驾的入罪门槛上做了很多文章,也取得了一定的效果。2022 年危险驾驶罪的生效判决已经下降为 10 万件以下,虽然 2023 年略有回升,但整体上社会各界对该罪的心理态度逐渐趋于理性,在这 10 年间,学界对危险驾驶罪的研究思路逐渐拓宽,对立法与司法的建议也趋向精细化,涉及如下理论观点。

---

① 资料来源:中国裁判文书网,https://wenshu. court. gov. cn/。

1.“毒驾”行为应否纳入危险驾驶罪

危险驾驶罪在立法之初便有“毒驾”入罪的呼声，至今不绝于耳。有学者建议将“毒驾”、吸食影响神经系统药品后的“药驾”等行为纳入危险驾驶罪；[①]也有学者认为“毒驾”入刑既是民声与民意的广泛体现，也是诸多学者着力推动的立法目标。在论证“毒驾入刑”正当性时，社会危害性的判断占据了重要地位。[②]“毒驾”与“醉驾”相比，危害更甚却尚未入刑，于理不合，应当归为危险驾驶行为而入刑。在立法空白、解释无力、处罚无效的情况下，公意与世界禁毒组织能为“毒驾”入刑的正当性提供充分支持。[③]“毒驾”同“酒驾”一样是道路交通安全的两大“杀手”。随着《刑法修正案（八）》和《刑法修正案（九）》相继出台，“醉驾”入刑得到了法律上的确认，但对于同样具有严重社会危害性的“毒驾”行为，其入刑却进程缓慢。这为吸毒人员驾车留下了可乘之机，也为公共交通安全埋下了重大隐患。[④]

反对“毒驾”入刑的理由是，“毒驾”需要禁毒以及交管部门在源头上进行管控，而不是等到“毒驾”行为已然发生后再由《刑法》介入。《刑法》只是社会控制的方法之一，并非所有的社会问题都能通过刑事制裁予以解决，过分迷信刑罚不仅会引发犯罪圈的不当扩张，还将造成其他社会控制手段的萎缩。[⑤]“毒驾”入刑在实体判断上具有正当

---

① 参见罗意欢：《危险驾驶罪法律适用之惑》，载《检察日报》2013年2月26日，第3版。

② 参见包涵：《论“毒驾入刑”的正当性诉求——兼议“社会危害性”的判断与取舍》，载《中国人民公安大学学报（社会科学版）》2014年第5期。

③ 参见余政：《毒驾入刑的正当性与可行性》，载《武汉交通职业学院学报》2015年第3期。

④ 参见钟华：《论“毒驾”入刑》，载《云南大学学报（法学版）》2015年第6期。

⑤ 参见李琳：《新型危害行为入罪标准之确定——以质疑“毒驾入刑”为视角之分析》，载《法学评论》2014年第2期。

性，但是从查处“毒驾”的技术障碍、执法机关的介入程序以及司法裁量的公正与效率来看，“毒驾”入刑还有一些难以克服的障碍，这些障碍影响公民权利的保障、执法者介入侦查活动的合理性以及刑事审判体系对待“毒驾”的能力与效率。因此，对“毒驾”入刑的建议应当审慎，应当合理利用现有的法律资源应对“毒驾”行为，而不是盲目将其犯罪化。①

2. 无驾驶资格驾驶车辆的行为应否纳入危险驾驶罪

无资格驾驶者未经正规培训，驾驶技能生疏，遇到紧急情况时往往处置不当，极易引发恶性交通事故。有学者认为，相对无资格驾驶所导致的危险性和社会危害性来说，《道路交通安全法》的处罚明显过轻，应将其纳入危险驾驶罪的规制范围，才能做到罪刑相称。②

3. 货车超载应否纳入危险驾驶罪

我国陆上交通运输风险犯罪统一被归入《刑法》第 133 条之一的“危险驾驶罪”中，该罪名只将客车的超载与超速行为纳入客观构成要件，对于货车，只有“违反危险化学品安全管理规定运输危险化学品，危及公共安全的行为”方可入刑，未规定货车超载可以入刑，于是，在社会各界便出现了货车超载应否入刑的争论。支持者的代表人是交通运输部的李小鹏部长，他建议将货车严重超限超载违法运输行为入刑，列入危险驾驶罪的范畴，提高违法成本。③ 还有学者支持货车超载

---

① 参见刘春园：《危害行为入罪的程序性标准——以“毒驾入刑”之技术障碍、介入程序与司法效率为视角》，载《法律科学（西北政法大学学报）》2017 年第 5 期。

② 参见刘婷、徐建康：《道路交通犯罪刑法规制的完善》，载《山西省政法管理干部学院学报》2018 年第 4 期。

③ 参见《交通部部长建议：将货车严重超限超载列入危险驾驶罪》，载新华网，http://www.xinhuanet.com/politics/2016-12/25/c_1120184045.htm。

入刑，并且认为以“危险驾驶罪”处罚失之过轻，而应当依据“以危险方法危害公共安全罪”处罚。[①] 有一些学者明确要求货车超载入刑。[②] 反对者的代表是刘艳红教授，她认为将超载行为纳入危险驾驶罪进行规制，实则“属于一种回避行政管理责任的慵懒之举”。[③] 有学者认为，风险社会与“超载入刑”没有必然的联系。风险社会的管控手段并不是唯一的，其他部门法能够解决的问题，刑法应该让位。[④] 还有学者建议，从源头上加强货车运输的行政管理，特别是加强挂靠单位的管理，许多货车为了保证成本和利润不得不选择超载，长此以往形成恶性循环。[⑤]

4. 细化危险驾驶罪的量刑情节、明确量刑标准

“醉驾”的量刑问题备受诟病，既有主刑刑期不均衡的问题，也有免集中刑适用于公职人员的问题，因而学者建议细化量刑情节、明确量刑标准。[⑥] 还有学者建议，为节约时间充分调查，可以采用只要涉及

---

① 参见聂早早：《论严重“四超”入刑的动因及可能》，载《学术论坛》2013 年第 1 期。

② 参见余秋莉：《超限超载入刑的理由与路径》，载《襄阳职业技术学院学报》2014 年第 6 期；赵娴：《风险社会视域下货车超载治理机制研究》，载《西安石油大学学报（社会科学版）》2020 年第 4 期；杨阳：《货车严重超载入刑路径的考量与建构》，载《安康学院学报》2021 年第 2 期；魏汉涛：《货车严重超载是否入刑的四维考察》，载《安徽大学学报（哲学社会科学版）》2021 年第 1 期。

③ 刘艳红：《治理超载不能动辄祭出刑法大纛》，载中国新闻网，https://www.chinanews.com.cn/gn/2019/10-16/8979995.shtml。

④ 参见蒋艳：《进路抑或退路：货车“超载入刑”的合理性审视》，载《上海公安学院学报》2020 年第 3 期。

⑤ 参见齐慧：《从源头治理货车超载》，载《经济日报》2019 年 10 月 17 日；辛平：《从源头消除超载隐患势在必行》，载《梅州日报》2019 年 8 月 16 日；张欣利：《严格监管疏堵并举遏制货车超限超载》，载《中国商报》2019 年 10 月 15 日。

⑥ 参见张琦：《醉驾型危险驾驶罪法定刑模式的优化与重构——以 24881 份裁判文书为视角的展开》，载《河南警察学院学报》2020 年第 6 期。

醉驾原则上一律刑事拘留的方式来简化案件的程序。[①] 刑事拘留的做法同时也有利于给予情节较轻的醉酒驾驶者以一定的刑事震慑作用。[②] 还有学者建议,加强交通犯罪认定中的因果关系审查,在交通犯罪的刑罚中增设资格刑。[③]

5. 单位能否作为交通犯罪的犯罪主体

在风险社会中,单位也具有实施危及交通安全行为的可能性。依照单位犯罪的理论,只要犯罪行为是基于单位的意志实施便可以视为单位的行为,具体的行为总是由单位中的成员完成的。只要该成员的行为是在单位的意志支配下完成的,就可以认为该行为是单位的行为。[④]

6. 学术评价

目前,我国学界对交通犯罪的研究仍然局限于个罪的入罪理由和根据以及构成要件的认定标准等零散的问题上,缺少高维度俯视交通犯罪立法体系,并在犯罪学理论指导下,结合行政刑法立法体例建构我国交通犯罪理论体系与罪名和构成要件的整体性思考。对没有造成实害结果的交通犯罪,目前大多学者是将风险社会或风险刑法的理论转换为刑法视角,仅以犯罪预防的功能主义刑法观为根据作为交通风险行为犯罪化的理由,导致我国交通犯罪的立法一直处于被动满足民意、被社会舆情推着跑的状态。仓促的立法活动必然导致整体性考

---

① 参见王敏远:《"醉驾"型危险驾驶罪综合治理的实证研究——以浙江省司法实践为研究样本》,载《法学》2020 年第 3 期。

② 参见王志祥:《醉驾犯罪司法争议问题新论——浙江最新醉驾司法文件六大变化述评》,载《河北法学》2020 年第 3 期。

③ 参见曾志辉:《风险社会背景下交通犯罪的立法研究》,华南理工大学 2011 年硕士学位论文。

④ 参见曾志辉:《风险社会背景下交通犯罪的立法研究》,华南理工大学 2011 年硕士学位论文,第 33 页。

虑不足，对交通实害型犯罪与交通风险型犯罪的衔接关系缺少关照，导致个罪构成要件的膨胀。在危险驾驶罪设立之后，仍然将交通肇事罪的危害结果评价融入危险驾驶罪的行为要素，超出其能够承担的范围；遗漏犯罪客观行为选言肢，使水上船舶交通风险犯罪无处安身，无论是醉驾还是客船超载，抑或违反运输危险化学品，都没有入罪的刑法根据，导致交通犯罪刑法体系难以站稳脚跟。

前述"毒驾"与货车超载等问题，目前虽然没有独立成罪，但是已由2023年出台的《办理醉驾意见》纳入醉驾的加重情节中，能够适当缓解民众对交通风险的恐惧心理。然而，司法解释毕竟是增设刑法规范、调整刑事法律关系并回应社会关切的替补队员，若要构建稳定而完善的制度体系，还是需要通过刑事立法从根本上解决问题。此外，在罪名设置上，"我国交通犯罪立法中，只有交通肇事罪、危险驾驶罪、妨害安全驾驶罪。交通肇事罪惩罚的实害行为较为广泛。对于没有实害结果的交通犯罪行为的惩罚，虽然有危险驾驶罪、妨害安全驾驶罪，但二者的范围狭窄，其本身还需要进一步完善"。①

三、船舶交通运输危险犯的研究背景与理论综述

（一）船舶交通运输危险犯的研究背景

船舶交通犯罪一直以来没有得到我国《刑法》立法的重视，我国1979年《刑法》（已被修改）中涉及船舶交通犯罪的罪名只有交通肇事罪、破坏交通工具罪和破坏交通设施罪，船舶肇事没有独立的罪名，船舶交通运输危险犯在《刑法修正案（八）》设置"危险驾驶罪"时没有给予考虑。由于航运业对船员业务过失入刑比较反感，认为船员

① 姜敏：《交通风险语境下间接危害行为犯罪化研究》，中国法制出版社2022年版，第7页。

接受司法审判容易受到不公平待遇,因而国内涉海执法机关对船舶肇事的刑事责任追诉也不是很积极。21 世纪初,由于我国船舶保有量不断增加、船员队伍日益壮大,船舶肇事案发率与危害性越来越大引起学界和航运业的重视,对船舶肇事的入罪和入刑问题逐渐由不接受转变为支持严惩,当然,前提是针对已经造成较严重实害结果的犯罪。

自从“危险驾驶罪”设置以来,其司法适用的情况逐年增加,到 2019 年我国案发率最高的就是“危险驾驶罪”,已经超过之前案发率最高的“盗窃罪”。船舶交通违法犯罪是比较特殊的一类犯罪,关注这类犯罪问题的首先是航运业的船东和货主,其次是海事机构的海事调查官和海事执法人员,学术界对船舶违法犯罪问题鲜有关注。对于船舶交通危险行业的入罪入刑问题,学界争议较大的有船舶超载可否入刑、船舶危险驾驶能否入罪、船长见危不救应否入罪等。

笔者于 2024 年 6 月 15 日在中国期刊网上以“交通犯罪”为关键词进行搜索,只找到 11 篇期刊论文、7 篇硕士学位论文和 1 篇博士学位论文。在此前提下,笔者又加上“危险犯”的关键词,只搜索到一篇硕士学位论文《交通犯罪刑法介入早期化研究》,由于该论文于 2020 年创作,其研究的内容仅限于“危险驾驶罪”。笔者再把“危险犯”换成“海上”进行搜索,一无所获,换成“船舶”,同样是一无所获。笔者以“海事犯罪”为关键词进行搜索,得到 8 篇论文,其中期刊论文有 6 篇,硕士学位论文有 3 篇。笔者在此前提下加上“危险犯”的关键词,未找到文献。总结上述信息,海事或海上交通犯罪的论文最多只有 10 篇,而且没有 1 篇是关于交通危险犯的论文。

在“危险驾驶罪”设置前后,船舶交通犯罪问题也得到学界的关注。笔者在中国学术期刊网上,以“危险驾驶罪”为篇名,搜索到 573 篇学术期刊论文,389 篇学位论文;以“妨害安全驾驶罪”为篇名,搜索到52篇学术期刊论文,59篇学位论文。由此发现,学者们热衷于研究交通犯罪的个别罪名的立法与司法问题,很少关注交通犯罪的刑法体系、犯罪分类等问题。

国内出版的有关海上交通犯罪方面的著作只有十多部。① 这些著作对交通犯罪有一定的研究,理论观点相对比较成熟,指出完善交通运输犯罪立法和司法解释建议,遗憾的是没有专门针对交通运输风险犯罪的专著。

(二)船舶交通运输危险犯理论综述

由于运力不同,船舶交通运输的危险性行为比车辆危险驾驶行为和妨害安全驾驶行为的危害性大得多。鉴于我国现行《刑法》把水路运输中的危险驾驶行为从“危险驾驶罪”中排除,并且在“妨害安全驾驶罪”和“危险作业罪”的构成要件中,对可适用于船舶运输中的罪状缺乏明确性,因而学界对船舶交通运输危险犯的规范化提出了更多期望。

1.将船舶“危险驾驶”行为犯罪化

有学者认为,水上危险驾驶行为的社会危害性与法益侵害性是显而易见的,船舶不适航导致的水上犯罪往往是具有严重后果的事故,即使未发生损害后果的情形下,《刑法》也理应对此进行规制,甚至主

① 周成瑜:《海事刑法论》(台北,新学林出版股份有限公司2003年版);赵微主编:《水上交通犯罪的理论与实务》(黑龙江大学出版社2012年版);高贵君主编:《危险驾驶罪刑事案件办案指南》(人民法院出版社2014年版);赵微主编:《海事犯罪立法与司法研究集锦》(人民交通出版社股份有限公司2016年版);李凯:《交通犯罪的刑法规制》(法律出版社2017年版);赵微:《海上交通事故刑法规制研究》(法律出版社2020年版);[日]川本哲郎:《交通犯罪对策研究》(杨宁译,法律出版社2021年版);庞婧:《水上交通过失犯罪研究》(法律出版社2022年版);姜敏:《交通风险语境下间接危害行为犯罪化研究》(中国法制出版社2022年版);敦宁等:《惩罚与保障:海上交通事故的刑事归责研究》(大连海事大学出版社2024年版)。

张把危险驾驶罪适用于船舶运输中。[①]

2. 船长见危不救应否入罪

国内学者对见危不救行为的犯罪化问题存在分歧，船舶在水上发生事故后的救助行为比较复杂，因为海况瞬息万变，救助者施救行为本身也会面临一定风险，因而海事执法部门倾向以行政手段进行治理。而车辆肇事不救助的，依据《刑法》第133条的规定认定为"交通肇事后逃逸"，并加重刑罚幅度，因逃逸致人死亡的再加重一个幅度，逃逸者的刑罚幅度远远超过履行救助义务的肇事者，甚至对于教唆逃逸者，司法解释也设置了与肇事者同等的罪名与刑罚。船舶肇事后的救助义务在海事国际公约与海事行政法规中都有要求，履行救助义务也是船长职责的一部分。

在我国刑法学界，多数学者以刑法谦抑性理论为由不支持对陌生人增设"见危不救罪"。有学者则主张将见危不救行为入刑，理由是对自身或者第三人没有现实危险的救助他人生命的"举手不劳"型的"见危不救"，不仅不会给自己增加负担，而且还会救助《刑法》中最为重要的保护法益即他人生命，增加社会整体利益，属于己他两利的行为，无论是在保护法益上还是在维持社会生活秩序的最低限度上，都有入刑的必要。[②] 如果说陌生人的见危不救罪为国民增加了额外的法律负担，那么笔者认为，对于船长来讲，其救助的对象在大多情况下并非无关紧要的陌生人。一些学者提出增设"船长见危不救罪"，以履行国际公约国内化的职责，对司法实践具有一定借鉴价值。目前，我国的刑法规范中没有专门设置船长见危不救罪，鉴于船长见危不救的后果

① 参见焦艳鹏：《论水上交通肇事及其危险行为的入罪标准》，载《法学》2012年第9期；于菲：《水上危险驾驶行为入罪研究》，大连海事大学2015年硕士学位论文；高畅：《船舶不适航涉罪问题研究》，大连海事大学2016年硕士学位论文。

② 参见黎宏：《一定条件下的见危不救入刑研究》，载《中外法学》2018年第3期。

比较严重，往往会导致人员伤亡的结果，有学者建议增加这一罪名。[①]

3. 危险作业罪是否适用于船舶作业中

国务院安全生产委员会于2021年2月印发了《关于加强水上运输和渔业船舶安全风险防控工作的意见》（安委〔2021〕5号），要求海事管理机构严格执行《刑法修正案（十一）》，完善行刑衔接工作机制，对肇事逃逸和关闭、破坏直接关系安全生产的监控、报警、防护、救生设备、设施的违法行为，及时移送公安及司法部门依法处理。该意见涉及的罪名之一为危险作业罪。

4. 在刑罚适用时需考虑海员特殊心理与法律责任的关系

目前，国内研究船员特殊心理状况的论文有几篇，而将这种特殊心理与刑事责任联系起来进行研究的论文则少见。刘贺、张松等撰文《对我国海员心理健康状况的调查研究》（《健康心理学杂志》2002年第5期）主张，由于航海远离陆地，与家庭朋友长期分离，饱受思念之苦，加上信息闭塞，日常生活枯燥，知觉严重匮乏，因而，我国海员的心理健康水平明显低于正常人水平。言外之意，由于船员的刑事责任能力较低，应当从轻或减轻对船员的刑罚力度。

5. 学术评价

目前，我国海上交通事故违法与犯罪问题的理论研究已经呈现从社会学研究向规范学研究转化的良好态势。但是，也存在一些盲目照搬外向型刑法规范而不顾本土文化的适用性的问题。“外向型刑法的研究对于拓展研究视野，对于全面认识和解决我国刑法理论和实践中面临的问题无疑具有非常重要的意义。但是，在介绍、评述、研究国外理论与实践的同时，也出现了一定程度的泛化、曲解甚至照搬、移植西

---

① 参见刘聪：《论“船长见危不救罪”的增设》，大连海事大学2017年硕士学位论文；闫静贤：《船长见危不救人罪研究》，大连海事大学2019年硕士学位论文；吴慧：《论“船长见危不救罪”的增设》，宁波大学2020年硕士学位论文。

方理论的倾向，有些研究过分关注国外刑法理论的借鉴，忽视中国场景和中国意识，以致许多研究成果为讨论而讨论，无助于中国现实问题的解决。”①

（三）成果评价

学术的价值在于反思与批判，只有看到不足，才能促进发展和进步。上述研究成果在如下几个方面还有发展的空间。

首先，学界对船舶交通危险犯的关注不够充分。整体上，海上交通运输风险及其预防性刑法的研究在国内理论界没有形成氛围，目前，涉海法律问题研究主要集中于海上贸易和海上运输纠纷中的民事责任问题，海洋权益法律问题的研究前几年曾经热度较高，近年渐渐冷下来。有关海上交通运输犯罪学术成果比较零散，为数不多的论文集中在硕士或博士学位论文上，研究的问题主要是船舶肇事的刑事责任问题，对没有实害结果的海上交通犯罪偏重船长见危不救罪的立法建议，缺乏对海上交通犯罪立法的体系化思考。

其次，研究视角局限在个别理论和法条分析上。目前的研究成果基本集中在“船舶危险驾驶”和“船长见危不救”行为犯罪化的立法建议上，学者能够从理论层面论证危险行为入罪的必要性与合理性，但是缺少对船舶航运业特殊技术与规则的了解，因而对海上交通风险的主客观认定标准缺少充分的考虑。

最后，学界对船舶运输以及避碰理论研究缺少系统性，不能充分了解船舶运输风险的来源，特别是没有重视船长与值班船员、船长与引航员的职责关系，对业务风险与管理风险没有进行界分，认定责任时往往会进入误区。一是对前置法的安全要求不了解，例如，船舶不

---

① 张旭：《中国刑法学研究：现状梳理、问题分析与发展前瞻》，载《中国刑事法杂志》2020年第6期。

适航的原因可能是因为超载、船上安全设施不到位、船员不适任等，也可能是配货不科学、货物不适运、冒险运输危险化学品等行为，在责任主体范围的框定上，有义务承担风险责任的人一定是对船舶运输安全具有注意义务的人，而对于其注意义务范围应当如何划分，主次原因如何界定等都没有进行深入研究。二是在立法层面，一些学者提出设立“船长见危不救罪”，或将水上危险驾驶行为入罪，抑或对船舶危险驾驶行为直接入罪的建议，但通过立法还是司法解释解决问题还有待研究。三是在司法层面，海上交通安全风险及其责任比例的划分需要依据《1972 年国际海上避碰规则》（以下简称《避碰规则》）、[①]《1978 年海员培训、发证和值班标准国际公约》（以下简称《STCW 公约》）[②]等国际海事公约的具体要求进行判断，但是目前鲜有学者能够深入这些层面进行分析和论证。

船舶安全驾驶技术要求比车辆的技术要求复杂得多，船舶本身的构造、船舶驾驶能力与环境等因素都可能影响船舶驾驶的安全问题。从事航运业务的船员以及海事、渔政等海上行政执法和司法人员为掌

---

① 《避碰规则》（International Regulations for Preventing Collisions at Sea，COLREGS），由国际海事组织（International Maritime Organization，IMO）制定的避免船舶相互碰撞的海上交通规则。具体内容包括：各种船舶及水上飞机在不同情况下应遵守的驾驶、航行规则和分道通航制，应显示的号灯、号型（各种形状的符号标志），应使用的声响信号，以及遇险信号等。国际海事组织首次制定“国际海上避碰规则”是于 1889 年华盛顿会议上，其后于 1910 年、1929 年、1948 年、1960 年、1972 年进行过 5 次修订。1972 年修订的该公约于 1977 年 7 月 15 日正式生效，我国于 1980 年 1 月 7 日加入该公约。

② 《STCW 公约》（International Convention on Standards of Training，Certification and Watchkeeping for Seafarers），是国际海事组织（IMO）约 50 个公约中最重要的公约之一，为在世界范围内统一船员的资质和能力，该公约规定了对海员的教育培训和考试的具体方案和程序，要求各缔约国履行该公约各项义务。截至 1999 年 1 月 1 日，已有 133 个缔约国，位居国际海事公约第三，占世界船队吨位 98. 04%。该公约最初通过时间为 1978 年 7 月 7 日，生效日期为 1984 年 4 月 28 日。

握该领域的专业技能,需要经过专业机构的培训。普通高校的教师和研究人员掌握航运专业技术知识的机会很少,给学术研究带来诸多不便,故而目前学界对交通运输风险的研究也难以下沉到海事技术层面。若想突破海事技术壁垒、真正理解船舶驾驶的风险来源和控制措施,尚需时日。

四、本书的研究方法与创新观点

(一)研究方法

1. 调研考查法。笔者通过到交通局、交警队、海事局、海警局等地调研了解车辆与船舶交通运输风险的现实情况及司法机关对涉罪案件的受理情况,从中归纳总结出车船交通运输风险案发规律与司法裁判的依据和原则,发现车辆交通运输风险入罪的立法、理论和司法问题,为深入研究法律对策收集第一手资料并做好前期铺垫。

2. 文献综述法。笔者通过文献梳理和综述,总结我国刑法理论界对车辆交通运输风险刑法规制的研究思路和研究现状。笔者特别选取并统计了近三年来我国浙江省交通运输局对车辆交通运输风险的行政处罚数据,对比海事局对船舶交通运输风险的求刑和入刑现状,总结现有学术研究成果对立法和司法贡献,从文献中寻求和发现车船交通运输风险刑法规制的现实问题,提出未来的立法与司法对策。统计的数据和样本系通过中国裁判文书网、北大法宝网、无讼网和实际调研等渠道获取。

3. 对比分析法。对境外和域外交通运输风险入罪的立法、司法和理论现状进行比较研究,通过收集和梳理实践中的案例,分析我国车船交通运输风险案发的特点和规律,运用刑法理论甄别现行立法与司法的利弊得失,为完善立法、指导司法,实现我国《刑法》与国际海事公约的合理对接提供经验模式与理论支撑。为完善我国交通犯罪的理论、立法和司法提供思路与建议。

4. 教义学研究法。教义刑法学是以逻辑判断和推理为主要手段的学术研究方法。车船交通运输风险的刑法教义学研究方法,是在现有行政法与刑法立法资源的前提下,借助现有资料提炼司法的现实问题与困惑,经过逻辑推敲与研磨、形成解决问题的综合思路,在确保逻辑自洽性的前提下创新车船交通运输风险预防刑法理论,为控制和减少交通车船运输风险提出可行的司法建议。

5. 案例分析法。此方法包括个案分析和类案对比分析法。以我国现有的车船交通运输风险个案为切入点,由表及里总结车船交通运输风险在立法与司法上的落差。通过刑法理论对各类案件的分析解读,论证车船交通运输风险入罪的条件,具体包括主观、客观构成要件上的特殊性,以及因果关系认定的思路,借此提出设立“妨害安全通行罪”“船长不救助遇险人员罪”,建议将“危险驾驶罪”适用于运输中的船舶驾驶中。

(二)创新观点

1. 重新建构交通运输犯罪的刑法体系

交通运输犯罪的刑法体系,是有关交通运输犯罪刑法规范的结构和组成。对于重构方案,笔者认为:第一,重构这一体系需要等待《刑法》大幅度修订的时机;第二,如果微调部分法条或罪名,仍然可以通过修正案的模式;第三,应急出台相关司法指导规范,因为司法解释比较灵活,这也是本书对刑法体系修改模式的建议;第四,适时发布指导案例。

关于完善刑法体系的结构和内容,建议进行如下思考,并从分类上着手,重新排列、组织交通犯罪的法条关系和罪名增设。

首先，将交通犯罪分为大型交通工具的犯罪与小型车辆的交通犯罪，在此基础上再进行类型化区分，包括法条的排列、罪名与法定刑的设置等都要考虑按照一定的逻辑关系进行布局。

其次，将交通运输犯罪分为实害犯与危险犯罪两大类，虽然本书中没有展开论述实害犯，但是其在构建交通犯罪刑法体系时不可或缺，且属于体系结构的主干。

再次，把交通运输危险犯按照危害行为实施方式的不同划分为两类：妨害安全驾驶类交通犯罪与妨害安全通行类犯罪。

最后，经过前述几种方法的分类，按照由重至轻的原则，兼顾种类犯罪的相近关系重新梳理并排列各个罪名。

2. 建议增设交通犯罪的新罪名，填补船舶交通犯罪的《刑法》空白

首先，增设“妨害安全通行罪”新罪名，本书对该罪名设立的必要性与可行性进行了论证，设计了犯罪构成要件，特别强调该罪适用于所有类型的交通运输工具。

其次，针对目前我国船舶交通犯罪罪名严重缺失的问题，建议专门设置“船长不救助遇险人员罪”，并扩大危险驾驶罪和妨害安全驾驶罪的适用范围至水上交通领域，填补船舶交通犯罪的《刑法》空白。

3. “危险驾驶罪”的规范完善与适用建议

鉴于“危险驾驶罪”的罪状只有 4 种，不能满足防控危险驾驶行为的需要，因而笔者建议对该罪名进行完善。

首先，将车辆“毒驾”入刑、船舶“醉驾”入刑。在司法适用上严格限定“醉酒”的认定标准，既要考虑量化的酒精含量，也要考虑具体的违法场景是否足以导致公共交通安全的现实危险的发生。

其次，提高“危险驾驶罪”的法定刑幅度，缩小与相近的交通运输危险犯罪“破坏交通工具罪”“破坏交通设施罪”在刑罚幅度上的

差距。

再次,建议将本罪的第 4 项罪状移植到“危险作业罪”中,以维护交通犯罪刑法体系的完整性。

最后,建议将货车因超载受过行政处罚后再次超载的行为纳入“危险驾驶罪”的罪状中。实践中,货车因超载受过行政处罚而再次严重超载的问题非常严重,本书对浙江省货车超载受到行政处罚后再次超载驾驶的情况进行实证研究发现,2022 年 10 月的一个月时间内就有 34 起超载货车受过行政处罚后再次违规超载的案件。因此,建议对货车再次严重超载的行为犯罪化。

4.“危险作业罪”的规范完善与适用建议

首先,将“危险驾驶罪”第 4 项罪状——“违规运输危险化学品”的罪状移植到“危险作业罪”中。一方面,使违规“运输”危险物的犯罪行为与“制造”、“经营”和“储存”行为合在一个罪名中,实现罪名立法的逻辑统一性。另一方面,化解船舶违规运输危险化学品行为无法适用“危险驾驶罪”的尴尬,减少漏罪可能。

其次,建议将船舶因超载受过行政处罚再次超载的行为纳入“危险作业罪”的罪状中。货车超载运输目前在刑法中处于立法空白,目前仅校车或客车超载被纳入“危险驾驶罪”中。即使在“危险驾驶罪”增设货车超载驾驶的罪状,也无法适用于船舶超载运输行为。因而笔者建议,在“危险作业罪”中增设船舶因超载受过行政处罚再次超载运输的罪状。

5.“妨害安全驾驶罪”的司法适用建议

首先,危险驾驶罪与妨害安全驾驶罪是新增加的交通运输风险犯罪,前者在立法规范上明确规定的适用范围是“在道路上驾驶机动车”,没有考虑水上船艇也有超载、醉驾驾驶和违规运输危险化学品的可能。后者虽然在立法规范上没有将船舶从“公共交通工具”中排除,但是之前的相关司法解释明确把交通工具限定为“车辆”。于是,司法机关在将这两个危险犯适用于船舶时会产生顾虑,因而建议通过立法或司法解释对此问题进行更正,以避免发生漏罪。

其次,对“公共交通工具”不应当进行形式判断,即使是大型公共交通工具,也要结合实质上是否存在“干扰公共交通工具正常行驶、危及公共安全”的危险情形进行判断。妨害安全驾驶罪属于具体危险犯,在司法适用时必须考量“危及公共安全”的危险是否具有“紧迫性”。针对“公共交通工具”的适用范围,笔者认为,对于出租车,不能因为车型小而妨碍其作为“公共交通工具”的实质属性。

（三）不足之处

对有关车船交通运输风险预防性刑法的立法与司法的研究,至今在国内没有一部较为系统的学术著作。本书在借鉴国内外现有成果的基础上,研究了车辆与船舶安全驾驶的技术前提与规范要求,运用风险刑法理论,对车辆与船舶交通运输风险的刑法预防策略提出立法建议,以助力我国交通刑法体系的完善。由于交通运输风险违规案件数据收集相对困难,本书对现实中的交通运输风险的实际情况判断难免存在一定的不足,加之海上航运技术比较复杂,涉及的风险因素远远超过地上车辆,本书某些观点可能会存在一定偏颇,敬请读者批评指正。

第一章

交通运输风险犯罪及其预防性刑法的基本理论

从我国近年来《刑法》修法实践来看，交通犯罪已然得到重视，除危险驾驶罪之外又新增了妨害安全驾驶罪。此外，对恐怖主义犯罪、黑社会性质犯罪、金融犯罪、知识产权犯罪、信息网络犯罪的及时修法过程，无不彰显出《刑法》的活性化。

第一节　交通运输风险犯罪的基本理论

交通运输危险犯的设置是刑法早期介入交通运输风险、以避免其向实害结果发展的预防性立法。危险犯的立法目的是控制、减少严重危害公共安全和社会管理秩序的犯罪，而将刑罚适用于未发生实害结果之前的现代刑事立法模式。在后工业化时期，科技革命渗透到生产生活中，加速了人类的生活节奏而导致了一种不可控制的危险。交通运输领域的风险大多都是人为风险,是可以借助科技融入与管理升级而进行防控的,从社会治理的视角研究交通运输风险防控的刑法贡献,已经成为学界的共识。

一、交通运输危险犯的本质属性

从社会学角度看,风险概念表明人们创造了一种文明,高效便捷的交通运输提高了生产效率、简化了人们的生活。然而,在人类享受现代化交通带来的便利时,也要承受其附随的不可预见或不可控制的风险和危害后果。通过积极采取预防性立法与司法以及相应的制度化的预先防范措施,以控制和减少不可预见与不可控制的危害后果,这便成为人类治理社会的一种新型手段,《刑法》责无旁贷。

(一)"危险犯"与"交通运输危险犯"的概念

风险存在于社会生活的方方面面,交通运输领域的风险源于转运人员或在货物运输过程中船舶、船员和货物不适航或者违规驾驶导致船舶碰撞或翻沉的可能,其所带来的风险也具有独特的性质。

1."刑法中的危险"

如前所述,危险,是指有遭受损害或损失的可能性,是一种对法益造成不良影响的可能。以此为前提,刑法中的危险,"是指行为本身所具有的使刑法上的法益遭受损害的可能性,或者行为所导致的刑法上的法益遭受损害的可能状态"。[①] 危害行为使刑法保护的法益遭受损害的可能性,是刑法危险的核心特征。依据刑法理论,按照不同的标准可将刑法中的危险划分为不同的种类。

按照法益的不同,刑法中的危险可分为生产作业危险、公共安全

---

① 王志祥:《危险犯研究》,中国人民公安大学出版社 2004 年版,第 8 页。

危险、恐怖主义危险、环境污染危险；按照生产作业的行业差别，可分为交通运输危险、工程建设危险、危化品生产作业危险；按照交通运输危险来源的不同，可分为驾驶危险、通行危险；按照交通工具的不同，又可分为航空器运输危险、铁路运营危险、车辆运输危险、船舶运输危险；等等。

在司法实践中，常见的交通运输危险发生在车辆和船舶交通运输过程中，因而，笔者也以车辆和船舶交通运输风险为基点展开论述。按照危险可能导致的危害后果的大小不同，交通运输危险又可分为高度危险与低度危险。前者的杀伤力与破坏力较强，后者相对较弱，危险程度的高低取决于犯罪对象与犯罪手段以及犯罪工具的不同，评价的因素包括犯罪对象的数量、犯罪手段的杀伤力、犯罪工具的性能与救助可能性等。例如，导致客船肇事的危险高于客车肇事的危险，因为载客的容量不同，交通工具受损的破坏力程度及其危害后果的严重性程度不同。因而，危险的高低不能仅仅依据危险与实害后果的远近来区分。例如，预备阶段的危险与既遂阶段的危险，或者盖然性大小的危险都不足以反映危险的高低，而要结合危险可能导致的损害或损失的大小来决定。

2.“危险犯”的概念

“危险犯”，是指行为人实施的危害行为造成法律规定的发生某种危害结果的危险状态作为既遂标志的犯罪；[①]或者“是指以危害行为具有造成一定后果的客观危险状态，作为犯罪构成必要条件的犯罪”。[②] 也有学者对危险犯的定义附加了责任主义的色彩，认为“危险犯是指以行为人出于故意或过失而实施的危害行为造成的法定的危

---

① 参见高铭暄、马克昌主编：《刑法学（第6版）》，北京大学出版社、高等教育出版社2014年版，第148页。

② 马克昌主编：《犯罪通论（第3版）》，武汉大学出版社1999年版，第500页。

险状态作为构成要件要素的犯罪”。[①] 刑法学界对于是否承认过失危险犯的问题存在较大分歧。

危险犯的概念是德国刑法学者莱克纳(Lackner)早在1969年提出的,目前危险犯的研究已经从刑法解释学上的“继儿”变成“宠儿”。我国自20世纪80年代末期出版的刑法学教材中出现了危险犯的概念,90年代陆续发表了20多篇有关危险犯的论文,使危险犯的理论研究形式多样、内容丰富,不断向纵深方向发展。[②]

在刑法理论中,危险犯与实害犯、行为犯与结果犯是互为对应的两对概念,危险犯与行为犯是对法益造成现实危险的犯罪形式,实害犯与结果犯是对法益造成实际侵害的犯罪形式。因而,陈兴良教授认为,危险犯也是行为犯,不同的是,危险犯分为具体危险犯与抽象危险犯。抽象危险犯在某种意义上是一种举动犯,其危险是立法推定的,不需要法官根据具体情况对案件再作具体认定。具体危险犯是司法认定的危险,法官不仅需要查明行为人是否实施了《刑法》分则规定的某种构成要件行为,还要对是否存在某种危险状态进行判断。[③]

评价危险犯的特征,应从成立犯罪既遂的标志、造成危险状态的原因和实害结果的严重程度来考虑,表现为以下几个方面。

其一,危险犯是以出现法定的危险状态作为成立犯罪既遂的标志。危险犯的这一特征,是其与实害犯和行为犯区别的根本。因为,行为犯是以实施法定的犯罪行为作为既遂的标志,而实害犯则是以危害行为造成的法定的实害结果作为既遂的标志,这与危险犯以危害行为造成法定的危险状态作为既遂的标志显然是不相同的。

---

① 王志祥:《危险犯研究》,中国人民公安大学出版社2004年版,第21页。

② 参见王志祥:《危险犯研究》,中国人民公安大学出版社2004年版,第1~2页。

③ 参见陈兴良:《口授刑法学》,中国人民大学出版社2007年版,第269页。

其二，危险犯中的危险状态都有其对应的可能导致的实害结果。这是因为，危险犯都是以法定的危险状态作为成立犯罪既遂的标志的，如果这种法定的危险状态继续存在，任由其发展，很可能会造成某种实害结果。正是由于某种危险状态最终会引起相应的实害结果，法律为了避免这种实害结果的发生，做到防患于未然，才把引起这种实害结果最终发生之前的危险状态的出现作为构成犯罪的必要条件。危险状态是相对于实害结果而言的，没有实害结果，也就不可能产生任何实质性损害，便无所谓危险状态可言。因此，有危险状态，便存在与之相对应的可能产生的实害结果，这也是危险犯之所以能在《刑法》中得以确立的依据。

其三，危险犯中法定的危险状态必须是由危害行为造成的。危险犯成立既遂所赖以出现的法定危险状态只能是由危害行为直接造成的，二者之间存在引起和被引起的因果关系。只有危害行为造成危险状态的出现，才可能构成危险犯。如果危害行为不能引发危险状态的产生，或者说危险状态不是由危害行为造成的，而是由其他因素造成的，则不可能成立危险犯。

3.“交通运输危险犯”的概念

违反交通运输管理秩序的行为既包括导致实害结果的违法犯罪行为，也包括尚未造成人身伤亡或财产损失的严重后果，但是具有造成前述结果的危险性的违法行为，交通运输危险犯属于后者，是交通犯罪的一种未完成形态，可能发生在各种交通工具的运输过程中。日本刑法学者大谷实认为，交通运输犯罪有广狭两义，广义的交通犯罪，是指触犯和陆路、海路以及空中交通运输有关的刑罚法规的行为，因此，铁路、船舶以及飞机等运输中所发生的犯罪，都是交通犯罪。①

① 参见[日]大谷实：《刑事政策学》，黎宏译，中国人民大学出版社 2009 年版，第 392 页。

交通运输危险犯在本质上是刑法对交通运输“风险”行为的犯罪化,“风险”二字被刑法学者所关注,是受德国学者贝克的风险社会理论影响,并为刑法学者借用于危险犯罪化的正当事由中。然而,“贝克所说的风险社会的风险并不是一般意义上的工业社会的风险,而是后工业社会的风险,主要是指技术风险。……贝克不仅将工业社会的风险与农耕社会的自然风险相区分,而且将后工业社会的技术风险与工业社会的事故风险相区分”。[①] 当科技发展到一定阶段时所附带的技术风险,这些风险虽然对人类的生存与发展具有负面影响,然而却不为人类所掌控,这便是风险的高度不确定性。在此需要强调的是,风险的高度不确定性并非指人们的危害行为是否会造成实害结果或者说法益侵害结果是不确定的,而是这种实害结果发生的概率相当大,只是在危害结果的范围和恶性程度上是不确定的。

风险刑法所关注的风险实际上是一种事故型的风险,是一些可以预知并且可以人为控制的风险。交通运输风险是在交通运输中所形成的碰撞、翻车、自沉、爆炸、火灾等损害人身与财产权益的事故。这种风险也并非“风险社会”中所特指的后工业时代风险社会所带来的不可控的风险,而是违反交通运输管理秩序进而导致交通事故的可能性。笔者认为,交通运输风险,是指在交通运输过程中由自然因素和人为因素可能导致的人身安全与财产损失的事故隐患。从积极的角度看,交通运输“风险”也是提高运输能力与效率的一种冒险尝试;从消极的角度看,交通运输“风险”是可能导致实害结果的运输“危险”。鉴于本书研究的范畴关涉违法与犯罪的问题,在此只偏重研究“风险”的不良后果,同时,为表述方便,本书中对“风险”与“危险”的概念不作区分,对“交通运输风险”的概念与“交通运输危险”的概念也不作区分。

---

① 陈兴良:《风险刑法理论的法教义学批判》,载《中外法学》2014 年第 1 期。

我们所关注的犯罪是，在车辆和船舶交通运输中因违反交通规则所产生的可能发生人身伤亡或财产损失的严重风险，在刑法理论上此类犯罪即为“交通运输危险犯”，是交通运输犯罪中的危险犯，对于未发生实害结果的犯罪，包括抽象危险犯和具体危险犯，也可被称为交通运输风险性犯罪。

（二）交通运输危险犯侵犯的法益

《刑法》所关注的风险一定是与人为过错相关的生产与生活中的风险，而且，这些风险融入我们生活中的每一个细节，且在一定范围内是可控的。“以往社会所面对的是自然风险的威胁；现代社会所面临的则是人类自己所制造的风险的威胁，这些风险危及个人和地球的生命，它们无疑是由我们今天的生活方式所造成的。”[①]因此，交通运输危险犯所侵害的法益是交通运输安全管理秩序、人身权益和财产权益。

1. 破坏交通运输管理秩序

交通犯罪在某种意义上也是违反生产作业安全规范的行政犯，虽然也具有自然犯的属性，也会侵犯人身与财产权益。行政犯最重要的一个特征是违反经济或行政法规，交通运输犯罪是违反交通运输管理法规的犯罪，因而该类犯罪侵犯的法益首先是交通运输管理秩序。例如，浙江省台州籍渔业辅助船“浙×××88781”船未取得许可而擅自出海从事作业，且同时存在船员配备不足、拆卸北斗船舶动态监管系统的卫星天线、关闭船舶自动识别系统（Automatic Identification System，AIS）、[②]未及时维修通话设备等行为。在出航后因未遵守避

---

① ［英］安东尼·吉登斯、克里斯多弗·皮尔森：《现代性：吉登斯访谈录》，尹宏毅译，新华出版社2001年版，第18页。

② AIS（Automatic Identification System）是指船舶自动识别系统，是指一种应用于船和岸、船和船之间的海事安全与通信的助航设备，能自动交换船位、航速、航向、船名、符号等主要信息。它可与雷达、ARPA、ECDIS、VTS等终端设备和互联网实现连接，构成水上交管和监视网络，是不用雷达探测也能获得交通信息的有效手段，可以有效减少船舶碰撞事故。

碰规则等危险驾驶行为，后与安徽籍货船“兴茂××”在舟山小板门海域发生碰撞，造成“浙×××88781”船沉没，船上10名船员除1人获救外，其余9人均死亡。[①] 分析本案，在发生碰撞事故之前，“浙×××88781”船已经严重侵犯了交通运输管理秩序，仅就关闭AIS系统这一行为，便触犯《刑法》第134条之一，涉嫌构成“危险作业罪”。AIS系统由岸基（基站）设施和船载设备共同组成，能够反映船舶自身数据、驶离港和目的港、载货情况等，配合全球定位系统（Global Positioning System，GPS）[②]将船舶实际位置、船速、改变航向率及航向等船舶动态资料显现出来，使邻近船舶及岸台能及时掌握附近海面所有船舶之动静态资讯，得以立刻互相通话协调，采取必要避让行动，对船舶安全有很大帮助。

另一起是“祥×1588”内河货船跨航区到海上航行的案件，该船长时间关闭AIS系统，仅这两项违规行为便足以导致自沉或者碰撞事故，最终在舟山小板门南侧海域被撞沉没。本案的危险性行为是关闭AIS系统，在司法实践中，许多船舶在实施跨航区航行、装载违规违禁货物等违法犯罪行为时存在关闭AIS系统逃避海事部门监管的情况，加剧了船舶碰撞风险。在“浙×××88781”船和“祥×1588”船沉没事故中均存在该情况，同时，“祥×1588”船因休渔期间出海作业，还存在因北斗船舶动态监管系统船载监管终端不可拆卸，而故意将船载卫星天线拆卸藏匿于码头的情况，伪装成船舶靠泊在港的假象，以此逃避渔政部门的监管。这一系列的违规行为制造了极高的船舶碰撞危

---

① 该案由浙江省渔政部门移送到海警机构，因此，未计入舟山海事局统计数据。

② GPS系统是一种以空中卫星为基础的高精度无线电导航的定位系统，它在全球任何地方以及近地空间都能够提供准确的地理位置、车行速度及精确的时间信息。GPS是美国第二代卫星导航系统，它是在子午仪卫星导航系统的基础上发展起来的，采纳了子午仪系统的成功经验。

险,如果船舶运载的是易燃易爆性危险物品,危害结果将更严重,所以应当被纳入危险驾驶罪的犯罪客观要件之中。

2. 严重侵犯交通运输安全

公共交通运输安全犯罪是危害公共安全犯罪中发生在交通运输领域的犯罪。醉酒驾驶船舶的行为,严重影响船舶的通行安全。但是,囿于我国《刑法》第 133 条之一的危险驾驶罪只限定在道路上实施的危险驾驶行为,因此,醉酒驾驶船舶与超载驾驶船舶的行为很难被认定为危险驾驶罪。还有船舶严重超出乘员定额载客的,也很难依据现行《刑法》入罪。例如,2021 年 6 月 26 日,舟山市普陀区六横镇“浙 × × ×40059”休闲渔船违规分两次严重超载运输 91 人出海参与户外拓展训练,单次运输的人数远远超过核定载客 12 人的规定,其利用渔船载客的行为本身已经构成违规出行,加之严重的超载状态,属于比较严重的船舶不适航的违反公共交通安全的行为。渔船没有载客的功能,又加上超载行为,属于双重违规,沉船的危险极大,对船上乘客的生命与财产安全构成严重的侵害。

3. 具有发生重大伤亡事故或者其他严重后果的现实危险

理解交通运输危险犯所侵犯的法益,首先要明确该类犯罪具有危害公共安全罪的基本属性。危害行为虽然表面反映的是对交通运输安全管理秩序的破坏,对交通运输安全的威胁。然而,实质上最后都要集中表现为对不特定或多数人的生命或财产造成损害的现实危险。危险驾驶罪与妨害安全驾驶罪一样,都是集自然犯与法定犯于一体的混合型犯罪,然而,其主要的本质特征是法定犯,因为违反相关交通运输管理法规是构成犯罪的前提条件,基于法秩序统一性原理,行政法规作为刑事犯罪的前置法是没有理论障碍的。

在我国《刑法》第 134 条之一增设的“危险作业罪”中，对交通运输危险犯的客观构成要件有明文规定，即“具有发生重大伤亡事故或者其他严重后果的现实危险的”，因而，笔者认为，交通运输危险犯的法益虽然在形式上可表述为“交通运输管理秩序”或“公共交通运输安全”，但是在实质上，该类犯罪的刑法法益都应当回归到“人身法益”与“财产法益”上。从犯罪的实质分类上看，在交通运输危险犯中，基本都属于自然法与法定犯的混合体，如《刑法》第 133 条之一的“危险驾驶罪”、第 133 条之二的“妨害安全驾驶罪”和第 134 条之一的“危险作业罪”，在其犯罪成立条件中首先要求违反交通运输安全法规，其次要求对刑法法益造成侵害的现实危险性——造成人身伤亡或财产损失的现实紧迫性。如果前述危险犯导致实害结果，对于“非法运输危险物质罪”而言，实害结果必然是导致火灾、爆炸等人身伤亡或财产损失的结果，在犯罪性质上与放火、爆炸和投放危险物质等同，由于我国《刑法》第 125 条规定的“非法制造、买卖、运输、储存危险物质罪”的构成要件包含有实害犯的刑罚幅度，因而定性不变，但是适用的刑罚幅度需要契合实害犯的规定。交通运输危险犯都有对应的实害犯罪名，实施“危险驾驶行为”造成实害结果的构成《刑法》第 133 条的“交通肇事罪”；实施“危险作业行为”造成实害结果的，构成《刑法》第 134 条的“重大责任事故罪”或“强令、组织他人违章冒险作业罪”；实施“妨害安全驾驶行为”造成实害结果的，《刑法》明文规定，“构成其他犯罪的，依照处罚较重的规定定罪处罚”。由于“妨害安全驾驶罪”的立法模式是独立的公共危险犯，没有对应的实害犯，涉嫌构成哪个罪名就认定哪个罪名。有学者认为，“自然犯一般都是实质犯，形式犯几乎都是法定犯。相对于抽象危险犯，作为形式犯的法定犯的法益性更加稀薄。比如，我国《刑法》第 133 条之一的危险驾驶罪，行为人危险驾驶并未侵害法益，如果侵害了人身、财产等法益，则构成其他犯罪如故意杀人罪、以危险方法危害公共安全罪等，第 133 条之一处罚的是单纯不服从交通管理法规的危险驾驶行为，该罪既不是抽象危险犯，更不是具体危险犯，而是典型的作为法定犯的形式犯”。[①] 对于这一解释，本书并不能全盘接受。首先，危险驾驶罪不是纯粹的法定犯或形式犯，也有自然犯的属性，当危险驾驶行为对人身或财产构成现实性危险时，其自然犯的属性便显现出来。其次，危险驾驶行为如果导致交通肇事，侵害了人身法益或财产法益，通常构成交通肇事罪，而不是故意杀人罪或以危险方法危害公共安全罪，除非肇事者具有故意杀人的动机，在交通运输过程中利用交通工具针对具体目标实施杀人行为，或者在公共交通场所驾驶车辆横冲直撞导致不特定多数人伤亡结果的，方可构成故意杀人罪或以危险方法危害公共安全罪。

（三）交通运输危险犯的分类

根据法益的不同，交通运输危险可分为威胁个人法益的危险与威胁集体法益的危险；根据主观罪过形式的不同，交通运输危险可分为故意的危险与过失的危险；根据构成要件所要求的作为可罚条件的危险程度的不同，交通运输危险可分为具体的危险与抽象的危险。鉴于本书研究的范畴限定于危险犯问题，因而研究重点是最后一种分类的问题，对前两种分类中的集体法益和故意的危险只有少许涉猎。

1. 以“危险”是否为《刑法》明文规定为标准

在我国《刑法》立法中，危险犯分为具体危险犯与抽象危险犯。前者是指《刑法》对行为危险性有明确的要求；后者则是指《刑法》对危险性行为没有明文规定，不要求司法机关对行为的危险性进行判断、

---

① 刘艳红：《“法益性的欠缺”与法定犯的出罪——以行政要素的双重限缩解释为路径》，载《比较法研究》2019 年第 1 期。

可直接依据法定的行为便可认定的危险。换言之，具体危险犯是司法的危险犯，需要司法者具体判断危害行为是否造成可能转化为现实危害结果的危险，通常用“危及公共安全”或“危害公共安全”来表述；抽象的危险犯是立法的危险犯，仅需要立法者在立法时经过对“风险”的筛选，决定将那些能够导致实害结果的危险性行为纳入《刑法》规制的范畴，而无须司法环节再进行判断的危险。

在我国现行《刑法》中，交通运输危险犯的具体危险与抽象危险具有不同的判断思路和标准。

首先，抽象危险的判断，需要考察如下。第一，抽象危险犯是以法定的抽象危险结果作为成立犯罪既遂的标志。与具体危险犯不同的是，抽象危险犯中的“危险”在《刑法》中是不具形态的。刑法理论认为，抽象危险犯的侵害行为本身就包含发生某种危险的可能，只要认定行为人实施了该种行为，其所蕴含的“危险”便同时发生。第二，抽象危险犯，在某种意义上就是一种行为犯，“只要认定行为人实施了刑法分则规定的某种构成要件的行为，这个危险就自在其中”。[①] 因此，抽象的危险无须根据具体案情进行分析与判断，只要行为人所实施的具有危险性的“行为”符合刑法构成要件的规定，便可构成犯罪，无须司法机关再对“危险”进行判断；相反，如果危险性“行为”不符合该罪的构成要件要求，危险犯便不成立。例如，危险驾驶罪中的“醉驾”行为，就是典型的抽象危险，从立法上看，不需要司法人员判断“醉驾”行为是否具有“危及公共安全”或“危害公共安全”的危险，只要饮酒行为能够被认定为达到“醉酒”的法定标准，便成立犯罪。但是，近年来司法实务中对“醉驾”型危险驾驶罪的认定标准已经由抽象危险逐渐转向具体危险，这种趋势不失为一种司法智慧的体现。

---

① 陈兴良：《口授刑法学》，中国人民公安大学出版社 2007 年版，第 269 页。

其次，对具体危险的判断，需要考察如下三点。

第一，具体危险犯是以法定的"具象危险"出现作为成立犯罪既遂的标志，与抽象危险犯不同，具体危险犯的危险，是需要司法机关进行具体判断的具象的、客观存在的"危险"，只是在危险的发展进程中尚未造成实害结果，因而，只是以危险的"具象"形态而存在，所以，"具体危险犯就是实害犯的未遂犯"，[①]如果实害结果出现便转化为实害犯。因而，所谓有"具体危险"实际上应当被称为"具象危险"更为合适。例如，危险驾驶罪第 4 项罪状是"违反危险化学品管理规定运输危险化学品，危及公共安全的"，判断"危险"的重要指标"危及公共安全"的客观"具象"是否出现，判断这一"具象"的指标包括违规运输的场所和线路、犯罪对象本身的杀伤力和运输的数量、运输的时段等要素，是一种现实而具象的综合性分析。至于判断的标准是主观标准、客观标准还是折中标准，笔者建议适用主观的行业性标准，因为交通运输危险大多是业务风险，行业管理和监控都应当是比较规范的，即使犯罪主体是乘客，也会了解交通运输的风险性。因而，在交通运输中，只要出现法定的具象危险，经司法判断系客观存在，犯罪便告既遂。

第二，具体危险结果与危害行为必须具有因果关系。也就是说，具体危险犯中出现的具象危险必须是由危害行为造成的，行为与危险之间至少存在条件因果关系，否则便会导致归因上的障碍。《刑法》条文中的"危及公共安全"与"危害公共安全"的客观存在形态，便是危害行为所造成的危险性的"具象"反映。一般认为，"具象"的危险可以根据具体案情进行判断。例如，在妨害安全驾驶案件中，行为人使用暴力或者抢控驾驶操纵装置的行为是否会干扰公共交通工具正常行驶、是否危及公共安全，是成立妨害安全驾驶罪的关键要素。

---

① 陈兴良：《口授刑法学》，中国人民大学出版社 2007 年版，第 270 页。

第三,具体危险具有导致《刑法》保护的法益遭受损害的现实“紧迫性”。例如,危险作业罪的第1项罪状“关闭、破坏直接关系生产安全的监控、报警、防护、救生设备、设施或者篡改、隐瞒、销毁其相关数据、信息的”行为,时常会发生在船舶航行中,船东或船长为了避开海事或渔业行政监管,故意拆除船上雷达或其他导航设施,导致该船舶与附近其他船舶无法通过雷达互相发现,引发事故危险,即导致《刑法》第134条之一规定的“具有发生重大伤亡事故或者其他严重后果的现实危险”。从理论上讲,船舶航行中“关闭、破坏直接关系生产安全的监控、报警、防护、救生设备、设施”的行为,既属于交通运输风险,又属于生产作业中的风险,仅仅是关闭前述安全设施的行为本身,并不一定会导致危险作业罪的法定具象风险,只有当船舶航行在近海且周边有其他船只航行,导致船舶之间形成碰撞的紧迫性,才能认定危险作业罪的成立。此外,航行中的船舶在生产作业活动中导致“侧翻”或者“人员落水”的情况,直接威胁相关人员的生命安全、身体健康或财产损失的,也构成危险作业罪。

2. 以风险来源为标准

依据风险来源不同,交通运输风险犯罪可分为自然风险与人为风险,在自然风险可预测的前提下违规冒险出航的,自然风险便转化为人为风险,也具有追究刑事责任的空间。

首先,自然风险是指来自天灾的风险,如地震、台风、大雾、大浪、海啸、山体滑坡、泥石流等给车辆或船舶交通运输带来的碰撞、侧翻、自沉或被掩埋的风险。自然风险的暴发具有极大的偶发性,现代科技水平并不能预先测试并感知到危险的发生时间与破坏力。因而,对于自然风险导致的危险状态或实害结果,原则上不能归咎于人类,也不适合据此追究自然人或单位的刑事责任。但是,如果已经预测自然风险即将来临,为了经济利益或者其他目的而冒险出行的,就应当承担刑事责任。例如,在大雾天气、大风天气下冒险驾驶船舶出航的,其危险性远远大于客车超过定额载客的风险,如果此冒险行为发生在客船上,其危险性从受损结果的可能性上看不是校车超载所能比拟的。遗憾的是,我国《刑法》设置的危险驾驶罪只能发生在道路上,船舶被排除在外,这一点也是笔者建议将船舶危险驾驶纳入危险驾驶罪进行《刑法》规制的理由之一,细节将在本书第六章展开论述。

其次,人为风险是指来自人为违规行为所造成的交通运输风险,例如,醉酒驾驶、超速驾驶、超载驾驶、无证驾驶、疏于瞭望、雾天冒险驾驶等行为给车辆或船舶交通运输带来的碰撞或自沉的风险。人为风险的可控性无可争议,只是风险的来源与形成的时段需要从驾驶技术上进行分析,特别是船舶驾驶的风险来源属于立体性的,在船舶所处的空间中,上下左右前后都可能突然出现巨大的风险,例如,突然出现的风浪、大雾、暗礁、快艇、新建且未通报的桥梁等,往往会导致避碰不及进而发生碰撞事故。上述情形应否构成犯罪,取决于船舶对风险是否具有预测能力,如果能够预测并且已经有所预见而仍然冒险出航或者避碰行为不到位而导致事故的,也可以归类为人为风险,相关人员需要承担刑事责任。如果突发状况导致人类借助现在科技手段也无法预测风险,则仍然属于自然风险,不应当由驾驶人、船东或承运人承担刑事责任。

3. 以交通运输环境和工具的不同为标准

在交通运输领域,由于交通环境与交通工具不同,可划分为陆路运输、水路运输、航空运输、管道运输和装卸搬运五个行业。本书仅涉及陆路运输和水路运输两大行业的作业风险及预防性刑法问题。从社会秩序维护的角度出发,这两大行业的行政管理是刑事制裁的前置性社会控制手段,只有损害性风险达到一定严重程度,方可动用刑事法力量进行规制。

机动车辆交通运输风险，是指机动车在驾驶过程中因驾驶人员不适任、驾驶行为不规范、超出载客定额或载货配额、抢控操纵驾驶装置等行为而产生交通事故的风险。

船舶交通运输风险，是指船舶在水上航行过程中可能导致其碰撞与翻沉等各种事故型危险，如超速航行、疏于瞭望、值班船员无证上岗、大雾天冒险驾驶等可能导致碰撞与沉船的各种危险。

火车交通运输风险，是指火车在轨道上行驶过程中可能导致其碰撞与脱轨等各种事故型的危险。

航空器交通运输风险，是指飞行器在航行阶段可能导致的碰撞与坠落等各种事故型的危险。

鉴于本书研究的对象限于车辆和船舶，因而交通运输风险的分类也划分为车辆交通运输风险与船舶交通运输风险两大类。

二、交通运输危险犯的构成要件

交通运输危险犯是交通犯罪的一个分支，属于未发生实害结果但是对法益造成现实危险的交通运输犯罪。在我国《刑法》中，交通运输犯罪被规定在分则第二章危害公共安全犯罪中，是指发生在交通运输环节中危及公共安全法益但尚未造成实害结果的犯罪。笔者认为，交通运输安全取决于三个要素：驾驶工具与通行条件、驾驶人的资质与驾驶技能、驾驶人的安全意识与谨慎态度，前二者是客观因素，第三项是主观因素，虽然驾驶态度表征为客观的现实存在，看似不遵守安全驾驶规则的外在行为，实则却是内心不尊重他人生命健康、无视交通安全秩序的心态的外化。

鉴于车辆与船舶的驾驶技术与安全规则不同，在此，分别探讨犯罪构成的行为与结果要素，对因果关系不作展开，因为危险犯是行为犯，司法机关在认定犯罪时仅分析行为是否实施，或者行为是否造成发生现实性危险的可能性,而不要求考虑实害结果。

(一)机动车交通运输危险犯的客观方面构成要件

交通运输风险是因违规行为所形成的一类社会现象,这类社会现象是不以人的意思为转移的,并且能为人类所感知的客观存在。纯粹现象学的研究对象是"世界中的现象",这些现象通常具有三个特征:第一,应当为世界中的实际存在;第二,是指感性认识范围内能被清楚确定下来的一种事物的本质,即不需要经过理性认识就可以定义的事物;第三,具有本质必然性的特性。①根据这一规律,机动车和船舶的交通运输风险,也是客观存在的、能够被人所感知的在行驶过程中可能发生事故的危险。

车辆交通运输风险犯罪的客观方面构成要件由如下几个要素所组成:

1. 危险性行为——违反交通运输管理法规的行为

违反交通运输管理规范的风险主要包括超速、超载、乘客或者货物不适运、通行条件不达标等,具体表现在如下几个特征上。

首先,驾驶行为失范。交通运输技术失范性风险表现为驾驶中对他人的健康、生命或财产造成安全性威胁,具体可体现为驾驶人对交通运输工具性能的掌握和使用技巧的运用、交通运输规则的遵守、交通运输过程中对风险的预判和避碰等。车辆交通运输的最大风险是超速驾驶、服用麻醉品后驾驶,以及在行驶过程中不认真履行避碰义务。鉴于服用麻醉品会导致驾驶人员的辨认与控制能力减弱,属于驾驶主体不适任的情况,因而本书将这一因素放在主体要件中讨论,在客观要件中不作展开。

---

① 参见[德]胡塞尔:《纯粹现象学通论》,李幼蒸译,商务印书馆2002年版,第48~50页。

交通运输的功能在于承载人或物实现地理位置的移动与置换,为了追求运输效率,在同等时间条件下,提升速度便成为提高交通运输效率的重要因素,因此,也会给公共交通带来碰撞危险,速度越快风险越大。有资料表明,交通事故有一半是超速驾驶造成的,根据人民网官方微博的数据,中国交通事故死亡人数居于世界第一位,2013 年达 6.2 万人。当车速降低 1%,道路伤害事故将减少 2%,严重伤害事故将减少 3%,致命事故将减少 4%。然而,驾驶速度本身具有两极性,对于交通运输而言,除了超高速驾驶会带来风险之外,超低速在特殊环境下也会造成事故风险,如在高速公路上超低速行驶会妨害车辆的正常通行,躲避不及便会造成碰撞事故。根据《道路交通安全法实施条例》第 78 条的规定,高速公路应当标明车道行驶速度,最高时速不超过 120 公里,最低时速不低于 60 公里。之所以有这样的要求,是因为在高速公路上,过低的速度会使后车发生追尾事故,导致车毁人亡的概率很大。总之,速度对于交通运输来讲,既是保证效率的基本前提,也是保障交通安全的重要因素。

其次,交通工具不适格。交通工具不适格需要从多维视角进行考查。先确认交通工具本身的各种动力与安全设施是否正常,如果处于报废期或者安全设施配备不达标,便应当认定为交通工具不适格。车辆不适格可称为"车辆不适驾";船舶不适格可称为"船舶不适航"。车辆不适驾的风险主要来自制动功能的弱化、刹车装置失灵等原因,例如,在实践中是有些货车存在刹车片不过关的问题,在盘山路上长时间使用刹车片会使其丧失制动的功能而造成车辆失控,导致事故发生的危险。

机动车和船舶的运载都有一定的量化标准,客车或客船超出人员定额标准运载乘客或货物的,属于超载。超载的风险主要是交通工具的平衡性不足、避碰行动迟缓、疏散人员困难等。在司法实践中,超载的车辆容易发生侧滑甚至造成翻车,因而我国《刑法》第133条之一把校车和客车的超载行为归入犯罪,以危险驾驶罪给予刑事制裁。遗憾的是,第133条之一并未涉及货车超载的问题,甚至整个危险驾驶罪都限定在道路危险驾驶的行为,船舶在水上的违规驾驶行为并未被归入危险驾驶罪中,也未设置独立的罪名,漏罪问题比较严重。

再次,通行线路阻塞的风险。通畅平稳的道路或海况是车船交通运输安全的前提保障,交通阻塞是交通事故的重要原因之一。道路不畅通,即道路通行环境遭受破坏,容易酿成交通事故。为实现交通通畅性要求,除了事先配置合规的交通工具和交通设施之外,还需要清除道路上的一切障碍,严禁在道路上擅自存放物品或进行商业活动,严禁在道路上逆行或在路口"抢红灯",严禁在高速公路上突然刹车和违规变道。

最后,交通指示标志不规范。安全的交通运输环境需要在道路上,用路标标明道路的位置、提示道路的风险,无论是在高速公路还是高等级道路上,路标不但能够指引驾驶者操纵车辆的速度,还是驾驶者辨别方向的重要指示。如果擅自设置、移动或涂改路标,必然会误导驾驶人的操纵速度与方向,造成交通运输风险。交通运输犯罪的场合与时间限定在交通工具行驶过程之中,交通运输犯罪的对象不仅包括交通运输工具,还包括交通运输设施和标示牌等与交通运输的安全速度及方向有关联的一切事物和信息。

2. 危险结果——造成人身伤亡或财产损失的现实危险

在此需要强调的是,公共交通安全危险,或者严重危害公共安全的危险性结果,属于事故型的风险,而不是贝克所说的风险社会的风险。因为贝克所讲的“风险社会的风险是后工业社会的技术风险，这种风险具有不可预知性与不可控制性，根本不可能进入《刑法》调整的范围。风险刑法理论将风险予以泛化，并且主要是以工业社会的事故型风险为原型展开其论述与论证，但这与风险社会的风险并无关联”。[①] 本书研究的交通风险是事故型风险，风险来源具有多元性，既有自然因素，也有人为因素；既有技术性风险，又有管理上的风险，可控性是交通风险的共通性特点，因而才有学术研究的价值。而贝克所讲的“风险社会”既是文化层面的一个认知概念，又是政治层面的一个反思概念和制度层面的一个重构概念，因而从任何单一层面对“风险社会”所作的诠释都难免偏狭。[②] 交通风险或危险是交通事故的前因，本身没有实害结果的具象，在尚未纳入犯罪圈之前，无法动用《刑法》进行惩治，也很难从行政执法层面给予处罚。由于危险行为通常情况只是隐性的存在，在客观世界难以留下物质损害痕迹，如果没有现代影像技术的加持，便会因为证据不足而成为法外之地。另外，传统刑法之所以能够长期容忍此类危险行为，主要的原因是案发率较低，社会影响范围较小，不足以引起社会性恐慌，不会影响社会生活的稳定性。伴随我国私家车辆保有率的提升，醉驾与飙车所导致的恶性交通事故不断攀升，严惩交通运输风险的观念已然取得社会各界的共识。然而，正是由于交通风险没有实害的结果具象，判断交通运输危险的标准还是比较复杂的。

3. 犯罪场域与犯罪工具

首先，“道路”和“机动车”范围的界定。依据《刑法》规定，危险驾驶罪的客观要件为“在道路上驾驶机动车”所产生的危险性行为，“道

---

① 陈兴良：《风险刑法理论的法教义学批判》，载《中外法学》2014 年第 1 期。

② 参见田宏杰：《“风险社会”的刑法立场》，载《法商研究》2011 年第 4 期。

路”和“机动车”的概念在认定犯罪中至关重要。2023 年《办理醉驾意见》第 5 条规定,“醉酒案件中‘道路’‘机动车’的认定适用道路交通安全法有关‘道路’‘机动车’的规定”。依据《道路交通安全法》第 119 条第 1 项的规定,“道路”,是指公路、城市道路和虽在单位管辖范围但允许社会机动车通行的地方,包括广场、公共停车场等用于公众通行的场所。这里所谓的“单位管辖的但允许社会机动车通行的地方”通常是指行业化管理的特殊厂区,如化工区等。第 119 条第 3 项规定,“机动车”,是指“以动力装置驱动或者牵引,上道路行驶的供人员乘用或者用于运送物品以及进行工程专项作业的轮式车辆”。在此,机动车最明显的是“以动力装置驱动或者牵引”和“轮式车辆”这两大特征。符合这两大特征的车辆具体会包括哪些?《机动车驾驶证申领和使用规定》第 11 条给出明确答复:“机动车驾驶人准予驾驶的车型顺序依次分为:大型客车、重型牵引挂车、城市公交车、中型客车、大型货车、小型汽车、小型自动挡汽车、低速载货汽车、三轮汽车、残疾人专用小型自动挡载客汽车、轻型牵引挂车、普通三轮摩托车、普通二轮摩托车、轻便摩托车、轮式专用机械车、无轨电车和有轨电车”。除上述车辆之外,其余都不在机动车的范围之内,在此特别要强调的是,电动摩托车和电动自行车能否作为危险驾驶罪的犯罪工具,在理论界与司法实务界存在一定的争议。

电动两轮摩托车分为电动轻便摩托车和电动普通摩托车两类。①

---

① 电动两轮摩托车是指纳入国家工信部机动车产品公告目录,符合《电动摩托车和电动轻便摩托车通用技术条件》规定的车辆,分为电动轻便摩托车和电动普通摩托车。电动轻便摩托车是指由电力驱动的,最高设计车速大于 25 公里每小时且不大于 50 公里每小时或者整车装备质量大于 40 千克且最高设计车速不大于 50 公里每小时;电动普通摩托车是指不具备辅助骑行功能,整车质量大于 55 千克,最高设计车速大于 50 公里每小时。

根据工业和信息化部颁布的机动车产品目录公告，电动摩托车按照机动车管理。《机动车运行安全技术条件》(GB 7258－2017)系国家强制性标准，根据《标准化法》第2条第3款之规定，强制性标准必须执行。因此，机动车国家标准其效力源于法律的直接规定，并不是一般的技术规范，电动摩托车符合机动车国家标准应当被认定为机动车。①

总之，纳入工业和信息化部《道路机动车辆生产企业及产品》和强制性认证管理(3C认证)的电动两轮摩托车、电动三轮摩托车、四轮电动车均属机动车，按照公安部《机动车登记规定》，醉酒驾驶上述两轮以上的电动摩托车的，都可能构成危险驾驶罪。

其次，对超标电动自行车的认定。电动自行车，是指以蓄电池作为辅助能源在普通自行车的基础上，安装了电机、控制器、蓄电池、转把闸把等操纵部件和显示仪表系统的机电一体化的个人交通工具。电动自行车在本质上属于自行车，在很多道路上是受限的。具体规定为车速不超过25公里/小时、质量不能超55千克、电压不能超48伏。超过这些标准的，将被归入电动摩托车的行列，自然属于机动车的范围。

依据《电动自行车安全技术规范》(GB 17761－2018)国家标准，电动自行车产品的外形和动力逐渐变得越来越大、越来越重、越来越快，部分指标超出了原标准的规定，被群众称为“超标车”。目前，国家已经明文规定电动自行车上路行驶的最高速度不能超过25千米/小时。这些产品在性能上逐步接近电动轻便摩托车，但安全性能较差，交通安全隐患大，造成大量的人员伤亡事故。此外，由于部分电动自

① 参见吴卫云：《论醉驾型危险驾驶罪的司法适用与立法完善——基于醉驾电动摩托车问题的反思》，载《公安研究》2023年第7期。

行车防火阻燃性能较差，近几年引发的火灾逐渐增多，重大的人员伤亡和财产损失事故频发。

电动自行车作为道路交通工具，需要兼顾出行效率、出行安全和道路的通行秩序。由于电动自行车属于非机动车，主要行驶在非机动车道上，而目前我国不少地区非机动车道宽度有限、人车混行，如果电动自行车的速度、体积、重量和动力性能等大大超出自行车等其他非机动车，会大量占用非机动车道的空间，或者影响非机动车道的正常通行秩序，或者对汽车等机动车的正常通行造成干扰，存在严重的交通安全隐患。因此，现行标准的修订工作始终本着确保所有道路交通参与方的共同利益最大化的原则，审慎研究和确定了每一项关键技术指标。“超标车”一旦造成交通事故，由于其部分关键技术指标超出了电动自行车标准的规定，且动力性能明显高于其他非机动车，在司法实践中会被判定为机动车，从而使驾驶人在事故责任认定以及后续赔偿等方面承担更多的责任。

（二）船舶交通运输危险犯的客观方面构成要件

船舶驾驶的技术性要求较高，为有效判别风险的来源进而有针对性地采取规避措施，有必要在此对船舶驾驶的危险进行技术分析。

船舶碰撞风险是船舶运输风险中危险性最大的，人为风险的形成，首先要有违规行为，或称为实行行为，即一系列的违规操作。此即没有按照《避碰规则》配备适航的船舶并驾驶船舶，也没有履行防止发生碰撞后果的法律义务。《避碰规则》是国际标准化的船舶安全驾驶规范，凡是加入该公约的当事国，其管辖的船舶都有义务严格遵守该规则的各项要求。依据《避碰规则》，船舶航行中的风险行为有以下几种表现。

1. 船舶驾驶中未保持安全的航速

所谓驾驶中的“安全航速”，没有统一的规范要求，不同的船舶与不同的水域环境对船舶的“安全航速”会有不同的要求。在《避碰规则》中虽然明确要求保持“安全航速”，但也没有具体的指标或数据要求。《避碰规则》第6条规定：“每一船舶在任何时候应用安全航速行驶，以便能采取适当而有效的避碰行动，并能在适合当时环境和情况的距离以内把船停住。”由此，未能使用“安全航速”便意味着“超速”，因为海况不同，对船舶行驶速度的要求没有一个绝对的数值，“超速”也是一个相对的概念。依据《避碰规则》第6条的规定，所谓“安全航速”，就是能够在风险面临时有效避碰的航行速度，具体判断时需要参考如下几个因素：第一，能见度因素；第二，通航密度因素；第三，船舶操纵性因素，特别是船舶的冲程和施回性能；第四，夜间出现的背景亮光因素；第五，风、浪和流的因素。总之，“安全的航速”，就是确保船舶航行中远离碰撞风险的合理速度，这个速度取决于船舶本身的性能以及海上环境因素。在大雾天气下，船舶必须降低航速，否则，便有碰撞的风险。在能见度较低的情况下，船舶是否适合出港、驾驶速度是多少，都有一定的规范约束，船舶航行在狭长的水道时也需要降低速度。《避碰规则》第19条规定了“船舶在能见度不良时的行动规则”，如“每一船舶应以适合当时能见度不良的环境和情况的安全航速行驶，机动船应将机器做好随时操纵的准备”。此外，通航密度也会影响船舶航行的安全性，在船舶密集的航道上、港口内或在渔船密集的航道区域内，船舶相互碰撞的风险在无形中被提升，船舶在这些水域中航行必须小心谨慎，近距离的碰撞反应极其有限，碰撞概率很大。在海事管理中，能见度极低的天气会禁止或限制船舶出航，船舶关闭雷达等监控设施违规冒险出港，涉嫌构成危险作业罪。

2. 驾驶中未认真履行瞭望义务

船舶航行中的“瞭望”，是一项观察义务，不能简单地解释为用视觉和听觉直接感知海上环境及其适航性的信息。“瞭望”行为虽然包括利用船上其他安全设施查寻并掌握周边海况的信息，但是，“瞭望”义务履行并不限于实施“瞭望”行为，更重要的是对航行风险履行“发现”义务，该义务属于防控碰撞风险的注意义务。在《海事调整报告》中，绝大多数船舶碰撞的原因被归于“疏于瞭望”，却没有解释海事调查官依据哪些行为或现象认定船长或相关船员“疏于瞭望”，是什么原因导致“疏于瞭望”。依据《STCW 公约》和《避碰规则》的要求，每一艘船舶都有义务使用船上的通讯导航设施或者船员的视觉、听觉发现船舶周围的危险情况，进而对航运情势和碰撞危险作出充分的估计和反应。“瞭望”是履行避碰义务的重要组成部分，处于前提保障的地位，没有“瞭望”便不能发现危险，也不会采取避碰措施。换言之，“瞭望”是船舶航行中避免碰撞事故发生的第一要务，正规的“瞭望”活动首先要求值班船员具有专业资质，且船员人数要达到一定数量，越大的船舶值班船员越多、等级要求越高。依据刑法理论，疏于“瞭望”的本质属性，不是未实施观察监视行为，而是未能发现安全风险、未尽注意义务的犯罪不作为，属于“看到而未看见”或“视而不见、听而不闻”的情况。在司法实践中，只要事故船舶没有注意到风险且未采取有效的避让措施而导致碰撞事故，便可被认定为未履行瞭望义务，构成“疏于瞭望”。

依据船舶航行技术，“疏于瞭望”的原因比较复杂，恰恰需要《海事调查报告》给予说明与解释。可能是过于信赖导航设施未注意航线中出现的新障碍物，也可能是注意指向偏差，或注意力不集中，导致“视而不见”的情形。例如，2017 年 6 月 17 日凌晨，在美国“菲茨杰拉德”号导弹驱逐舰返回驻地神奈川县横须贺港途中，与一艘悬挂菲律宾国旗的商船在横须贺港西南方向56海里处海域相撞，碰撞导致美国军舰舰体右侧大幅损坏、造成3人受伤、7人死亡的严重后果。英国广播公司（British Broadcasting Corporation，BBC）称，发生相撞事故的水域经常有大量船只往来，但是配备先进雷达系统的美国海军“菲茨杰拉德”号驱逐舰因“疏于瞭望”没有发现临近的商船。据菲律宾籍船长提供的信息，当日“菲茨杰拉德”号突然驶向货船的航道，他们随即发出灯号警告军舰，但对方未有回应，也没有采取回避动作。货船立即向右打舵避让，但因处于即将碰撞的“紧迫局面”，仅凭一方之力很难成功避碰，10分钟后货船撞上军舰。[①] 从事故的原因分析，“菲茨杰拉德”号不可能不实施瞭望，为何没有发现菲律宾货船与自己的船只已经形成交叉会遇局面，并且，也没有主动在安全范围内采取有效的避让行为，其中的一个理由就是出现了“视而不见”的注意偏差问题。所以，“瞭望”时需要借助AIS和雷达等报警设施才能提醒船员注意临近的风险。然而，有些电子设备也会出现故障，误判风险。海运行业有一条经验法则：在电子设备不产生作用的情况下，人的肉眼“瞭望”就显得非常重要，只要集中精力便会及时发现碰撞危险并进行有效的规避措施。“疏于瞭望”是船舶碰撞事故人为因素中的最主要原因，有数据表明，2011年至2015年这五年之间，我国船舶碰撞事故中船员因素占72%，环境因素占15%，管理因素占11%。在人为因素中，因“疏于瞭望”的有556起，占整个人为因素导致事故的22%；避让不协调的有352起，占整个人为因素导致事故的14%；未正确判断危险的有340起，占整个人为因素导致事故的13%；疲劳和警惕性不足的有178起，占整个

---

① 参见《美媒曝美“宙斯盾”舰与菲货船相撞初步调查结果：或因美舰员过失》，载环球网，http://mil.qianlong.com/2017/0724/1880457.shtml? prolongation=1。

人为因素导致事故的7%；违反值班规则的有157起，占整个人为因素导致事故的6%；语言交流障碍的有26起，占整个人为因素导致事故的1%。[①] 基于前述数据，我们可以推导出“疏于瞭望”导致事故的数量一定会高于72%的结论。因而，“瞭望”不是实施了观察风险的系列行为，而是要求实现有危险就必须发现的义务，这才是真正履行了“瞭望”义务。

3. 驾驶中未保持安全的“船舶领域”

“船舶领域”，是海上航运专用技术术语，指船舶航行会遇中的安全范围，可理解为安全速度、安全方向与安全距离三个因素的有机结合体。这一概念由日本学者藤井于20世纪60年代首先提出。从技术角度看，船舶领域就是保持船舶不被碰撞的安全距离、安全方向与安全范围，有学者将其分成三个不等的扇形区域，即任何船舶保持航行安全所需要的水域范围。20世纪70年代，英国学者E. M. 古德温（E. M. Goodwin）证实了船舶领域的存在，完善了这一概念，并建立了船舶在开阔水域各种会遇形式并存的船舶领域模型。如果目标船舶相对运动线通过本船的船舶领域，就认为两船构成碰撞危险。[②] 为了实现船舶安全航行的目的，当某一船舶的目标船舶进入船舶领域时，便意味着两船的会遇距离和航向已经造成碰撞的危险，单凭一方船舶的避碰行动很难成功实施避碰。由此，制造“船舶领域”的行为便是制造危险的行为，可视为碰撞的实行行为之一。

---

① 资料来源：国家社科基金项目“海上交通事故刑法规制研究”课题组于各地海事局调研所得。

② 参见吴兆麟：《船舶避碰与海上安全研究》，大连海事大学出版社2006年版，第106页。

4. 互见中避碰操作不当

船舶航行在宽阔的海面时没有具体的航线要求，为保障航行的安全，《避碰规则》第 12 条至第 18 条规定了船舶会遇互见时的避碰规则，所有船只都必须依据此规则进行避碰。首先，“任何船舶在追越任何他船时，均应给被追越船让路”，即“追越他船有让路义务”；其次，“当两艘机动船在相反的或接近相反的航向上相遇致有构成碰撞危险时，各应向右转向，从而各从他船的左舷驶过”，即“相对会遇船只各自向右避让”；再次，“当两艘机动船交叉相遇致有构成碰撞危险时，有他船在本船右舷的船舶应给他船让路，如当时环境许可，还应避免横越他船的前方”，即“左船给右船让路”；最后，“机动船在航时应给失去控制的船舶、操纵能力受到限制的船舶、从事捕鱼的船舶、帆船让路”，即“快船给慢船让路”“活船给死船让路”。在实践中，有些船舶因船员不适任（没有船员资质或船员等级不匹配），或者船舶自身结构或操作功能不适航，导致船舶在紧急关头因操控失误而引发碰撞事故。

（三）交通运输危险犯的主观方面构成要件

按照犯罪构成理论，缺少主观要件的犯罪构成是不完整的、不成立的，不足以作为支撑定罪的要件。犯罪主观方面构成要件具有犯罪故意与犯罪过失两类，统称为“罪过”。在故意犯罪中，行为人的认识分为事实认识和规范认识，前者是指行为人在自己实施行为时有清醒的认知（能力），后者是行为人对自己行为的违法性认识。在认识基础上，行为人对自己的行为可能导致的结果持有的容忍态度属于意志因素。

1. 交通运输危险犯构成要件的事实认识

对构成要件的事实认识，是指行为人对自己的行为、结果、因果关系有辨识能力。判断行为人是否对犯罪构成要件的事实有认识，考查的是行为人的心理内容，即在行为人的心理世界中是否存在“智”、对行为本身是否具有辨认能力,是否知道自己在实施某种行为。对于驾驶人员而言,其对构成要件的事实认识,即指行为人知道自己正在操纵控制某种交通运输工具。由此,既能排除有精神疾病患者的可谴责性,也能排除那些无意的梦游或反射行为,但不能排除潜意识支配下的自动化行为。

对构成要件事实认识的前提是明知自己在做事情,即明知自己在开车,明知自己在驾驶船舶。至于自己的行为是否符合规范要求,则不在事实认识层面讨论,而是规范层面的问题,属于具有社会评价意义的价值问题。以往的犯罪故意概念,只关心行为人对自己行为结果的认识,不去关注行为人对自己行为本身的态度及其认识程度。正如贾宇教授所言:《刑法》只规定对结果的明知,无法涵盖行为犯的认识因素。《刑法》规定的是一般的"危害社会的结果",但在确认犯罪故意时,实际上只能判断行为人是否明知某种构成要件的结果,而并非对行为所造成或者可能造成的一切危害结果都要求认识。对构成要件不要求结果的犯罪,没有办法,也没有必要去确认行为人对构成要件以外的某种结果的认识,因此,对犯罪故意中的事实认识,应当是对构成要件事实的认识(知识)。①

2. 对交通运输危险犯构成要件的规范认识

对犯罪构成要件的规范认识,是指行为人对构成要件的评价性认识。其考察的是行为人内心是否有"恶",即对自己的行为有明确的规范评价,认识到其具有社会危害性,应受道德的谴责、法律的责难。易言之,对构成要件的规范认识是指行为人在行为前或行为时对自己行为是否具有社会危害或者是否违反法律在主观上的自我评价。至于如何评价自己行为的社会危险性,域外相关立法给我们一定的启发。

---

① 参见贾宇:《犯罪故意研究》,商务印书馆2020年版,第78页。

例如,《日本道路交通法》第70条对机动车司机行为是否具有社会危害性评价时,是通过考察司机是否具有善意目的来实现的:“应视道路、交通状况以不对他人造成伤害的方式,操作机动车等的方向盘、刹车等装置。”其中,“以不对他人造成伤害的方式”便体现了交通安全规范对司机主观心态的要求,受此启发,我们也可以总结出驾驶行为是否具有“社会危害性”的认定标准,即“以不对他人造成伤害危险的驾驶方式操控方向盘与刹车装置”为界限,这一标准体现了驾驶过程中对人的生命与健康的尊重,只是如何判断“不对他人造成伤害”的驾驶方式比较复杂,在客观上需要有适驾的车辆和路况、适航的船舶和水域环境、适任的驾驶人员等因素的支持,在主观上需要行为人将行驶安全问题纳入心理过程,即在行驶过程中的心理活动指向并集中于“不对他人造成伤害的”驾驶行为上,至少要小心谨慎地观察自己的行为是否会伤害到他人,并在此心态之下随时调整驾驶行为。再如,《英国道路交通法》规定了危险驾驶罪,把“危险”解释为:与人们对于具备资格、小心谨慎的驾驶人的期待相去甚远,对具备资格、小心谨慎的驾驶人而言,自身驾驶的危险性是显而易见的,超速、饮酒、无视信号、急超车等变更车行路线的行为被当作危险驾驶的案例。① 由此可见,交通运输风险来自不安全的驾驶条件、不安全的通行条件和越距的驾驶态度。超速、醉酒驾驶、闯红灯、急超车等违反交通运输驾驶规则的行为反映出行为主体不谨慎的态度。这一态度在他人看来是外化为行为的客观要素,以不履行注意义务的懈怠行为为表征;而以行为人自己为坐标时,则体现为主观情感或情绪要素,这种情绪或情感具有两极性的特征——积极的和消极的,所有的玩忽职

① 参见[日]川本哲郎:《交通犯罪对策研究》,杨宁译,法律出版社2021年版,第46页。

守便是消极情绪或情感的行为外化。因而,如何判断驾驶人员是否谨慎对待驾驶行为,需要往返审视从客观到主观,再从主观到客观的心理因素和行为表现,这也是认定行为人是否有犯罪故意的必经路径。

行为人对自己行为的违法性是否有认识,对于驾驶人而言,无须进行具体判断便可得出相应的结论。与生活过失不同,交通运输是高危行业,驾驶人员必须经过专业培训方可取得专业资质,无证驾驶或者无驾驶能力不应成为阻却法律责任的理由。所以,在主观方面的判断上,只要驾驶人员违规驾驶,无论是违反驾驶规则还是违反通行规则,都可推定其具有违法性认识,而不可再以"应当认识而没有认识"为由阻断行为人的主观违法性认识。

3. 交通运输危险犯的意志因素

危险犯在理论上分为两种:一种是抽象危险犯,通常被视为行为犯;另一种是具体危险犯。在交通运输危险犯中同样也可以划分为抽象的交通运输危险犯与具体的交通运输危险犯,依据《刑法》的规定,交通运输抽象危险犯只有一种情形,即危险驾驶罪的第二种罪状——"醉酒驾驶机动车的"情形,或称为"醉驾型"危险犯,除此以外的其他类型交通运输危险犯都是具体危险犯,如《刑法》第125条的"非法运输危险物质罪",《刑法》第130条的"非法携带危险物品危害公共安全罪",《刑法》第133条之一的"危险驾驶罪"中的第1项、第3项和第4项罪状,《刑法》第133条之二的"妨害安全驾驶罪",《刑法》第134条之一的"危险作业罪"。由于抽象危险犯与具体危险犯在犯罪构成主、客观要件上存在一定差别,因而,需要分别进行讨论。

对于抽象危险犯,《刑法》规范并没有要求判断行为人的主观意志因素,因为意志因素是行为人对行为结果的态度,而抽象危险犯只关注实施行为时的主观心态,不必在司法适用中考察危险行为对法益所造成的现实危险性，并且，由于行为犯的犯罪构成要件中也没有结果因素的席位，进而也没有必要考虑行为与结果的因果关系。交通运输危险犯中的抽象危险犯在本质上属于行为犯，而"在行为犯中，只要行为人对构成要件的行为具有事实认识、违法性认识和犯罪意志，则已足以认定其犯罪故意的成立，完全没有必要再去考察行为人对其行为的危害结果有无认识和意志"。[①] 需要强调的是，这里所讲的"犯罪意志"如何理解、如何判断，也并非传统犯罪概念所指的"希望"或"放任"的心态，而是决定实施犯罪行为的犯罪决意。从心理学的角度看，是行为人产生犯罪动机之后，经过动机斗争，犯罪动机战胜反对动机，下定决心要实施违规行为的心态现象。正如贾宇老师所言："明知是违法的、构成要件的行为而决定实施。"[②]

行为人的主观意志表现为，明知自己的行为是违反交通运输安全管理规则的行为，仍然决意冒险实施。在实践中，大多违规驾驶的人员基本上出于侥幸心理，认为自己的行为不会导致安全事故。归根结底，这些人都有责任心上的薄弱环节。人类进入快速发展的时代，为了追求经济利益而牺牲其他利益似乎成为一种现代病，阿图尔·考夫曼对此种现象颇有感悟："现代人已经广范围地丧失了对责任的感觉。"[③]高效、快捷的交通已经成为人类社会快速发展的支撑性工具，自然也难免因为快而带来的各种交通运输风险。因而，平衡交通风险与人身健康权益保护这二者之间的关系也是判断交通运输风险的重中之重。

---

① 贾宇：《犯罪故意研究》，商务印书馆 2020 年版，第 133 页。

② 贾宇：《犯罪故意研究》，商务印书馆 2020 年版，第 133 页。

③ Arthur Kaufmann, Strafrechtsphilosophie in der Zeitenwende：《转换期的刑法哲学》，上田健二监译，成文堂 1993 年版，第 145 页。转引自冯军：《刑法中的责任原则——兼与张明楷教授商榷》，载《中外法学》2012 年第 1 期。

4. 我国《刑法》中是否存在过失危险犯

在过失犯罪中，行为人对自己行为可能导致的危险性后果应当认识且能够认识，但是由于疏忽大意而没有认识到，或者认识到危险性但轻信能够避免。然而，由于“过失犯罪以结果犯为存在形式”已成为我国《刑法》的一项通行的原则，“过失危险犯概念的提出就与传统刑法理论相抵牾，进而在刑法学界形成过失危险犯能否成立即过失危险行为是否应当予以犯罪化的争议”。① 在我国学术界，对于我国《刑法》中是否存在“过失危险犯”这一犯罪形式争议较大，目前有肯定论、否定论和限制肯定论三种主要观点。

肯定论的代表有储槐植、蒋建峰、刘仁文、付玉明、李泽华、俞利平、王良华、吴富丽等学者，他们的理由包括但不限于如下几点：其一，从防范业务风险的角度看，随着现代科技的发展，公共安全风险日益加大，增设过失危险犯，有利于强化业务人员的责任意识、消除侥幸心理、减少事故损害，进而促进社会进步。其二，从法益保护的角度看，过失行为和故意行为在客观上对法益的侵害没有区别，既然《刑法》在故意犯中设置了危险犯，同样也应在过失犯罪中设置危险犯，以实现保护权益、尊重自由的刑法人道精神。② 其三，有学者提出为提高生产作业人员的谨慎态度而支持过失危险犯的理论，并建议：“设立失火危险罪、过失爆炸危险罪、重大责任事故危险罪等，从而建立一种外部的刑法制约和诱导机制，使过失行为人意识到过失行为的危险性与危害

---

① 骆群：《过失危险犯有限肯定论》，载《中国刑事法杂志》2022 年第 6 期。

② 参见储槐植、蒋建峰：《过失危险犯之存在性与可存在性思考》，载《政法论坛》2004 年第 1 期；刘仁文：《过失危险犯研究》，载《法学研究》1998 年第 3 期；付玉明、李泽华：《食品安全犯罪的立法完善——以过失危险犯为分析视角》，载《河南社会科学》2019 年第 6 期；俞利平、王良华：《论过失危险犯》，载《法律科学（西北政法学院学报）》1999 年第 3 期；吴富丽：《过失危险犯的立法基础探析》，载《中国刑事法杂志》2005 年第 6 期。

性,知晓国家刑法对危险行为的严厉否定评价,培养严谨的工作态度和作风,强化个体的注意义务,避免或减少可能造成的危险或实害。”①

否定论的代表有陈兴良、张明楷、侯国云、杨兴培、孙国祥、付立庆等,他们的理由包括但不限于如下三个:其一,从刑法罪过理论的逻辑关系上看,肯定论与“无实害即无过失犯”的刑法基本理论和信赖原则相冲突,且过失行为主体的主观恶性并不严重,没有必要规定过失危险犯;其二,从保护科学技术进步的层面来看,行为人的违规行为在本质上违反的是行政法规,过失危险犯的设置会加重从事危险性业务人员的心理负担,甚至使其不敢从事危险性业务,从而妨碍科学技术的进步和先进生产力的发展;②其三,张明楷教授特别强调过失危险犯会限制公民的自由权,“增设过失危险犯会给公民造成另一种恐惧,即公民在实施任何行为时都担心自己的行为会造成某种危险,于是不敢实施行为,自由受到无形的限制”。③

分析前述相互对立的观点,发现一个有趣的问题,正反双方都有一个共同的理由——为了促进科技发展与社会进步。肯定论从正面论证过失危险犯会提升业务人员的责任心,减少事故,促进科技进步与社会发展;否定论从反面论证设置过失危险犯会使人不敢从事危险性业务,妨碍科学技术的进步与社会的发展。我们可以把故意危险犯比喻为一条“高速路”,过失危险犯比喻为一条“盘山道”,前者虽然也

---

① 田鹏飞:《论风险社会视野下的刑法立法技术——以设罪技术为视角》,载《吉林大学社会科学学报》2009 年第 3 期。

② 参见陈兴良:《刑法哲学》,中国政法大学出版社 1992 年版,第 191 页;侯国云:《过失犯罪论》,人民出版社 1993 年版,第 86 页;杨兴培:《危险犯质疑》,载《中国法学》2000 年第 3 期;孙国祥等:《过失犯罪导论》,南京大学出版社 1991 年版,第 131 ~ 132 页;付立庆:《刑法总论》,法律出版社 2020 年版,第 212 页。

③ 张明楷:《“风险社会”若干刑法理论问题反思》,载《法商研究》2011 年第 5 期。

有风险,但是相比而言,后者提高了行车的风险等级,设置过失危险犯无疑给驾驶人员在必经之途增设了更为险峻的一段道路。行驶在“高速路”上虽然也有碰撞风险,但是只要严格遵守交通规则,风险基本可以避免。行驶在“盘山道”上,必须时刻谨慎小心,稍有不慎,便会坠落山崖,正如肯定论所言:公共安全风险日益加大,增设过失危险犯,有利于强化业务人员的责任意识、消除侥幸心理、减少事故损害。笔者认为,通过增加风险来提升业务人员的谨慎态度,无异于“杀敌一千、自损八百”,试想,如果在必经之途不去增设“盘山道”,虽然不会迫使驾驶人员更加小心谨慎,但是由于从整体上降低了行车风险,不但会降低坠落山崖的概率,也会提升行车人的安全感,加速前行,促进科技进步和社会发展。由此,笔者支持否定论,且认为危险犯的主观心态只能是间接故意,理由如下。

首先,从“心理与行为同步”的原则来看,危险犯的主观故意是行为人对自己行为本身的认识与意志因素所构成,而不是由行为人对自己行为可能造成的结果的认识和意志因素所构成。若证成这一理论,需要肯定危险犯的主观认识的对象可以是行为本身,而不仅仅是行为可能导致的结果。从理论上讲,犯罪故意可分为对行为的故意和对结果的故意。储槐植教授认为,行为人对于犯罪行为也可以有放任的意志态度,①这一观点从侧面对行为故意理论给予支持。贾宇教授也支持行为故意理论的存在,他将犯罪故意成立的根据分为两个层次,犯罪成立的第一位的普遍的根据是“明知是违法的、构成要件的行为而决意实施”,第二位的根据才是“明知是违法的,会导致构成要件的结果,而仍决意实施行为使该结果出现”。② 贾宇教授的第一位的根据

---

① 参见储槐植:《刑事一体化论要》,北京大学出版社 2007 年版,第 225 页。

② 贾宇:《犯罪故意研究》,商务印书馆 2020 年版,第 133 页。

体现了行为人对自己行为本身的认识和意志,第二位的概念才是行为人对自己行为可能导致的结果的认识和意志。

其次,从危险犯行为主体的主观心态来看,行为人对自己实施的行为的违法性应当有明确的认识,特别是对于业务危险犯,行为主体对自己的违规运输行为都有明确的认识,因为机动车司机都经过正规的培训和考试,对交通安全规则都比较清楚,实施违规驾驶行为时都有明确的认识。船员职业技术要求比机动车司机高,船员的上岗培训和安全教育规则已经成为重要的国际海事规则,即《STCW 公约》。总之,未经安全培训的员工是不具有上岗条件的,在这一意义上,无论是机动车司机还是船舶上的船员,都被视为业务人员,高风险行业的生产作业安全规则应当承担严格责任,只要在行驶中实施了违规驾驶的危险性行业,便可推定这些人员对自己行为的违法性具有明确的认识。

再次,交通运输危险犯的抽象危险犯与具体危险犯在主观故意的心理构造上是不同的。对于前者,基于抽象危险犯是立法的危险犯的原理,只要行为人实施了构成要件行为,即可成立犯罪,无须司法环节考察危险性是否存在、主观上是否有认识,当然,意志因素更是无从谈起。对于具体危险犯(笔者认为称为"具象危险犯"更为贴切),行为人对自己的行为所导致的危险状态(称"危险结果")或"危险具象"是有认识的(如果没有认识能力则不具备上岗条件),虽然行为人对自己行为可能导致的实害结果不希望其发生,也不是放任其发生,但是对于可能发生的危险状态或危险性结果的心理态度则是听之任之的,甚至是自以为能够控制住危险局面不向实害结果方向发展。申言之,行为人对自己的冒险行为可能造成的危险状态是明知的,之所以还会冒险实施危险性行为,一方面是侥幸心理在作祟,另一方面是有直接追求的其他目的,比如,急需驾车赶往目的地、急需运输危险化学品原料用于生产加工,或者为发泄不满情绪无视现实危险的存在等。

最后,从现实危险到实害结果之间的远近关系来看,危险犯的主观认识应当框定在对行为本身的认识,其心理构造是“对危险性行为的认识+对危险性行为可能造成的危险结果放任不管”,因而是间接故意犯罪。行为人对现实危险性状态的放任不管,不能代替其对后续可能发生的实害结果的疏忽大意或轻信能避免。如果交通运输危险犯是过失犯,行为人要么没有认识到行为本身的危险,要么就是对危险结果轻信能避免。对于前者,实际上是不符合上岗条件的,行为人本身对自己的行为的危险性既没有事实认识,也没有违法性认识;既没有主观的“智”,也没有主观的“恶”,不能承担刑事责任,允许其上岗的人应当承担管理失误的责任。对于后者,行为人虽然认识到自己行为的现实危险性,并且认为,凭借自己的高超技术能够有效控制危险性向恶性发展,但是其行为在没有发展到实害结果出现之前便主动停止,此种情形类似于中止犯,但是在主观恶性程度上比中止犯更轻,不具备可罚性,如果行为人的危险性行为是被动停止下来的,在没有发生被害结果之前,是否有动用刑罚的必要也值得商榷。再看另一个侧面的问题,如果行为人在交通运输过程中实施危险性行为并积极追求现实害结果的发生,则涉嫌构成其他犯罪的未遂犯,例如,“放火罪”、“爆炸罪”或“以危险方法危害公共安全罪”等。

总之,过失危险犯在理论上不能说其没有存在的空间,然而,针对交通运输危险犯而言,其存在的空间较小,并且没有存在的价值。

(四)交通运输危险犯的主体构成要件

交通运输危险犯罪的主体是自然人主体,单位不在本类犯罪的主体范围之中。从功能上划分,交通运输危险犯的犯罪主体范围可分为三类:驾驶人员、业务管理人员、行政管理人员。机动车与船舶的交通犯罪主体可进行如下分类。

1. 机动车交通运输危险犯的主体。这包括车辆的司机、指使司机违规驾驶的车主、乘客、运输公司的安全管理人员、路政、交警等行政管理人员等。

2. 船舶交通运输危险犯的主体。这包括船长、船员(值班船员)、船东、承运人、海事、环境、渔业或海警等水上交通秩序与环境安全的监管人员。

前述自然人主体应否承担刑事责任,需要针对个案的因果关系进行分析判断,通常的判断原则如下。对于业务人员,以岗位职责为追究法律责任的前提,如果案发时不应值班,则无责任。对于管理人员,以监管制度和安全培训工作是否尽职为判断原则。依据组织体责任理论,在交通运输企业安全合规制度健全、落实全面而充分的前提下,企业高管不应对业务人员的冒险行为或业务过失行为承担刑事责任。

第二节　交通运输风险犯罪预防性刑法的基本理论

伴随社会工业化改革的纵深发展,生产与生活节奏日益加快,安全事故不断发生,人身与财产利益受到极大的威胁,为避免和减少危险转化为现实的情况,预备行为实行行为化以及危险犯的大量设置,使刑法的预防机能越来越受到重视。预防性刑法产生于风险社会,最早得到德国刑法学者的关注,风险社会理论从社会学转向法学是预防性刑法产生的土壤。

一、交通运输风险犯罪预防性刑法的概念与特征

德国社会学家贝克在其所著的《风险社会》一书中系统阐述了风险社会的理论,从此,风险理论在社会学、法学、哲学等领域得到了运

用。德国法学学者赖纳·沃尔夫尝试将风险社会理论应用于公法领域。德国学者普林特威兹(Plaintwitz)在其所著的《刑法与风险:风险社会中刑法和刑事政策的危机研究》中对“风险社会”和“风险刑法”等问题进行了深入探讨,拉开了刑法学者探讨“风险刑法”概念的帷幕。①

(一)交通运输风险犯罪预防性刑法的概念

理解交通运输预防性刑法的概念,需要从预防性刑法的概念入手。预防性刑法,也称风险刑法,本书在导论部分对该概念已有阐述。而“风险刑法”是对应受到处罚的危险行为进行管制的刑法,其目的是克服现代生活中各种各样的风险,对传统刑法中的自由予以一定程度的限制。② 所以,“风险刑法”是指通过设置刑罚措施禁止危险行为实施的法律规范。

1. 交通运输犯罪预防性刑法的定义

交通运输预防性刑法,是指规制交通运输领域危险犯的刑法规范,也可被称为交通运输领域的预防性刑法。美国实用主义法学派代表庞德在 1930 年出版的《美国刑事司法》一书中提出了“预防性刑法”的概念,他主张:“不论一个人的行为是否具备了犯罪构成,如果他对现行秩序具有危险性,就应被认为有罪。”并认为“预防性刑法在未来的法律体系中将占有重要地位”。③ 应当承认,庞德对预防性刑法产生的被动性及其未来前景的解读最接地气。预防性刑法就是风险

---

① 参见郝艳兵:《风险刑法:以危险犯为中心的展开》,中国政法大学出版社 2012 年版,第 7 页。

② 参见[德]克劳斯·罗克辛:《德国刑法学总论》(第 1 卷),王世洲译,法律出版社 2005 年版,第 19 页。

③ [美]庞德:《美国刑事司法》,1945 年英文版,第 28 页。转引自张德政:《美国法学中的“预防性刑法”》,载《法学研究》1964 年第 8 期。

刑法，风险刑法的概念源自风险社会理论。然而，从本质上讲，风险刑法所涵括的风险并非风险社会所特指的工业社会所带来的不可预测、不可控制的风险，而是可以经过人为控制的危害公共安全生产作业危险、交通运输危险等。

2. 交通运输犯罪预防性刑法的前置条件

首先，交通运输风险预防性刑法的制定以“刑法风险”的规模化爆发为前提。“2007 年起源于美国次贷风波的金融危机在全球的爆发、2010 年俄罗斯的森林大火、2011 年日本大地震、海啸引发的核泄漏事件等则使国人对风险的恐惧逐渐演化为强烈的风险意识并与 2004 年引入我国的‘风险社会’理论相契合进而衍生出我国刑法学界当下普遍关注和广泛研讨的‘风险刑法’理论。”①

其次，交通运输犯罪预防性刑法源于“刑法风险”理论，而并非工业社会时代的“社会风险”。“刑法风险”生成于社会生产与生活的“快餐化”变革，人的性情被快节奏的工作和生活所裹挟，导致精神疲惫、注意力不易集中，进而对一切事物缺乏谨慎小心态度。交通运输风险也并非“风险社会”在交通运输领域的投射或反馈。“对比风险社会的风险与风险刑法的风险，即可发现这是两种完全不同的风险。风险社会的风险是后工业社会的技术风险，这种风险具有不可预知性与不可控制性，根本不可能进入刑法调整的范围。”②

最后，预防性刑法是为了早期干预危险犯和预备犯的无奈选择。“预防刑法以实现社会风险预防与控制为思想主线，追求刑法干预的功能化。其在法律规范上主要体现为刑罚处罚的早期介入，大量处罚抽象危险犯和犯罪预备行为。”③交通运输领域的刑法介入早期化体

① 田宏杰：《“风险社会”的刑法立场》，载《法商研究》2011 年第 4 期。

② 陈兴良：《风险刑法理论的法教义学批判》，载《中外法学》2014 年第 1 期。

③ 何荣功：《预防刑法的扩张及其限度》，载《法学研究》2017 年第 4 期。

现在增设“危险驾驶罪”“妨害安全驾驶罪”等危险犯上。所以，目前的刑法规定“不再是事后惩罚的工具，而是预防风险转变为实害的新工具。现代刑法倚重抽象危险犯，这在立法技术上体现了从法益侵害到侵害危险的转变，危险成为不少个罪的入罪判断标准”。[①]

（二）交通运输风险犯罪预防性刑法的特征

交通运输预防性刑法最主要的特征一定是对交通风险的预防性，包括特殊预防与一般预防。以刑法的谦抑性为原则，预防性刑法的制定需要有三个条件，必须是法益遭受损害的现实“危险”已经出现、遭受损害的危险具有“重大”性、出现的风险具有可预防性。我国传统刑法只针对具有实害结果的犯罪实施刑事制裁，为了防控严重危害国家安全和公共安全的刑事犯罪，预防性刑法应运而生。预防性立法本质特征是“与以报应和事后惩罚为轴心的传统立法不同，其重在风险管理且目的在于以先发制人的手段预防实害结果发生”。[②] 风险行为犯罪化具有事先预防的优势，前置化《刑法》立法的法律效果也在于此。

1. 机动车交通运输预防性刑法的特征

首先，丰富性与普适性，是其独具的特征。机动车的交通运输预防性刑法是我国交通刑法体系中比较完备的一类法律规范，在世界各国交通犯罪的刑法体系中，有关机动车交通犯罪的刑法规范是最多的。因而，丰富性与普适性是交通运输预防性刑法的基本特质。

其次，预防性与多样性，是其最突出的特征。机动车交通运输风险刑法具有预防犯罪的功能，同时，任何国家的交通运输预防性刑法

---

① 姜涛：《现代刑法的立法转型与再法典化》，载《中国刑事法杂志》2023 年第 2 期。

② 姜敏：《刑法预防性立法对犯罪学之影响：困境与出路》，载《政法与法律》2020 年第 1 期。

都需要面对多种多样的车辆风险犯罪。在驾驶机动车的过程中违反安全管理规定,醉酒驾驶、超速驾驶、无证驾驶、超载驾驶导致人身财产遭受严重损害的现实可能性,并且,这种风险可以通过刑法的预防性功能预防控制。

最后,机动车交通运输预防性刑法立法具有严谨性特征。只有当立法的前期条件都已具备时,方可设置相关的罪名,具体反映在如下几个方面:违反安全驾驶规则的交通风险已经出现、可能导致重大损害结果、机动车的驾驶风险或妨害机动车安全驾驶的风险具有可预防性。

2. 船舶交通运输预防性刑法的特征

船舶交通运输风险预防性刑法的特征主要反映在海事行政刑法的涉海性、涉外性以及交通运输行政刑法共有的专业性特征上。船舶运输是比较特殊的行业,无论在船舶自身结构、安全设施配备还是在船队的组建上都要遵循国际海事公约的具体要求,因而涉海性、涉外性与专业性特点都比较突出。

其一,涉海性。由海上交通运输的流动性和跨国性所决定,国际公约成为海事行政管理的重要依据,交通运输行政刑法的涉海性体现在海事行政刑法的具体法规中。在两个或两个以上国家的海域生产作业的船舶必须依据海事组织达成共识的国际海事交通运输规则,以确保船舶运输的安全性。对于进行跨国海上运输的船舶,既要遵守出入他国港口保障海域环境安全的具体规则,还要建立船舶避碰规则以避免与其他船舶发生碰撞事故,国际海事规则包括《国际海上人命安全公约》(International Convention for Safety of Life at Sea,SOLAS)和《国际防止船舶造成污染公约》(International Convetion for the Prevention of Pollution from Ships,MARPOL)等国际公约。

国内的交通运输行政管理机构在制定本国海事行政规则时不能

与前述国际海事公约相抵触。我国已经组织实施了系列国际海事公约内国化工作,例如,《STCW 公约》和《2006 年海事劳工公约》被纳入我国《船员条例》中,作为以海事行政法为前置性法律规范的海事行政刑法也自然与国际海事公约间接产生各种关联。实际上,海事违法涉罪案件重要的证据之一《海事调查报告》在认定因果关系与责任比例时,也需要考虑前述国际海事公约的相关规则要求。总之,海事行政刑法的国际性是由海事法的国际性所决定的。

其二,涉外性。作为国际海事组织 A 类理事国,我们与世界沿海国的联系更加紧密,除共用公海以外,我国与域外国家相互使用海域和港口、借助引航员靠泊港口并装卸货物的频率也越来越高,共同出台国际海事规则以及相互借鉴制定内国海事管理法律法规也成为一种常态,海事管理人员的外文能力也要高于其他行业的行政管理人员。此外,海上货物运输和船舶交通安全事故时常发生在不同船旗国的船舶之间,解决侵权纠纷的法律规则也具有鲜明的涉外性。每次发生重大海难事故之后,国际海事组织都会进行海事安全调查,通过因果关系分析查明事故发生的缘由,为进一步提升和改善船舶安全设施的功能提供整改方案。所以,任何国家的海事行政管理都要兼顾国际海事公约中有关船舶结构与安全性能、船员资质与航行规则等要求,海上海事行政法不可能与世隔绝。

其三,专业性。车辆的构造与驱动原理相比船舶要简单得多,一位司机便可操纵方向盘使车辆在路上运行。车辆驾驶的技术性要求不高,按照“红灯停、绿灯行”的运行规则保持安全的速度便可以顺利通行。而船舶结构和驱动原理则非常复杂,一艘较大吨位的船舶都有甲板部、轮机部和生活区之分,船员的工种也分为驾驶类和机舱类,船员证书的取得需要经过驾驶专业或轮机专业的考试方可获得。船舶上配备了很多种技术含量比较高的助航仪器和安全保障设施,如雷达、船舶识别系统 AIS 等设施,只有经过专业培训才能正确操作雷达和使用电子海图以便正确用于避让、定位及导航,否则会使航行充满危险。2012 年 10 月 1 日晚,港灯所属轮船“南丫四号”与港九小轮的“海泰号”在南丫岛附近海面相撞,导致 39 人死亡、近百人受伤。其中,一位船员就是因为不会使用雷达系统而未能及时发现危险,避碰不及时导致碰撞事故发生。除此之外,船舶对遇、会遇和追越都有不同的避碰规则要求,例如,后面的追越船舶有义务避让被追越的船舶,左侧的船舶有义务避让右侧的船舶,不遵守规则就导致碰撞事故风险。

二、交通运输风险犯罪预防性刑法的根据与渊源

从行政犯的角度看,刑法对行政法具有依附性。依据法秩序统一原理,行政犯的刑事违法性原则上以行政违法性为前提,申言之,在行政法存在允许性规定的场合,刑法绝对地从属于行政法;在行政法存在禁止性规定的场合,刑法相对地从属于行政法;而在行政法不存在行为指引的场合,刑法可以根据自身目的展开独立判断。交通运输犯罪刑事责任的认定虽然依附于行政责任、民事责任认定的原则,但是由于交通运输犯罪并非纯正的法定犯,还有自然犯属性,因而,对于个别案件,虽然无法查明其行政违法性,只要侵犯了人身权益且后果严重,也可以直接适用《刑法》裁量其是否构成犯罪。

(一)交通运输风险行政违法性与刑事违法性的统一性

由于交通运输管理法规属于行政法范畴,有关犯罪、刑事责任与刑罚的法律属于刑事法范畴,因而行政刑法既借用行政法规范描述犯罪的罪状,又依据刑法规范定罪量刑,其法律性质兼具行政法性质与刑事法性质,处于二者的交叉位置。

附属于行政法规中的刑事责任条件是行政刑法。行政刑法的概念,最早是由被赋予“行政刑法之父”的德国学者 J. 郭特希密特(J. Coldschmidt)提出的,他在 1902 年出版了人类历史上第一部《行政刑法》专著并提出“行政刑法”这一概念。自从行政刑法的概念被提出来之日起,在学术界对于其属于行政法还是属于刑法便展开了争论。所谓行政刑法,是指国家为了实现行政管理目的,维护正常的行政管理秩序,将严重违反行政管理秩序的行为规定为犯罪行为,并据此追究其刑事责任的法律规范的总称。

基于行政刑法的概念,交通运输行政刑法是指国家为了实现交通运输行政管理目的,维护正常的交通秩序,确保人身财产安全,将严重违反交通管理秩序的行为规定为犯罪行为,并据此追究其刑事责任的法律规范的总称。交通运输行政刑法是规制交通运输犯罪的法律规范的总称,由于交通运输犯罪既有行政犯的性质,又有刑事犯的性质,犯罪成立的前提必须经由交通行政管理法规验证,因而,交通运输风险刑法是交通运输行政刑法的一部分。

(二)交通运输风险行政刑法的渊源

从行政刑法立法的发展历史上看,行政刑法的渊源反映在不同领域中行政犯,如 19 世纪后半叶的《德国警察刑法典》,19 世纪末 20 世纪初的《日本违警罪即决条例》《日本警察犯处罚令》,20 世纪中叶的《联邦德国经济刑法典》,1950 年的《捷克斯洛伐克行政刑法典》,1955 年的《匈牙利行政刑法典》,以及第二次世界大战后的《日本轻犯罪法》等。

1. 我国行政刑法的渊源

“顾名思义,系经济行政法和刑法的统一体。国家规定行政犯及其刑事责任,根本上是为了实现经济行政法的目的,所以,行政犯或者行政刑法条款的设置天然地无法回避对经济行政法条款的依赖。这种依赖性最直接的表现就是行政刑法中的不少概念、条款系移植于相关经济行政法律法规。”①由此，我国行政刑法的渊源包括刑法、经济法和行政法三个部分。

我国行政刑法的渊源主要是《刑法》，其次是附属在经济法与行政法中大量的刑事责任条款，尽管有些刑事责任条款只是象征性地用“违反本法涉嫌构成犯罪的，依法追究刑事责任”，而没有具体规定犯罪的构成主客观要件和刑罚规范。

2. 车辆交通运输行政刑法的渊源

我国的交通运输行政刑法，按照交通工具的不同可分为多种类型，例如，车辆交通行政刑法、船舶运输行政刑法、航空运输行政刑法与铁路交通运输行政刑法等，鉴于本书的研究对象限定在车辆与船舶，在此仅大致例举车辆与船舶的行政刑法规范。

针对机动车辆的交通运输行政刑法的渊源主要是《刑法》中有关机动车交通犯罪的相关条文。此外，其渊源还包括经济法、行政法等非刑事法律中附加规定的刑法规范，尽管这些规范没有明确的罪状与法定刑，只是宣示性地规定“构成犯罪的，依法追究刑事责任”或者“违反本法规定构成犯罪，依法追究刑事责任”，也不妨碍其成为交通行政刑法的法律渊源。《道路交通安全法》、《道路危险货物运输管理规定》、《道路交通安全法实施条例》、《道路交通管理条例》（已废止）、《高速公路交通管理办法》（已废止）和《机动车驾驶员交通违章记分办法》（已废止）等都是较为常用的交通运输行政刑法渊源。

3. 船舶交通运输行政刑法的渊源

规制船舶交通运输安全的行政刑法渊源首先也是《刑法》，此外，在《船员条例》《航道法》《海事安全法》《内河交通安全管理条例》《海洋环

---

① 何荣功：《我国行政刑法立法的回顾与思考》，载《比较刑法研究》2022 年第 4 期。

境保护法》等有船舶交通运输安全的行政法规范中也会出现刑事责任条款,同样表现为"构成犯罪的,依法追究刑事责任"或者"违反本法规定构成犯罪,依法追究刑事责任"。与车辆行政刑法的法律渊源不同,海事行政刑法的法律渊源还有国际海事法律规范,例如,《国际海上人命安全公约》(SOLAS)、《国际防止船舶造成污染公约》(MARPOL)都是海事行政刑法的重要国际法渊源。然而,我国《刑法》采取间接适用国际条约的模式,这些国际海事规则需要转化为国内行政法刑法规范方可适用于我国司法实践中。为了解决前述国际海事公约变化快、国内相关海事行政法或刑法规范跟进不及时的问题,我国交通部门通常采用发布公告的形式使相关的国际海事公约的修正案在国内生效并施行。

(三)交通运输风险行政刑法的学说争议

交通运输行政刑法,是指国家为了实现交通运输管理目的,维护正常的交通秩序,将严重违反交通管理秩序的行为规定为犯罪行为,并据此追究其刑事责任的法律规范的总称。在理论上,对行政刑法的性质存在行政法说与刑事法说的分歧,这一争论实质上反映的是行政犯的认定依据应当归属于行政法还是归属于刑事法的问题。

1. 行政法说

J. 郭特希密特(J. Coldschmidt)以"司法与行政的并立,应该有其不同的目的与领域"为理论支撑,主张为达司法目的而采取的强制手段是司法刑法(Justizstrafrecht),是对有关伦理的刑法规范的违反;而为达行政目的采取的强制手段是行政刑法,违反行政刑法的行为即行政不法(Verwaltungsunrecht),其本质是违反行政意思而应加以处罚的行为。[①] 郭特希密特主张将行政犯从刑法中剥离出来,成为独立的行政

① Vgl. J. Goldschmidt. Das Verwaltungsstrafrecht, 1902, p. 533 – 545. 转引自李晓明:《论经济刑法与行政刑法的关系》,载《江西社会科学》2023 年第 3 期。

刑法。其结果是,行政刑法在性质上便不属于刑事法规范,而偏向行政法的属性,甚至成为行政法的一部分。除郭特希密特之外,我国学者也有支持行政刑法属于行政法性质的学者,认为“行政刑法属于行政法范畴”,其理由如下:其一,行政刑法调整的是违反行政管理法规的较为严重的行政违法行为,即行政法上的“犯罪行为”;其二,行政刑法的渊源大多是行政法规范;其三,行政刑法所规定的制裁(所谓的行政刑罚)是行政处罚或行政处分,与《刑法》规定的刑罚有本质不同;其四,行政刑法的执法机构为行政机关而非司法机关,且其宗旨是为国家行政权力的行使提供强有力的法律保障。①

2. 刑事法说

虽然争议不断,但是我国学界大多支持刑事法说。行政刑法传到日本后,一开始,学术界对行政刑法的归属产生了分歧,主要分为“行政法说”和“刑事法说”,最终似乎“刑事法说”更占主流。② 从目前我国的刑法体例来看,所有规定犯罪构成要件和刑罚的法律规范都在《刑法》中,在此意义上讲,刑事法说似乎更符合中国的法律体系。张明楷教授主张“我国的行政刑法应属于刑法的范畴”。③ 还有学者认为:“在我国,行政刑法虽然兼具行政法与刑法双层结构,但本质上系刑法。”④至于为何我国行政刑法的性质属于刑事法,有学者认为:“在我国目前情况下尤其是基于许多方面的客观因素与现实环境暂时定位或归属于刑法领域仍是一种比较切合实际的理性选择。因为在我国目前条件下 1997 年刚刚修订过刑法,短时间内再作更大动作的调

---

① 参见卢建平:《论行政刑法的性质》,载杨敦先、曹子丹主编:《改革开放与刑法发展》,中国检察出版社 1993 年版,第 113 页。

② 参见李晓明:《论经济刑法与行政刑法的关系》,载《江西社会科学》2023 年第 3 期。

③ 张明楷:《行政刑法辨析》,载《中国社会科学》1995 年第 3 期。

④ 何荣功:《我国行政刑法立法的回顾与思考》,载《比较刑法研究》2022 年第 4 期。

整也是不现实的。当然,这只是基于我国行政刑法现实定位的考虑并不完全排除上述中将行政刑法归属于行政法或独立法律部门等理论定位的可能性。尤其从未来发展的趋向上看对行政刑法作出独立定位的可能性还是相当大的。”①笔者赞同这一前瞻性的解读,事物的发展脉络不会一成不变,当下符合国情的法律体系在未来可能走向哪里,不是我们当代学者或者立法所能决定的,法律服务的对象是社会生活,既不能超越实际生活而孤芳自赏,也不能完全依附于以往经验而止步不前。

3. 行政法与刑事法综合说

行政刑法是行政法与刑法的规制在同一事项上的交叉部分,“一般认为我国行政刑法所保护的法益是经济行政管理秩序,包括司法行政管理秩序、工商、税收、金融、海关行政管理秩序、环境保护行政管理秩序、公共安全行政管理秩序、文教、卫生、医疗行政管理秩序以及其他行政管理秩序”。② 所以行政刑法必须包含经济法和行政法的内容。20 世纪 90 年代初,储槐植教授便发现了这一问题,他指出:“在我国刑法学界,对行政刑法的专门研究还无人问津,因而行政刑法的学科领域尚为一片待开拓的‘处女地’。实际上,目前列入经济刑法学科的许多‘经济法规’中的附属刑法,如将其划归行政刑法的学科来研究更为合适。因为像食品卫生法、药品管理法、专利法等,就其性质而言,理应为行政法,而非经济法,因此在这些法规中附加规定的犯罪与刑罚规范即为‘行政刑法’,称为‘经济刑法’则有不妥之处。”③正如储槐植教授所言,很多行政法中的刑事责任条款不应当被列入经济刑法的范畴,其应是行政刑法的组成部分。所以,环境法、交通运输管理

① 李晓明:《行政刑法属性的论争及其定位》,载《北方法学》2008 年第 4 期。

② 黄河:《行政刑法比较研究》,中国方正出版社 2001 年版,第 125 页。

③ 储槐植主编:《附属刑法规范集解》,中国检察出版社 1992 年版,第 5 页。

法、海事法等也都是附属在行政法中，其中的刑事责任条款和刑法中对应的罪状和罚则，将其统一称为“行政刑法”更为贴切。

三、交通运输风险预防性刑法的功能与分类

（一）交通运输风险预防性刑法的功能

1. 法益保护功能

作为具有社会保护与人权保护二元价值取向的刑法，谦抑性也是其本身所具有的一项重要功能，对自由与生命进行剥夺的刑罚理应在万不得已的状况下方可适用。“预防刑法的合理性与局限性并存决定了，一方面要运用预防刑法保护重大超个人法益，另一方面也要严格限制预防刑法的适用范围，使之成为传统刑法的必要补充。”[①]乌尔里希·贝克主张：“风险绝不是具体的物；它是一种‘构想’，是一种社会定义，只有当人们相信它时，它才会因此而真实并有效。”[②]以人权保障和社会保护并重为价值取向的传统刑法已经退居其次，而以安全保卫为目标的“风险刑法”才是“风险社会”治理的核心手段。

与一般的违法性危险行为不同，交通运输领域的危险行为既侵犯国家行政管理权，又直接威胁民众的人身与财产安全，保护人身法益是刑法最主要的功能。基于功能主义刑法观，有必要积极应对认真梳理交通运输风险种类及其危害性，将具有人身危害性的危险性行为从中剥离出来，对容易转化为实害结果的、常发的危险性行为犯罪化，也是刑法应对社会变化、缓解政治压力、安抚大众心理的必然

---

① 王良顺：《预防刑法的合理性及限度》，载《法商研究》2019 年第 6 期。

② ［德］乌尔里希·贝克、威廉姆斯：《关于风险社会的对话》，载薛晓源、周战超主编：《全球化与风险社会》，社会科学文献出版社 2005 年版，第 12 页。

选择。然而，需要引起我们注意的是，除社会保护之外，刑法也具有人权保障的功能，我们在危险行为犯罪化的修法过程中必须严格把握行政违法与刑事犯罪的界限，对于可以通过行政手段进行有效控制的危险性行为，不要划入犯罪圈。毕竟刑法是社会治理的最后一道防线，而且刑事法律作为法律位阶中的奢侈品，需要强大的财力与人力支持，犯罪圈的扩大总是要付出相当高昂的社会成本，从经济学与大众心理的角度考虑这一问题也是防止刑法无限制扩张的保障之一。

从理论上讲，事先预防就是要求刑法对社会生活进行干预的时段提前到法益侵害刚刚处于一种危险状态时，以便通过惩罚轻型的违法行为进而预防危害性较重的预期的结果发生。这种刑事策略关注的是事先的预防而非事后的惩罚，从而使刑法的预防手段前移至造成实害结果发生之前的危险阶段。

2. 犯罪预防功能

在全球化社会、风险社会与信息社会条件下，在涉及公共安全的犯罪领域里，传统刑法正在由事后责任性的惩罚向事前预防危险的预防性惩罚转变。

预防性刑法被认为是应对风险所需要的一种最有力的预防手段，其旨在预防现代人为风险所带来的重大危害后果，故其设定与实际危害后果的发生具有一定的距离性、前置性，预防性。

在犯罪的实害结果尚未出现之前，事先动用刑罚手段预防犯罪发生，进而更好地保护社会秩序与国民的安全。基于保护法益的目的，预防性刑法的正当性也正是法益被侵害的危险性与实际已然遭受侵害的结果之间具有相当性，因而，前置化的刑罚手段才会有真正的预防效果。正如贝卡里亚所言："犯罪与刑罚之间的时间隔得越短，在人们心中，犯罪与刑罚这两个概念的联系就越突出、越持续……”①

“现代刑法不断突破自由保障法的限制性力量，而逐渐转变为对威胁情景的行动主义反应，旨在强化刑法的风险预防能力。预防性干预对刑法功能的期待，不是规范性的‘我们应该做什么’，而是经验性的‘我们需要做什么’，它意味着某些行为独立于危险的客观实现仅仅是因为具有值得处罚的一般危险性或民众的集体恐惧。……预防性刑法旨在通过将造成损害之前的行为规定为犯罪，来预防某一特定类型损害。”②

3. 引导性功能

预防性刑法最突出的特征之一，就是其具有的象征性，即象征某种价值导向和价值选择。法国学者卡斯东·斯特法尼认为：“犯罪学的影响首先表现为对立法者的影响。犯罪学对犯罪的原因以及对孕育犯罪的过程所做的阐述，对立法者进行各种改革起着指导作用。”③

随着社会的发展与进步，科技附加值不仅具有正向的高效、便捷社会生活的积极作用，也必然带来负面的影响，体现在交通运输领域就是运载量与行驶速度的不断攀升带来公共安全隐患。“科技发展是一把双刃剑”，人类文明进步离不开科技，为确保公共安全，就必须使我们的法治重心与目标乃至手段随社会的变更而不断调整。“预防性刑法观是当代刑法基于时代需要而主动求变之举，以‘刑罚有效性’作为基准，一般性与动态地限制刑罚权的发展方向，保持处罚范围的自

① ［意］切萨雷·贝卡利亚：《论犯罪与刑罚》，黄风译，中国法制出版社2002年版，第66页。

② 姜涛：《现代刑法的立法转型与再法典化》，载《中国刑事法杂志》2023年第2期。

③ ［法］卡斯东·斯特法尼等：《法国刑法总论精义》，罗结珍译，中国政法大学出版社1998年版，第55～56页。

然更迭。”[①]通过刑事政策与刑法规制手段的调整，引导民众的法律意识与法律行为的正当取向。

“预防性立法策略并不是有关对犯错的个人进行惩罚或改造，而是关于识别和管理不受规训的群体。因此，刑罚的施加从针对个人转变为针对类别，并将道德考量转变成管理或精算思维。”[②]如果把社会看作一个具有生命的有机体，那么风险社会的到来便同样需要社会做出应对性反应，类似于龙布罗梭基于天生犯罪人理论所提出的社会防卫一样，有必要将现代社会风险置于社会防控的有效范围之内，直到动用刑事法律。从另一个角度看，交通运输风险严重侵犯集体法益，既带来严重的客观危害结果，也使大众产生不安心理，仅仅适用行政制裁已不足以有效控制和减少这些交通运输风险的持续发生，动用刑法事先对这些风险进行预防已经成为一种世界趋势。

（二）交通运输风险预防性刑法的分类

预防性刑法分为两大类：一类是预备行为独自成罪的情况；另一类便是危险犯的情况。从行政法的适用对象来看，行政刑法首先可分为陆上交通运输行政刑法、水上交通运输行政刑法和空中交通运输行政刑法三大类。在每一类别中，又可划分出一些小类别的行政刑法。

1. 道路交通运输行政刑法

道路交通运输行政刑法，特指规范道路上发生的交通运输犯罪的刑事法律规范，可分为规范机动车交通运输的行政刑法和规制轨道交通运输行政刑法。机动车的范围按照《道路交通安全法》的规定，包括

---

① 高铭暄、孙道萃：《预防性刑法观及其教义学思考》，载《中国法学》2018 年第 1 期。

② 姜敏：《刑法预防性立法对犯罪学之影响：困境与出路》，载《政法与法律》2020 年第 1 期。

电动自行车之外的大中型轮式动力车辆。道路交通运输行政刑法包括《道路交通安全法》《公路法》《公路安全保护条例》《机动车驾驶证申领和使用规定》《道路危险货物运输管理规定》等法律法规中的刑事责任条款。

2. 水上交通运输行政刑法

水上交通行政刑法可统称为“海事行政刑法”,又可分为内河海事行政刑法和海上海事行政刑法:前者包括《内河交通安全管理条例》《内河渡口渡船安全管理规定》;后者包括《海上交通安全法》《船员条例》《船舶登记条例》《海环法》等。

3. 空中交通运输行政刑法

空中交通运输行政刑法,可分为载人航空器交通运输行政刑法与载货航空器交通运输行政刑法,俗称客机与货机:前者如《民用航空法》《公共航空运输企业航空安全保卫规则》《民用机场航空器活动区道路交通安全管理规则》;后者如《中国民用航空危险品运输管理规定》《危险品安全航空运输技术细则》等。

4. 铁路交通运输行政刑法

铁路交通运输行政刑法也是由规制铁路运输的行政法规范和《刑法》中有关铁路交通运输安全的刑事责任条款所构成的。其包括后者《铁路法》《铁路安全管理条例》《铁路旅客运输规程》《铁路旅客运输安全检查管理办法》《城市轨道交通运营管理办法》等法律法规中的刑事责任条款。

第二章

机动车交通运输风险的《刑法》应对

交通运输风险是客观存在的一种社会现象，是不以人的意志为转移的，研究此类现象的目的就是从规范意义上控制和减少其对人类社会生活的危害。

第一节　机动车交通运输风险的表象及其来源

机动车交通运输风险是日常生活中比较常见的风险，具体是指机动车在行驶过程中由于违规驾驶、违规通行所造成的碰撞、坠落、翻沉，以及着火、爆炸与污染等安全事故的危险。分析研究风险的表象、来源与技术成因，是有效治理交通危险的前提。

一、机动车交通运输风险的表象

（一）机动车碰撞的风险

1. 机动车辆互撞风险

车辆互撞可能发生在两辆车之间，也可能发生在多辆车之间。车辆碰撞的主要原因是超速,超速驾驶机动车所带来的危险多种多样:其一,造成车辆互相碰撞,致使车毁人亡;其二,车辆侧翻且造成人员伤亡和财产损失。

2. 机动车辆与路障等物品碰撞的风险

车辆碰撞路障通常会产生侧翻的危险,这种危险也是道路交通运输中比较严重的安全风险,导致车上人员伤亡的概率很大。从原因上看,碰撞路障有单方车辆自行碰撞的,也有被其他车挤占通行的道路而被迫碰撞路障的。后者例如,甲车从匝道汇入高速路,由于乙车未给甲车让路,甲车在后边上路后便强行超车,将乙车别在后边,由于乙车没有让路,直接撞在甲车的尾部导致甲车车头撞上右侧防护栏且摩擦出火星,并横在路上被乙车顶住前行几十米,随时可能发生侧翻的危险。

(二)机动车辆坠落的风险

1. 机动车压垮路基导致坠落的风险

近年来,货车超载压垮路基或桥梁的事故时有发生,时常伴有人员伤亡和财产重大损失,甚至是超载运输导致危险品泄漏。例如,黑龙江省富裕县人民检察院以富检刑诉(2016)76 号起诉书指控:被告人姜××时任富裕县国省干线公路养路段段长,对富裕县境内公路及桥梁负有路政管理职责。其在 2015 年 12 月任职期间,严重不负责任,明知道有大量超限车辆(55 吨以上)向富裕县境内运送石料,明知路政执法人员对超出认定标准 30% 以上的超限车辆,未严格按照《黑龙江省交通运输厅超限运输车辆治理行政处罚裁量标准》的规定,责令自行卸载,处罚 3 万元罚款后方可放行的要求,擅自作出罚款 100 元、200 元的处罚后未卸载即放行的执法行为不予监管,对长期存在的安全隐患,没有采取有效措施进行遏制,致使超限车辆在富裕县塔哈大桥(载重量 15 吨)通行 250 余次。2015 年 12 月 26 日,当两辆超载车辆(肇事车辆总重量 280.4 吨)同时经过塔哈河大桥时,由于严重超出大桥的载重量,导致塔哈河大桥垮塌,两车跌落桥下的重大责任事故。经专家组意见,大桥发生垮塌的主要原因系运送砂石的肇事车辆严重超限;经黑龙江广业房地产估价咨询有限公司估价报告和黑龙江省安通价格评估报告书认定,造成经济损失共计人民币 1,120,269.00 元。事故发生后,中央、省、市多家媒体对这起事故进行了报道,在社会上造成恶劣影响。①

2. 机动车落水淹没的风险

机动车落水被淹导致车内人员伤亡事故曾是设置“妨害安全驾驶罪”罪名的重要原因。2018 年 10 月 28 日 10 时 8 分,一辆公交客车在桥上穿过道路中心实线撞击对向正常行驶的小轿车后冲上路沿,撞断护栏,坠入江中,造成司机等多人死亡、车辆损毁的危害后果。经查,该起事故系一名女乘客因过站未及时下车要求公交车司机路上停车而与司机发生了争吵与肢体冲突,司机为躲避该乘客的攻击向道路中间猛烈打方向盘,使整车坠入桥下的江水中,导致 15 人死亡的危害后果。本案造成严重社会影响,随后,便在《刑法修正案(十一)》中增加了“危险驾驶罪”这一罪名。

(三)机动车辆爆炸与起火风险

改装后的电动自行车②爆炸与起火是近年来案发比较频繁的安全事故,爆炸与起火的起因是蓄电池超标,案发时间大多是在蓄电池充电的时间内,案发场所既有室内,也有道路上、电梯和存车场所等地。

---

① 参见黑龙江省富裕县人民法院刑事判决书,(2016)黑 0227 刑初第 81 号。

② 改装的电动自行车,是指违反《电动自行车安全技术规范》的规定,把原来的电动自行车(车速最高不得超过 25 公里/小时,蓄电池标称电压小于或等于 48 伏)改为时速达到 70—80 公里/小时、48 伏蓄电池改为 72 伏的电动车。由于其车速已经达到摩托车的功率,但是不能列入机动车的范围进行安全管理,成为道路上行走的隐患。

事故往往在瞬时间内爆发,灭火施救的可能性非常小,也会引发周围其他车辆着火,甚至楼座下的电动车失火后也会导致整栋楼房的火灾。2024 年 2 月 23 日夜间,南京雨花台区一楼房发生火灾,截至 23 日 24 时,火灾已造成 15 人死亡,44 人在院治疗。南京市消防救援支队认为,火灾为 6 栋建筑地面架空层停放电动自行车处起火引发。

二、机动车交通运输风险的来源

车辆交通运输风险来源主要有三大类:其一,车辆不适驾违规冒险出行所造成的碰撞与翻沉坠落的风险;其二,车辆违规驾驶所造成的碰撞与翻沉坠落的风险,其中包括妨害安全驾驶的行为;其三,违规占道或通行所造成的碰撞与翻沉坠落的风险,其中包括妨害安全通行的行为。

(一)车辆不适驾的风险

1. 车辆设施或部件不达标准冒险出行造成的风险

电动自行车和电动摩托车在外观和使用方式上相似,但它们在动力来源和性能上有显著区别。电动自行车的最高速度小于等于 25 公里每小时,电动机的额定功率小于等于 400 瓦,整车质量小于等于 55 千克,车体宽度小于等于 0.45 米,并且蓄电池电压小于等于 48 伏。如果这些参数超出这个范围,那么它就属于电动摩托车。

2. 车辆超载冒险出行造成的风险

近年来,货车超载问题愈演愈烈,有研究表明:“70% 的货车事故由‘超限超载’引起,50% 的群死群伤重特大事故与货车‘超限超载’直接相关。”[①]依据 2016 年全国人民代表大会常务委员会道路交通

① 彭燚:《货车超载之祸》,载《湖南安全与防灾》2015 年第 1 期。

安全执法检查报告，从2006年到2015年，在货车肇事的重特大交通事故中，因超限超载引发的约占六成。其纳入统计的96起事故共造成人员死亡481人，伤害361人，平均每起事故死亡5人、伤害3.7人。①

电商的飞速发展支解了规模化的货物运输模式，碎片化“点对点”与“人对人”的货物交接方式代替了传统的店面零售供货方式，使货运的需求成倍增长，“多拉快跑”成为货运公司内卷竞争的动因，甚至在行业内出现了“不超车不赚钱”的论调，使货车超载与超速难以控制。目前，我国《刑法》对车辆交通运输风险的规制仅限于情节恶劣的飙车、酒驾，超载超速驾驶校车和客车以及违规运输危险化学品等危险驾驶问题，对于货车的超载超速问题始终止于行政监管之下，没有进入刑法视野。

“治理货车超载的行政部门包括公安交管部门、交通路政执法部门、质检部门等，但这些部门自成体系，职权分散，沟通不畅，没有必要的统筹，导致协调配合较为困难，并且缺乏资源共享与联动机制，导致整体运行效率不高，且管理运行不畅，增加了治理难度。此外，行政不作为现象也时有发生。许多执法人员严重不作为，对于超载货车罚款后就放行，并未采取对超载货物强制卸载，对车辆和人员进行登记等措施。”②连续超载却未加重行政处罚的案件时有发生，成为道路上的重大隐患。例如，宋某莎于2022年9月22日15时12分，驾驶车牌号为浙DF62××的机动车在柯桥区钱清镇前梅村“实施运输单位的客

① 参见《是时候重新审视“大货车超载入刑”了》，载《新京报》2019年10月12日，第A08～A10版。

② 赵娴：《风险社会视域下货车超载治理机制研究》，载《西安石油大学学报（社会科学版）》2020年第4期。

运车辆载客或货运车辆超载，经处罚不改的违法行为”。[①] 宋某莎于2022年9月23日15时28分，驾驶车牌号为浙DF23××的大型汽车在创意路凤凰庄口“实施运输单位的客运车辆载客或货运车辆超载，经处罚不改的违法行为”。[②] 该二起超载驾驶机动车的案件存在双重违法的情形，但是行政处罚未加重，刑事制裁严重缺位，道路安全难以保障。例如，袁某勇于2022年9月19日17时11分，在南明中队“实施运输单位的客运车辆载客或货运车辆超载，经处罚不改的违法行为”。同时，其驾驶的车辆没有牌照，但是，与驾驶有牌照机动车超载的案件一样，没有吊销驾驶证，也没有行政拘留，仅被处以3000元行政罚款。[③]

（二）驾驶人员不适任的风险

1. 无证驾驶机动车

依据《道路交通安全法》第19条的规定，“驾驶机动车，应当依法取得机动车驾驶证”。无证驾驶是明显的不适任驾驶的情况，如果司机从未考取驾驶证，其驾驶技术难以保证，所以，《道路交通安全法》第99条规定，未取得机动车驾驶证、机动车驾驶证被吊销或者机动车驾驶证被暂扣期间驾驶机动车的，由公安机关交通管理部门处200元以上2000元以下罚款。个别地方交通管理部门对多项违法行为分别处罚，例如，林某许于2022年9月18日22时00分，在苍南县灵溪镇建

---

① 2022年9月22日浙江省绍兴市公安局柯桥区分局交通警察大队3306212900173761号行政处罚决定书。

② 2022年9月26日浙江省绍兴市公安局柯桥区分局交通警察大队3306212900174096号行政处罚决定书。

③ 2022年9月20日新昌县公安局交通警察大队3306242900095302号行政处罚决定书。

兴西路492号前“实施未取得驾驶证驾驶机动车的违法行为”[①]被处行政拘留5天及行政罚款若干，同时，其又因醉驾而被行政罚款，即林某许于2022年9月18日22时00分，在浙江省苍南县灵溪镇建兴西路492号前“实施因饮酒后驾驶机动车被处罚，再次饮酒后驾驶机动车的违法行为”[②]只受到行政拘留5天和若干行政罚款的处罚。实际上，违法者林某许在因酒驾受到一次行政处罚后又酒后无证驾驶无牌照车辆的行为，这一次就有3项违法行为，交警大队分两次记录其违法行为，行政处罚决定书又是同一个案号。同样的案情基本上都采取同样的记录与处罚方法的，还有廖某江酒后无证驾驶无牌照车辆案。[③]如此处罚的结果是，因3项行政违法行为只受到5天行政拘留和若干行政罚款的处罚。

2. 酒后驾驶机动车

酒后驾驶机动车，包括饮酒后驾驶机动车和醉酒驾驶机动车的违法犯罪行为两类，前者虽是违规行为但不构成犯罪，但是有些案件存在双重违法或3项违法行为，累计会处以较为严重的行政处罚。然而，个别交警大队将同一案件的违法行为拆分成两个案件进行处理，存在轻纵违法行为的问题。其结果便是出现了被行政处罚后再次饮

---

① 2022年9月19日苍南县公安局交通警察大队3303272300525466号行政处罚决定书。

② 2022年9月19日苍南县公安局交通警察大队3303272300525466号行政处罚决定书。

③ 廖某江于2022年9月19日19时40分，在苍南县灵溪镇建兴西路与环城西路交叉口实施未取得驾驶证驾驶机动车的违法行为。2022年9月20日，苍南县公安局交通警察大队给予行政拘留5天罚款若干的处罚，案号3303272300525551。廖某江于2022年9月19日19时40分，在苍南县灵溪镇建兴西路与环城西路交叉口“实施因饮酒后驾驶机动车被处罚，再次饮酒后驾驶机动车的违法行为”，被行政拘留5天罚款若干，案号与前述无证驾驶的行政处罚案号相同。

酒驾驶无牌照机动车问题。此类案件在北京只是个例,在浙江省案发较多,例如,毛某于2022年9月24日20时46分,在三环辅路六里桥至莲宝路三环口段“实施因饮酒后驾驶机动车被处罚,再次饮酒后驾驶机动车的违法行为”被处以行政拘留10天及吊销驾驶证的行政处罚。① 李某伟于2022年10月7日3时5分,在北京二环主路景泰桥“实施因饮酒后驾驶机动车被处罚,再次饮酒后驾驶机动车的违法行为”被处以拘留7天及吊销驾驶证的处罚。② 赵某位于2022年4月7日12时40分,在西坞其他道路“实施因饮酒后驾驶机动车被处罚,再次饮酒后驾驶机动车的违法行为”被行政拘留3天并处吊销驾驶证。③ 再如,蔡某寿于2022年6月23日13时00分,在杭州临安—凌龙线於潜镇谢家村“实施因饮酒后驾驶机动车被处罚,再次饮酒后驾驶机动车的违法行为”④,还有因饮酒驾驶机动车被行政处罚后再次饮酒后无证驾驶无牌照机动车的行为。例如,王某荣于2022年9月20日20时3分,在浙江省仙居县建设东路城关医院前路段“实施因饮酒后驾驶机动车被处罚,再次饮酒后驾驶机动车的违法行为”。⑤ 此案只有行政拘留10天与罚款若干的处罚,没有吊销驾驶证,也是一起无证驾驶案。再如,黄某真于2022年9月27日12时9分,在象山县马漕线

---

① 2022年10月9日北京市公安局公安交通管理局丰台交通支队第1106002800202320号行政处罚决定书。

② 2022年10月13日北京市公安局公安交通管理局东城交通支队第1101002800126930号行政处罚决定书。

③ 2022年9月28日浙江省宁波市公安局交通警察局3302002400558126号行政处罚决定书。

④ 2022年9月22日杭州市公安局交通警察支队3301002900494276号行政处罚决定书。

⑤ 2022年9月21日浙江省仙居县公安局交通警察大队3310242000392910号行政处罚决定书。

（浮礁路90号）“实施因饮酒后驾驶机动车被处罚，再次饮酒后驾驶机动车的违法行为”。[①] 此案记载黄某真驾驶的机动车没有牌照，此次行政处罚仅有行政拘留3天和罚款若干，没有吊销其驾驶证的处罚。再如，李某泽于2022年9月7日20时27分，在浙江省龙港市西一街通港路路口“实施因饮酒后驾驶机动车被处罚，再次饮酒后驾驶机动车的违法行为”。[②] 周某勤于2022年9月23日9时29分在浙江省湖州市长兴县吕山乡吕山小学口处“实施因饮酒后驾驶机动车被处罚，再次饮酒后驾驶机动车的违法行为”。[③] 此案卷宗材料只记载周某勤驾驶的车辆无牌照，但是行政处罚也只有拘留10天和若干罚款，也没有吊销驾驶证的处罚，因而，极大可能也是无证驾驶。因为在通常情况下，酒后驾驶机动车是要被吊销驾驶证的。例如，代某于2022年9月9日19时36分，在黄山路“实施因饮酒后驾驶机动车被处罚，再次饮酒后驾驶机动车的违法行为”，[④]交通大队对其处以罚款、行政拘留7天和吊销驾驶证的行政处罚。

3. 酒后驾驶机动车伴随其他违反交通运输管理法规的行为

如酒后驾驶无牌照的机动车，酒后无证驾驶机动车，酒后超载或超速驾驶机动车，对于这类双重违法的行为，需要考虑给予更重的惩治措施，达到一定的危险程度也可以考虑入罪。在实践中，对这类案件似乎没有充分考虑双重违法的案件性质，行政处罚也很轻微。例

① 2022年9月28日浙江省宁波市象山县公安局交通警察大队330225240081965O号行政处罚决定书。

② 2022年9月13日浙江省龙港市公安局交通警察大队3303832300089904号行政处罚决定书。

③ 2022年9月28日浙江省湖州市长兴县公安局交通警察大队3305222000993963号行政处罚决定书。

④ 2022年9月27日浙江省宁波市公安局交通警察局3302002400557651号行政处罚决定书。

如,王某超于2022年9月26日20时19分,在萧山区通惠南路大通路东约300米处实施“醉酒驾驶机动车的违法行为”,只给予吊销驾驶证的行政处罚。①

(三)违规操控机动车的交通运输风险

1. 在道路上飙车、别车造成的交通风险

在道路上飙车与别车是比较常见的危险驾驶行为,因为此类行为极易导致安全事故发生。我国《刑法》把飙车行为纳入危险驾驶罪的行为之中,而对于别车行为,目前没有犯罪化。在司法实践中,别车行为时常会导致被别车辆追尾前车,所以,别车行为是制造冤案的违法行为。日本在近几年已经将别车行为归入犯罪圈。

2. 超速驾驶机动车的交通运输风险

在实践中,虽然超速驾驶机动车的案件远远少于超载的案件,但是其带来的碰撞事故风险远远高于超载的风险,因为民间通行的说法是“99%的事故源于超速驾驶”。超速驾驶的危险大于其他危险,碰撞事故的危险性也与车辆的驾驶速度成正比。超速驾驶的问题比较普遍,目前只是给予非常轻的行政处罚。例如,魏某庆于2020年11月29日11时5分,在东阳市兴平东路蒋桥头村路段(东—西)实施“驾驶中型以上载客载货汽车、校车、危险物品运输车辆以外的机动车行驶超过规定时速50%的(限速标志标明时速)违法行为”,仅被处以500元罚款。② 再如,周某轩于2022年9月8日9时22分,在S9苏台高速往江苏方向111公里200米处实施“驾驶校车、中型以上载客载货汽车、危险物品运

① 2022年9月27日杭州市公安局交通警察支队3301002900495046号行政处罚决定书。

② 2022年9月16日浙江省金华市东阳市公安局交通警察大队3307832901088996号行政处罚决定书。

输车辆以外的机动车在高速公路上行驶超过规定时速百分之五十以上的(限速标志标明时速)违法行为”,被吊销驾驶证并处以900元的罚款。[①] 这些车辆被处罚后再次实施违规超速驾驶的情况也比较多见。

3. 人与车型不对应的交通运输风险

依据《道路交通安全法》第99条第1款第1项、第2款的规定,司机驾驶的机动车与准驾车型不符的,相当于无证驾驶,对交通安全具有一定的影响。例如,牛某忠于2022年9月2日21时10分,在南丰路与怀昌路交叉口“实施驾驶与准驾车型不符的机动车的违法行为”,被处以行政拘留5天及罚款若干的行政处罚。[②] 姚某于2022年9月9日23时21分,在三环辅路莲花桥“实施驾驶与准驾车型不符的机动车的违法行为”,被处以行政拘留5天及罚款若干的行政处罚。[③] 陈某奇于2022年9月18日8时50分,在回龙观西大街路口至二拨子路路口段“实施驾驶与准驾车型不符的机动车的违法行为”,被处以行政拘留5天及罚款若干的行政处罚。[④] 张某华于2022年9月27日22时7分,在北京市丰台区三环辅路成寿寺路北口“实施驾驶与准驾车型不符的机动车的违法行为”,被处以行政拘留5天及罚款若干的行政处罚。[⑤] 宋某骏于2022年9月29日15时31分,在京银线“实施

---

① 2022年9月29日绍兴市公安局高速公路交通警察支队3352002900111903号行政处罚决定书。

② 2022年9月20日北京市公安局公安交通管理局昌平交通支队1114002800135320号行政处罚决定书。

③ 2022年9月20日北京市公安局公安交通管理局丰台交通支队西站大队1106062800054100号行政处罚决定书。

④ 2022年9月29日北京市公安局公安交通管理局昌平交通支队1114002800135670号行政处罚决定书。

⑤ 2022年9月29日北京市公安局公安交通管理局丰台交通支队方庄大队1106032800228150号行政处罚决定书。

驾驶与准驾车型不符的机动车的违法行为”，被处以行政拘留5天及罚款若干的行政处罚。[①] 再如，周某华于2022年10月3日21时21分，在温南路0公里100米“实施驾驶与准驾车型不符的机动车的违法行为”，被处以10天行政拘留以及若干数额罚款的行政处罚。[②]

（四）妨害安全驾驶的交通运输风险

妨害安全驾驶在我国《刑法》中被明确规定为一种危险犯，其客观行为包含妨害驾驶人员正常驾驶的行为和驾驶人员擅离职守的行为两大类。

1. 妨害行驶中公交车驾驶人员正常驾驶的风险

包括两类干扰公共交通工具正常行驶的行为：一是对公交车驾驶人员使用暴力；二是抢控行驶中的公交车的驾驶操纵。

2. 驾驶人员在行驶的公共交通工具上擅离职守

驾驶人员在行驶的公共交通工具上放弃操控方向盘，与他人互殴或殴打他人，使公共交通工具处于无人控制的局面。

（五）妨害安全通行的交通运输风险

1. 在道路上存放物品或从事经营活动妨害通行的风险

车辆占道影响通行安全与效率的方式有多种，既有主动占道从事其他活动的风险，如摆摊经营；也有主动占道停放车辆或存放其他物品的，如堆放砂石等；还有被动占道影响其他车辆通行的，如路上车辆碰撞停车不及时排除障碍物且不开启危险报警闪光灯，制造了新的碰

---

① 2022年10月6日北京市公安局公安交通管理局昌平交通支队1114002800135770号行政处罚决定书。

② 2022年10月4日北京市公安局公安交通管理局昌平交通支队1114002800135760号行政处罚决定书。

撞危险。这些行为都是违反《道路交通安全法》的妨害安全通行的行为。[①] 换言之，事故发生后没有打开报警闪光灯、未设置警告标志，严重妨害后续车辆的正常通行，构成妨害他车通行的违法不作为。

为保障道路通行安全，《道路交通安全法》规定，货车运输物品需要严格按照外沿尺寸要求进行装货，应当保障货物不会从车上遗撒、飘散，一旦有货物散落在道路上，应当及时清除或上报交管部门。[②] 在实践中，超标载物货车行驶在道路上是很危险的事情，碰撞路上车辆或撞毁桥梁的概率都很大，例如，一辆货车运载一根铁管超过车厢箱体6米多，在右拐弯时由于车载铁管还横在原来的路上，堵住了一辆电动自行车的前行道路，该车主因没有注意到铁管而迎面撞在头上，导致重伤。由于该受害人没有尽到注意义务，货车司机承担主要责任，受害人承担次要责任。依据现行《刑法》的规定，违反交通运输管理法规致1人重伤，只有具备无证驾驶或酒后驾驶等严重违规情节的，方可构成交通肇事罪，本案只能认定为行政违法行为。由于超标载货的危险性较大，对于此类危险行为有必要犯罪化，以彰显交通安全的重要性。遗洒、飘散载运物时常会酿成严重的交通事故，甚至死伤惨重。例如，前车遗落下一节边距不超过10厘米的方形钢管，恰好直立于高速公路的地面，由于后车对此遗落物没有察觉，在前行中车辆底盘被钢管卡住而发生多次翻滚，不幸撞上同行的其他车辆，致使

---

① 《道路交通安全法》第52条规定："机动车在道路上发生故障，需要停车排除故障时，驾驶人应当立即开启危险报警闪光灯，将机动车移至不妨碍交通的地方停放；难以移动的，应当持续开启危险报警闪光灯，并在来车方向设置警告标志等措施扩大示警距离，必要时迅速报警。"

② 《道路交通安全法》第48条规定："机动车载物应当符合核定的载质量，严禁超载；载物的长、宽、高不得违反装载要求，不得遗洒、飘散载运物。机动车运载超限的不可解体的物品，影响交通安全的，应当按照公安机关交通管理部门指定的时间、路线、速度行驶，悬挂明显标志。"

其中一辆轿车翻下路边的水沟，导致多人伤亡的严重后果。此案虽然可以被认定为交通肇事罪，然而，对此类严重危害交通安全的危险行为只进行事后惩罚不足以保护人身与财产安全，只有事先进行预防，才能减少事故发生的可能性。《道路交通安全法》第30条规定，道路出现坍塌、坑槽、水毁、隆起等损毁或者交通信号灯、交通标志、交通标线等交通设施损毁、灭失的，道路、交通设施的养护部门或者管理部门应当设置警示标志并及时修复。公安机关交通管理部门发现前款情形危及交通安全，尚未设置警示标志的，应当及时采取安全措施，疏导交通，并通知道路、交通设施的养护部门或者管理部门。

2. 故意在高速公路上刹车阻碍后车通行的风险

机动车在高速公路上故意刹车别后车通常发生在“斗气车”上，起因大多是后车违规抢道超车导致碰撞风险，引发前车的报复心理，而采取加速超车到前边阻挡、压制后车的行驶，这种“别车”行为严重妨害了后车的正常行驶，往往会造成后车追尾前车的后果，轻者导致财产损失，重者导致车毁人亡。

3. 机动车“开门杀”妨害安全通行的风险

“开门杀”是马路上时常发生的一种妨害安全通行的危险性行为。机动车停车后未认真观察路况便打开车门是一种极其危险的行为，如果后面开过来的是机动车还算幸运，不会导致人员伤亡；如果后边骑行过来的是摩托车或自行车，骑行者被撞翻在马路上直接导致死亡或者被后续车辆碾压致死的事故屡见不鲜。

4. 机动车在高速公路上逆行的风险

高速公路因车速过快风险也很大，在实践中，摩托车为缩短行程，在高速上逆行的现象时有发生，虽然并不是一定会发生实害结果，但是其所造成的碰撞风险非常高。

5. 机动车违规掉头的风险

机动车在道路上掉头有一定的限制，有些道路不允许掉头，《道路交通安全法实施条例》第 49 条第 1 款规定："机动车在有禁止掉头或者禁止左转弯标志、标线的地点以及在铁路道口、人行横道、桥梁、急弯、陡坡、隧道或者容易发生危险的路段，不得掉头。"有些道路允许掉头，但是，其前提是不妨碍正常行驶的其他车辆和行人的通行。此即第 49 条第 2 款规定的"机动车在没有禁止掉头或者没有禁止左转弯标志、标线的地点可以掉头，但不得妨碍正常行驶的其他车辆和行人的通行"。在实践中，有些机动车不顾与对向来车碰撞的风险，侥幸掉头严重妨害他车正常行驶，特别是有些车辆在高速公路上发现开过出口而强行倒车、掉头，容易与正常行驶的车辆发生碰撞，有必要对风险较大的情形犯罪化。

6. 在交通要塞违规停留妨害安全通行的风险

在交通要塞停车会阻挡其他车辆的视线、妨害其他车辆正常通行，往往为了躲避障碍物而危害其他正常行驶的车辆或行人，甚至酿成交通事故，因此，有必要将刑法前置于危险行为实施的环节。研究发现，在交通要塞违规停车通常出于两个原因。

其一，在交通岗开车门下车妨害后续车辆的正常通行。依据《道路交通安全法》的规定，机动车在交通岗通行必须遵守避让行人和重要车辆的规则，[①]行为人也有义务遵守交通规则，禁止在站台之外的道路上下车。车辆在交通岗位下客是非常危险的行为，乘客的行为无异于自陷风险，随时可能被后边来车碰撞；另外，车辆为了躲避下车的乘客要么急刹车，要么向右急打舵，这两种行为都可能导致碰撞事故。

其二，在道路交叉口和车站等交通要害地随意停车。依据《道路交通安全法实施条例》的规定，在有碍其他车辆通行的交通要塞不得

---

① 《道路交通安全法》第 44 条规定："机动车通过交叉路口，应当按照交通信号灯、交通标志、交通标线或者交通警察的指挥通过；通过没有交通信号灯、交通标志、交通标线或者交通警察指挥的交叉路口时，应当减速慢行，并让行人和优先通行的车辆先行。"

停车。①

7. 在高速公路上低于法定车速驾驶机动车的危险

《道路交通安全法》对高速公路上的最高时速与最低时速有明确限制,但是在法律责任的设置上没有量化最低时速受到行政处罚的界限,而对于超过最高时速 50% 的,却明确要求由公安机关交通管理部门处 200 元以上 2000 元以下罚款。②

8. 在道路两侧或隔离带设置障碍物妨碍安全视距的风险

在行车道路两侧或隔离带安装或设置广告牌或交通信号灯等交通标志是常见的活动,依据《交通安全法》,上述行为不得妨碍司机的安全视距,③否则,便可能因判断失误而导致车辆碰撞。如果经公安部交通管理机关责令排除妨碍而拒不执行的,便使妨害安全通行的过失活动转化为间接故意的恶行,所造成的交通风险仅仅以行政处罚很难制止,动用刑罚便成为一种合理的诉求。

9. 交通设施变动不及时公告的风险

近年来,我国基础设施建设突飞猛进,交通设施变动频繁,如果道

---

① 《道路交通安全法实施条例》第 63 条规定:"机动车在道路上临时停车,应当遵守下列规定:(一)在设有禁停标志、标线的路段,在机动车道与非机动车道、人行道之间设有隔离设施的路段以及人行横道、施工地段,不得停车;(二)交叉路口、铁路道口、急弯路、宽度不足 4 米的窄路、桥梁、陡坡、隧道以及距离上述地点 50 米以内的路段,不得停车;(三)公共汽车站、急救站、加油站、消防栓或者消防队(站)门前以及距离上述地点 30 米以内的路段,除使用上述设施的以外,不得停车。"

② 《道路交通安全法》第 99 条规定:"有下列行为之一的,由公安机关交通管理部门处二百元以上二千元以下罚款……(四)机动车行驶超过规定时速百分之五十的……"

③ 《道路交通安全法》第 106 条规定:"在道路两侧及隔离带上种植树木、其他植物或者设置广告牌、管线等,遮挡路灯、交通信号灯、交通标志,妨碍安全视距的,由公安机关交通管理部门责令行为人排除妨碍;拒不执行的,处二百元以上二千元以下罚款,并强制排除妨碍,所需费用由行为人负担。"

路施工管理方未及时上报交通管理部门,GPS 有时跟进不及时,会导致交通事故发生。例如,未及时通报新架设的桥梁会使超高货车与其发生碰撞。再如,道路路面施工方不及时清障,在未设有警示灯与警示标记时,也会导致车辆与其发生碰撞。

10. 发生交通事故后不及时撤离、不及时报告的危险

在生产作业中发生事故后,相关人员具有及时向上级报告事故情况的义务,同样,依据《道路交通安全法》的规定,在道路上发生交通事故后,当事人如果不及时撤离事故现场的,应当及时向交警或公安机关的交通管理部门报告。[①] 报告义务的履行关系道路安全问题,因为在道路上发生交通事故后,会阻碍车辆的正常通行,如果是在高速公路上或者城市高架桥上,事故车辆很容易被后续的车辆连续追尾,因而肇事者及时向交管部门报告事故情况,有利于交警及时处理事故现场,避免发生追尾事故造成二次伤害。

前述 10 项妨害道路交通安全的违规行为属于多发常见的现象,若仅实施一次违规行为没有入刑的必要,笔者最担心的是这些行为成为驾驶人员常态化的习惯却不知其中的危险,在行政权干预这些危险行为不充分的前提下,有必要动用刑法资源,提升警示作用。当然,对于入罪的前提要有严格限制,至少因同样的行为被行政处罚 1 次,或者连续实施 2 次以上同样的违规行为。

---

① 《道路交通安全法》第 70 条规定:“在道路上发生交通事故,未造成人身伤亡,当事人对事实及成因无争议的,可以即行撤离现场,恢复交通,自行协商处理损害赔偿事宜,不即行撤离现场的,应当迅速报告执勤的交通警察或者公安机关交通管理部门。”

第二节　机动车交通运输危险犯的罪名设置

预防性刑法在交通犯罪中的设置主要是以车辆这一交通工具为前提的,对于驾驶车辆所涉及的道路交通风险的预防性规范目前逐渐趋于完善,而同样作为风险社会中不可忽略的船舶驾驶的海上交通风险,则仍存在较大的立法空白。通常,海上交通犯罪都会以交通肇事罪或危险驾驶罪定罪处罚,而缺乏专门化规制。海上犯罪的罪名规定较为匮乏,与车辆交通犯罪适用同一罪名规范缺乏合理性:首先,船舶在海上面对的风险与车辆在路上面对的风险相比较,由于海上环境具有不稳定性,在海上的驾驶操作难度也更大,其风险本身就是远远超出车辆在陆地上的风险,若与车辆适用同一个标准,并不公平;其次,在实践中,对于发生在海上的交通犯罪,其因果关系的认定也具有特殊性。①

一、机动车交通运输危险犯的罪名分类

我国交通运输犯罪预防性刑法规定在我国《刑法》分则第二章危害公共安全罪中,从 1979 年至今,共设置了三类交通运输危险犯罪。其一,驾驶人员违规驾驶型危险犯:危险驾驶罪(第 133 条之一)。其二,妨害安全驾驶型危险犯:暴力危及飞行安全罪(第 123 条),妨害安全驾驶罪(第 134 条之二),破坏交通工具罪(第 116 条),劫持航空器罪(第 121 条),劫持船只、汽车罪(第 122 条)。其三,妨害安全通行型

---

① 参见赵微、姚瑶:《海事涉罪案件行刑衔接疑难问题研究》,载《人民检察》2018 年第 1 期。

危险犯：目前，我国《刑法》中只有破坏交通设施罪（第 117 条）、以危险方法危及公共安全罪（第 114 条）2 个罪名。回顾交通犯罪的立法进程，有助于我们掌握交通犯罪刑法立法的脉络与规律，从中发现立法不足，进而补充完善交通运输犯罪的预防性刑法体系。

（一）交通运输工具劫持型和破坏型的危险犯

1979 年《刑法》对交通犯罪的立法比较粗放，总共只有 4 个法条，对交通工具的劫持型犯罪只用一条便涵盖所有类型的工具，其中，2 条是破坏型交通犯罪，1 条是破坏交通工具罪，另 1 条是破坏交通设施罪，外加上实害犯的交通肇事罪总共 4 条便把交通犯罪罪名全部包揽。

1. 为保护交通工具不被非法控制而设置的预防性刑法规范

1979 年《刑法》第 100 条规定：以反革命为目的劫持舰船、飞机、火车、电车、汽车的，构成“反革命劫持舰船、飞机、火车、电车、汽车罪”。

本罪的客观要件是劫持行为，犯罪对象包括所有的交通运输工具，特别是“火车”在后来的劫持型交通犯罪中已经被删除。其主观要件中的特殊目的要求是本罪的特色。

2. 为保护交通运输的基础条件设置的预防性刑法规范

其一，破坏交通工具罪。1979 年《刑法》第 107 条规定：“破坏火车、汽车、电车、船只、航空器，足以使火车、汽车、电车、船只、航空器发生倾覆、毁坏危险，尚未造成严重后果的，处三年以上十年以下有期徒刑。”

本罪侵犯的法益是交通运输安全，犯罪对象是所有类别的大型交通工具。这既有机动车也有船舶、火车等大型交通工具，但是不包括简单或动力较小的交通工具，例如，自行车、人力三轮车、手推车、自重和动力不达标准的机动车、小型人力帆船、单人驾驶的摩托艇等。

本罪是具体危险犯，在客观方面需要考察是否存在“足以”使交通工具发生倾覆、毁坏危险，如果不存在上述危险便不足以构成犯罪。

其二，破坏交通设施罪。1979 年《刑法》第 108 条规定：“破坏轨道、桥梁、隧道、公路、机场、航道、灯塔、标志或者进行其他破坏活动，足以使火车、汽车、电车、船只、航空器发生倾覆、毁坏危险，尚未造成严重后果的，处三年以上十年以下有期徒刑。”该法条的规范保护目的是交通运输设施的安全性，犯罪对象是所有支持交通运输工具安全运行的所有通行设施与交通条件。

（二）违反交通运输管理秩序的危险犯

1. 细化劫持型预防性刑法规范

1997 年修订《刑法》将反革命一章改为“危害国家安全罪”，劫持型交通风险犯罪也回归到分则第二章“危害公共安全罪”中，并由原来的一个法条分化出 2 个法条和 2 个罪名，劫持航空器罪（第 121 条）和劫持船只、汽车罪（第 122 条）。这次修改的最大特征是把“火车”和“电车”从犯罪对象中剔除，理由大体是有轨车辆无法被劫持到轨道之外的路上。

2. 保留原有的破坏交通工具罪与破坏交通设施罪

1997 年《刑法》第 116 条将第 107 条的条文内容完全保留，罪名仍然是“破坏交通工具罪”，1997 年《刑法》第 117 条将第 108 条的条文内容完全保留，罪名仍然是“破坏交通设施罪”。

3. 增设了保护航空安全秩序的预防性刑法规范

1997 年《刑法》增加“暴力危及飞行安全罪”，犯罪客观要件是对航空器上的人员使用暴力，危及飞行安全，尚未造成严重后果的。本罪属于典型的具体危险犯，在当时预防性刑法并不发达的背景下，立法者专门附加了一句注意性规定“尚未造成严重后果的”，以专门强调危险犯与实害犯的区别，后来在其他交通运输预防性刑法规范中没有再出现类似的注意规范。

(三)危险驾驶罪

21世纪以来,随着人们生活水平提高,我国私家小汽车保有量也逐渐增加,社会交往频繁也使得酒驾与飙车等危险驾驶行为迅速上升,引起社会关注。

1. 危险驾驶罪的立法背景

2010年,我国机动车保有量已经达到2.07亿辆,比2009年增加了2048万辆。2009年全国查处酒后驾驶72.2万辆,其中,醉驾达11.2万起,因酒后导致交通事故5969起,死亡2665人。[①] 杭州的胡某案、成都的孙某某案、南京的张某宝案导致的社会危害后果巨大,成为舆论焦点。"孙某某案"二审辩护律师施杰作为中国人民政治协商会议全国委员会委员向两会递交了《关于增加危险驾驶罪的建议》的提案,建议在刑法中增设"危险驾驶罪"罪名,对于醉酒、超速、吸食兴奋剂驾车等行为以危险驾驶罪论处。"有关部门认为,醉酒驾车和飙车的行为具有高度的危险性,其危害性远远大于其他道路交通违法行为。在醉酒驾车和飙车的社会危险不断加大,对危险控制的难度亦不断加大的情况下,立法思想应当变结果本位为行为本位,将醉酒驾车和飙车行为规定为犯罪行为,以满足控制社会危险的需要。"[②]

2. 增设危险驾驶罪的理论根据

学术界对风险刑法应当如何体现在刑法立法中、危险驾驶行为应否入罪等问题也形成不同的观点。支持入罪一方大多以风险社会或风险刑法为理论依据,赵秉志教授等明确提出要将没有造成严重后果

---

① 参见高贵君主编:《危险驾驶刑事案件办案指南》,人民法院出版社2014年版,第3页。

② 高贵君主编:《危险驾驶刑事案件办案指南》,人民法院出版社2014年版,第4页。

的醉酒驾驶、无证驾驶、严重违章驾驶等危险驾驶行为入罪。① 高铭暄教授针对风险社会背景下刑法的担当提出如下主张:"当代社会的风险性质使得刑法承担了预防、惩治严重危险行为的功能和任务,风险成为塑造刑法理论、制定刑法规范的重要社会力量。因此,刑罚提前处置危险犯便成了刑法立法的必然选择。然而,任何偏离原则对某种行为予以犯罪化的做法,都需要提供特别的理由,立法者必须承担说明正当根据的责任。"②针对日益严重的社会风险,储槐植教授基于功利主义刑罚观,主张在风险社会就应突出刑法的预防性功能。③ 因为"国家对犯罪人判处刑罚,有助于提高法律尊严,减少私人报复的非法行为,这就是刑罚的一种功利考虑"。④ 又因为,面对当下交通运输风险日益突显、公共安全遭受严重侵犯的风险社会,"如果非要等到结果发生之后才去追究行为人的刑事责任,为时已晚,不能有效地防范危害发生"。⑤ 张明楷教授也认为,危险驾驶罪是对汽车数量增加诱发风险的反应。⑥ 也有学者从社会需求上解读危险驾驶行为入罪的合理性:"考虑到社会发展的需要和刑法立法应具有一定的超前性,我国有必要将危险驾驶规定为一种危险犯。"⑦

---

① 参见赵秉志、张磊:《"酒驾"危害行为的刑法立法对策》,载《法学杂志》2009 年第 12 期。

② 高铭暄:《风险社会中刑事立法正当性理论研究》,载《法学论坛》2011 年第 4 期。转引自高铭暄:《刑法学 70 年之求索:人民教育家高铭暄先生文选》,法律出版社 2024 年版,第 121 页。

③ 参见储槐植:《美国刑法(第 3 版)》,北京大学出版社 2005 年版,第 13 页。

④ 储槐植:《美国刑法(第 2 版)》,北京大学出版社 1996 年版,第 306 页。

⑤ 储槐植、闫雨:《危险驾驶行为入刑:原因、问题与对策》,载《中南民族大学学报(人文社会科学版)》2012 年第 2 期。

⑥ 参见张明楷:《"风险社会"若干刑法理论问题反思》,载《法商研究》2011 年第 5 期。

⑦ 肖中华、王海桥:《危险驾驶犯罪行为的刑法界定》,载《法学论坛》2009 年第 6 期。

3. 危险驾驶罪的规范内容

2011 年《刑法修正案(八)》第 22 条把在道路上醉驾与情节恶劣的飙车行为确定为危险驾驶罪,其中的“道路”、“机动车”、“醉酒”与“情节恶劣”等要素在后来都有了官方的解释。“道路”,依据 2021 年修订的《道路交通安全法》第 119 条的规定:“是指公路、城市道路和虽在单位管辖范围允许社会机动车通行的地方,包含广场、公共停车场等用于公众通行的场所。”所谓“机动车”,“是指以动力装置驱动或者牵引,上道路行驶的供人员乘用或者用于运送物品以及进行工程专项作业的轮式车辆”。所谓“醉酒”,这一个非常敏感的概念,在该罪名适用之初,以 80 毫克/100 毫升血液中作为入罪条件,由于这个标准失之过低,导致很多饮酒者成为犯罪人,因而引起社会的广泛同情。这也是后来最高人民法院、最高人民检察院、公安部于 2023 年调高入罪标准的原因。《刑法修正案(八)》草案的一审稿和二审稿规定:“在道路上醉酒驾驶机动车的,或者在道路上驾驶机动车追逐竞驶,情节恶劣的,处拘役,并处罚金”。这种情节犯的设计却遭到普遍质疑,“让对‘从众治醉’普遍支持的公众感到一丝困惑”,因为它“留下了一个模糊地带”,“可能被某些特殊人群恶意钻空子,出现‘因人而异’的判定”。① 于是,从立法上便直接将危险驾驶罪定位为抽象危险犯,“一刀切”的做法虽为无奈之举,但是在平衡司法公正与保护交通安全法益的关系上也不失为一种最佳方案。

从立法规范看来,“危险驾驶罪”只适用于陆地上的机动车。对于车辆之外其他交通工具的交通运输风险,也不是没有考虑过这个问题。2011 年,在最高人民法院、最高人民检察院《关于执行〈中华人民共和国刑法〉确定罪名的补充规定(五)》(法释〔2011〕10 号)出台前

---

① 王松苗:《醉驾入刑要杜绝“模糊上路”》,载《检察风云》2011 年第 11 期。

的讨论过程中,有人建议将罪名确定为“危险驾驶机动车罪”,以便确保未来刑法规制危险驾驶船舶和航空器等行为时无须修改本罪的罪名。经过研究,罪名最后确定为“危险驾驶罪”,也是考虑未来增加船舶、火车、航空器等危险驾驶罪的罪状时不必再修改罪名。由此可见,其他交通工具的危险驾驶行为需要等待适当的时机逐渐被纳入刑法规范。

4. 扩充危险驾驶罪罪状至违规运输危化品

危险驾驶罪生效之后,醉酒驾驶行为没有得到有效控制,新型交通风险行为不断显现,在交通运输部《关于推进安全生产风险管理工作的意见》(交安监发〔2014〕120 号)中,将道路运输行业列入安全生产风险管理的试点行业。后续,刑法修正案扩充了危险驾驶罪的罪状,提高了危险驾驶罪的惩罚力度,又增设了妨害安全驾驶罪、危险作业罪等交通运输危险罪。

(四)危险驾驶罪罪状的补充完善

“从事校车业务或者旅客运输,严重超过额定乘员载客,或者严重超过规定时速行驶的”以及“违反危险化学品安全管理规定运输危险化学品,危及公共安全的”。同时,《刑法》新增了第 2 款“机动车所有人、管理人对前款第三项、第四项行为负有直接责任的,依照前款的规定处罚”。这一条明确扩大了危险驾驶罪的主体范围。

在运输危险化学品这一块,与“危险作业罪”的客观要件几近出现重复立法。在《刑法修正案(十一)》的草案中曾将擅自从事运输高度危险的生产作业活动认定为“危险作业罪”,当时的本文为:“涉及安全生产的事项未经依法批准或者许可,擅自从事矿山开采、金属冶炼、建筑施工,以及危险物品生产、经营、储存、运输等高度危险的生产作业活动,情节严重的。”后来在第二稿中将“运输”两字删除掉。因为在《刑法修正案(九)》增加的第 4 项内容将“运输危险品”的行为纳入了危险驾驶罪。与危险驾驶罪不同，危险作业罪中的交通运输工具未限于车辆还是其他，在船舶上实施危险作业行为，也可适用本条款认定为危险作业罪，责任主体为企业管理人员，不限于驾驶人员。危化品的存在周期包括生产、加工、储存、装卸、运输、经营、使用、废弃处理8个环节，每个环节都存在安全风险。在这8个环节中，运输环节贯穿了各个环节，且在运输过程中极易发生危化品安全事故，也是立法所关注的重点。

（五）妨害安全驾驶罪的增设

1. 妨害安全驾驶罪的立法背景

妨害安全驾驶行为由来已久，以往对于没有造成人员伤亡或财产损失的妨害行为，司法实务往往按照以危险方法危害公共安全罪处理，判处3年以上有期徒刑（有减轻处罚情节的除外）。[①] 由于以危险方法危害公共安全罪是一个口袋罪，该罪名本身的外延边界就不是十分精准，给司法认定带来难度。在实践中，有一些乘客干扰驾驶员开车的案件，如2018年重庆公交车"10·28"坠江案催生了"妨害安全驾驶罪"的立法建议，最高人民法院大法官胡云腾认为，在此类案件中，只依靠现有的"危害公共安全罪"等罪名，对乘客定罪量刑，难以做到罪与刑相适应。他建议，针对乘客此类行为可考虑增设"妨害安全驾驶罪"，将"采用威胁、暴力方法侵犯正在驾驶公共交通工具驾驶人员的人身权""强行干扰公共交通工具的正常行驶等行为"纳入其中，量刑可参考危险驾驶罪。[②] 2019年，最高人民法院、最高人民检察院、公

---

① 参见张明楷：《〈刑法修正案（十一）〉对司法解释的否认及其问题解决》，载《法学》2021年第2期。

② 孟亚旭：《最高法大法官：建议增设"妨害安全驾驶罪"》，载《北京青年报》2018年11月14日，第A03版。

安部联合出台了《关于依法惩治妨害公共交通工具安全驾驶违法犯罪行为的指导意见》(以下简称《惩治妨害安全驾驶行为意见》),将“妨碍安全驾驶”的行为认定为“以危险方法危险公共安全罪”。“乘客在公共交通工具行驶过程中,抢夺方向盘、变速杆等操纵装置,殴打、拉拽驾驶人员,或者有其他妨害安全驾驶行为,危害公共安全,尚未造成严重后果的,依照刑法第一百一十四条的规定,以以危险方法危害公共安全罪定罪处罚。”“驾驶人员在公共交通工具行驶过程中,与乘客发生纷争后违规操作或者擅离职守,与乘客厮打、互殴,危害公共安全,尚未造成严重后果的,依照刑法第一百一十四条的规定,以以危险方法危害公共安全罪定罪处罚”。

适用“以危险方法危害公共安全罪”惩治妨碍安全驾驶行为的不足之处是,刑期在3年以上有期徒刑,失之过重。于是,2020年12月生效的《刑法修正案(十一)》新增加了“妨害安全驾驶罪”,成为《刑法》第133条之二的内容。该罪的成立条件是,对行驶中的公共交通工具的驾驶人员的暴力行为或者抢控驾驶操纵装置,干扰公共交通工具正常行驶的行为以及驾驶人员在行驶的公共交通工具上擅离职守,与他人互殴或者殴打他人的行为。该罪的立法特色是直接将危险行为入罪,而没有与该罪对应的实害犯,这种立法模式被称为“独立的危险犯”,“在一定程度上弥补了刑法对公共安全罪的危险犯规定的不足,为惩治公共危险犯提供了刑法根据”。①

刑罚幅度是“一年以下有期徒刑、拘役或者管制,并处或者单处罚金”。之前的交通犯罪没有独立适用财产刑的,这次单处罚金刑的设置也是一大进步。另外,适用范围宽泛化,犯罪主体不仅仅是“行驶中

① 陈兴良:《公共安全犯罪的立法思路嬗变:以〈刑法修正案(十一)〉为视角》,载《法学》2021年第1期。

的公共交通工具的驾驶人员”，也包括与驾驶人员互殴、危及公共安全的一般主体。

妨害安全驾驶罪侵犯的法益是交通安全，犯罪行为有二：其一，在公共交通工具内部实施的干扰驾驶人员正常驾驶的行为；其二，驾驶人员擅离职守的行为。二者实质上都是由于在交通工具内发生肢体冲突引发的公共危险，不关涉在交通工具之外的道路上或水域上发生的危险性驾驶行为。本罪的案发场所没有限制在车辆之内，只要是发生“公共交通工具”里，便可以成立本罪，在船舶驾驶室或驾驶台上发生的同类案件也可以认定为妨害安全驾驶罪。在实践中，可能会出现争抢船舶方向盘的行为、殴打船舶驾驶人员的行为。关于车辆的类型，最高人民法院、最高人民检察院、公安部于 2019 年 1 月 8 日发布的《惩治妨害安全驾驶行为意见》第 1 条第 7 项将其限定为“公共汽车、公路客运车，大、中型出租车等车辆”之内。有学者认为，在此基础上，还应将班车、校车和小型出租车、网约车纳入其中。社会性、公用性应是公共交通工具与非公共交通工具的本质区别，接送职工的班车、接送师生的校车等大、中型交通工具，均具备这两种属性。[①] 而后边列举的危险性行为可能导致的危害后果不亚于在车内发生的妨害安全驾驶行为，有必要对妨害安全通行的违规行为进行深入研究，适时纳入犯罪圈。另外，由于《惩治妨害安全驾驶行为意见》把“公共交通工具”限定于“车辆”的范围之内，把船舶排除在外。对此，司法机关如何理解并适用“公共交通工具”尚无定论。

该罪名的主体为危及驾驶人员的正常驾驶活动的公民，以及擅离职守致破坏正常驾驶状态的驾驶人员。此罪名出台的背景是，近年

---

① 参见余丽、陈志军：《对妨害公共交通工具安全驾驶行为的刑法规制研究》，载《公安学研究》2020 年第 4 期。

来,妨害安全驾驶行为所导致的公交车碰撞或坠江事故较多,此类事故一旦发生,就会面临社会负面影响与人身伤亡后果的双重打击,故而,驱动预防性刑法进行规制十分必要。

2. 增设危险作业罪

为保障生产作业安全,使生产安全管理合乎规范要求,2021 年《刑法修正案(十一)》在《刑法》第 134 条之后增加了危险作业罪作为第 134 条之一的内容,即"在生产、作业中违反有关安全管理的规定,有下列情形之一,具有发生重大伤亡事故或者其他严重后果的现实危险的"行为。其中,第一种情形可以适用于船舶航行中的违规行为,即"关闭、破坏直接关系生产安全的监控、报警、防护、救生设备、设施,或者篡改、隐瞒、销毁其相关数据、信息的"情形并未限制在车辆上,船舶上的雷达或 AIS 系统等安全设施既有监控水域环境的作用又有报警功能,对于航行中的船舶,关闭这些安全设施就会使行政管理部门失去对其行踪的监控,行为人的目的就是逃避海事或环保、渔政的监管,通常这类船舶都有违规运输问题。除此之外,本罪第 3 项罪状是未取得作业许可擅自从事生产作业的情形,即"涉及安全生产的事项未经依法批准或者许可,擅自从事矿山开采、金属冶炼、建筑施工,以及危险物品生产、经营、储存等高度危险的生产作业活动的"。在《刑法修正案(十一)》的草案中,除擅自从事"生产、经营、储存等高度危险的生产作业活动"的构成"危险作业罪"之外,还把"运输"活动也纳入其中,然而,在最后一稿把"运输"两字删除了,于是,违规运输危险品的行为便不能被认定为"危险作业罪"。最终,于 2020 年出台的《刑法修正案(十一)》第 4 条增设第 134 条之一的"危险作业罪",其中对危险物品的危险作业行为仅仅限制在"生产、经营和储存"环节,而违规"运输"危险化学品的行为在《刑法》第 133 条之一找到了规制的根据。

本罪第2项规定的情形也可用于船舶不适航的整改过程中,船舶不同于车辆,一艘航行中的船舶除具有运输的功能之外,船上还可能进行其他生产作业活动(当然,个别车辆也可以在行驶中进行作业,如水泥罐车在行进中还处于搅拌水泥过程中),如果船舶"因存在重大事故隐患被依法责令停产停业、停止施工、停止使用有关设备、设施、场所或者立即采取排除危险的整改措施,而拒不执行的",也可以直接被认定为危险作业罪。

二、对我国机动车交通运输危险犯的立法审视

交通运输风险预防性刑法规范是规制交通犯罪的刑法规范,是交通犯罪的一种法定形式。然而,"在我国交通犯罪立法中,只有交通肇事罪、危险驾驶罪、妨害安全驾驶罪。交通肇事罪惩罚的实害行为较为广泛。对于没有实害结果的交通犯罪行为的惩罚,虽然有危险驾驶罪、妨害安全驾驶罪,但二者的范围狭窄,其本身还需要进一步完善"。[①]

(一)危险驾驶罪的罪状缺失

在危险驾驶罪设置之前,交通运输领域的法治手段软弱乏力,对尚未造成严重后果但危险性极高的行为缺乏惩处依据,在危险驾驶罪设置之初便收到很好的效果。然而,在适用该罪名一段时间后发现了许多问题。

1.危险驾驶罪入罪条件失之杂乱

《办理醉驾意见》公布之前,危险驾驶罪因为入罪门槛过低而几经完善,《刑法修正案(九)》除了增加"从事校车业务或旅客运输,严重超过额定乘员载客,或者严重超过规定时速行驶的"作为本罪第3款的犯罪情形外,还把"违反危险化学品安全管理规定运输危险化学品,

---

① 姜敏:《交通风险语境下间接危害行为犯罪化研究》,中国法制出版社2022年版,第7页。

危及公共安全的”追加为危险驾驶罪的罪状，成为该罪第 4 款规定的犯罪。同时，把“机动车所有人、管理人”纳入违规运输危险化学品行为共犯，使本就复杂的入罪条件变得更加扑朔迷离。除《办理醉驾意见》最为关注的提高醉驾入罪门槛的问题之外，这个第 4 款罪状被认定为危险驾驶罪存在诸多弊端。一是“运输”危险化学品的行为认定仍然很模糊，运输是否包括装卸行为不明确；二是危险化学品的“管理人”是否包含在“机动车所有人、管理人”的范围之内？如果不能尽快解决这一问题，将会导致司法认定不一的后果。

2. 危险性高于“醉驾”之“毒驾”等吸食麻醉品的行为尚未入罪

依据公安部 2017 年出台的《车辆驾驶人员体内毒品含量阈值与检验》第 3 条的规定，所谓“毒驾”，是指“吸食、注射鸦片、海洛因、甲基苯丙胺（冰毒）、吗啡、大麻、可卡因，以及国家规定管理的其他能够使人形成瘾癖的麻醉药物和精神药品后驾驶车辆，并且血液、唾液中毒品含量达到或超过规定阈值的行为”。从生理反应上看，吸食上述毒品会导致人的行为迟缓、精神松懈、运动失衡、意识模糊等破坏人的正常生活与工作的不良后果，据英国一项研究表明，“酒驾”者的反应时间比正常人慢 12%，“毒驾”者的反应时间则慢 21%。[①] 对交通安全的负面影响非常之大。根据公安机关统计，截至 2014 年年底，我国机动车驾驶人数量已达 3 亿，登记在册的吸毒驾驶人超过 62 万，约占吸毒人员总数的 20%。[②] 然而，《刑法》在对“醉驾”入罪入刑时却没有同时对“毒驾”给予同样的待遇，因此备受诟病。

3. 货车超载运输行为没有入罪

我国货车超载问题比校车超载还要严重，在实践中，货车超载似

---

① 参见劳东燕：《风险社会与变动中的刑法理论》，载《中外法学》2014 年第 1 期。

② 参见《毒驾入刑，是时候了》，载人民网，http：/legal. people. com. cn/GB/n/2014/1210/c42510 – 26178514. html。

乎成为业务习惯，甚至出现不超载便不赚钱的怪圈。然而，我国《刑法》第133条之一的“危险驾驶罪”仅把客车超载和校车超载划入犯罪圈，货车超载行为没有入罪。2023年《办理醉驾意见》第10条只是把“严重超员、超载、超速驾驶的”“驾驶重型载货汽车的”“运输危险化学品、危险货物的”等危险性行为作为酒驾入罪的辅助条件，没有酒驾为前提，即使货车超载也会不独立入罪。

（二）严重妨害安全通行的危险行为尚未入罪

妨害安全通行的行为表现为两类：一类是在道路上设置了静态的障碍物，例如，在道路上随意泊车、随意堆放物品；另一类是在道路通行过程中携带超标物品或者压低车速而妨害他人正常通行。目前，我国《刑法》只将危险驾驶行为、妨害安全驾驶行为犯罪化，实际上妨害安全通行的行为也同样具有导致交通事故的危险性，刑法对这一问题的忽视也会助长此类行为的滋生与扩大。

我国交通运输行政法对道路通行安全非常重视，《道路交通安全法》中有三章内容与道路通行安全规则相关，即第二章“车辆和驾驶人”、第三章“道路通行条件”、第四章“道路通行规定”，可见，通行安全问题是道路交通安全的核心问题。相比而言，我国《刑法》对通行安全问题还没有给予应有的重视，成为交通行政刑法的一大缺陷。

下列妨害安全通行的危险性行为不一定要独立成罪，而应当被列入醉驾或其他危险驾驶行为入罪的辅佐条件。例如，醉驾行为虽然未达到入罪标准，但是由于违规车辆还具有超标或超载等行为，便可以入刑。

1. 未及时设置通行或警示标记的危险行为尚未入刑

为保障通行条件的安全性和可预期性，指导道路车辆有效通行，《道路交通安全法》第28条规定，任何单位和个人不得擅自设置、移动、占用、损毁交通信号灯、交通标志、交通标线。同时，为了保障通行的顺畅性，要求“道路两侧及隔离带上种植的树木或者其他植物，设置的广告牌、管线等，应当与交通设施保持必要的距离。不得遮挡路灯、交通信号灯、交通标志，不得妨碍安全视距，不得影响通行”。在现实生活中，有些道路施工后未及时拆除移走障碍物，导致机动车夜间按照导航行驶而与障碍物发生碰撞。其中，也包括一些大型客车因来不及避让而导致车毁人亡的情况。

由此笔者发现，经常发生交通事故的路段可能存在规划设计上的缺陷，除非此路段存在自然形态的不足。例如，有些道路栽种的绿化景观植物过于贴近道路，影响驾驶人的视线，便成为妨害安全通行的障碍物。有些道路在转弯处未设置凸面镜，会遇车辆之间因互不相视而发生碰撞事故。这些看似很小的事情，却会埋下重大交通事故的隐患。

2. 随意占道、妨害安全通行的行为尚未入刑

为保证道路的通畅，《道路交通安全法》第 26 条对道路通行条件的硬性要求是“红灯表示禁止通行，绿灯表示准许通行，黄灯表示警示”。此外，《交通安全法实施条例》对驾驶人员停车地点和乘客上下车的地点都提出了相关要求。① 还有近年来案发较多的开“斗气车”

① 《交通安全法实施条例》第 63 条规定：“机动车在道路上临时停车，应当遵守下列规定：（一）在设有禁停标志、标线的路段，在机动车道与非机动车道、人行道之间设有隔离设施的路段以及人行横道、施工地段，不得停车；（二）交叉路口、铁路道口、急弯路、宽度不足 4 米的窄路、桥梁、陡坡、隧道以及距离上述地点 50 米以内的路段，不得停车；（三）公共汽车站、急救站、加油站、消防栓或者消防队（站）门前以及距离上述地点 30 米以内的路段，除使用上述设施的以外，不得停车；（四）车辆停稳前不得开车门和上下人员，开关车门不得妨碍其他车辆和行人通行；（五）路边停车应当紧靠道路右侧，机动车驾驶人不得离车，上下人员或者装卸物品后，立即驶离；（六）城市公共汽车不得在站点以外的路段停车上下乘客。”第 77 条规定：“乘坐机动车应当遵守下列规定……（三）开关车门不得妨碍其他车辆和行人通行……”

的“别车”行为，往往会导致严重的碰撞事故。鉴于我国私家车的保有量日益提升，道路上的车辆密度逐渐加大，笔者也希望《刑法》能够重视通行安全问题，将一些严重妨害安全通行的行为犯罪化。

3. 高速公路上驾驶载货不规范车辆严重危及公共安全的行为未入罪

高速公路上货车载货超标或途中遗落物品，是非常危险的行为，《道路交通安全法》明文禁止在道路上驾驶超标车辆。[①] 一方面，超标载货直接妨碍其他车辆的通行安全，在实践中因车辆载货超长或超高而碰撞其他车辆或建筑物的案件时有发生；另一方面，道路上突然从车辆上遗落物品，等于破坏了交通运输的通畅性，严重妨害后边车辆的安全通行，导致交通事故的风险极高。

4. 低于规定时速的危险行为尚未入罪

我国《道路交通安全法》对最高驾驶时速有一定限制，严禁超速驾驶，[②]并且，在高速公路上的最低时速也是通行安全的重要保障。然而，我们不难发现，在我国城市普通道路上通常基本没有最低时速的标牌。我国不同等级道路都对车辆的最高时速有一定限制，而且都是比较详细的，高速公路上车辆的最高时速通常不超过 120 公里，最低不低于每小时 60 公里。其他机动车不得超过每小时 100 公里，摩托车不得超过每小时 80 公里。[③] 然而，对最低时速的限制只有在高速公

---

① 《道路交通安全法》第 48 条第 1 款规定：“机动车载物应当符合核定的载质量，严禁超载；载物的长、宽、高不得违反装载要求，不得遗洒、飘散载运物。”

② 《道路交通安全法》第 67 条规定：“行人、非机动车、拖拉机、轮式专用机械车、铰接式客车、全挂拖斗车以及其他设计最高时速低于七十公里的机动车，不得进入高速公路。”第 42 条第 1 款规定：“机动车上道路行驶，不得超过限速标志标明的最高时速。在没有限速标志的路段，应当保持安全车速。”

③ 《道路交通安全法实施条例》第 78 条规定：“高速公路应当标明车道的行驶速度，最高车速不得超过每小时 120 公里，最低车速不得低于每小时 60 公里。”

路上明确要求,同方向有 2 条车道的,左侧车道的最低车速为每小时 100 公里;同方向有 3 条以上车道的,最左侧车道的最低车速为每小时 110 公里,中间车道的最低车速为每小时 90 公里。①

在我们的常识中,速度太快是导致交通事故的原因,很少有人会思考最低时速对交通安全的负面影响。实际上,当下我国的高等级公路越来越长,最高时速通常限定在 70 ~ 80 公里,但是如果有个别车辆的时速极低,必然会导致车流缓慢、通行不畅,而导致此现象的原因多半是驾驶员打电话、看手机等违规行为。

三、我国机动车交通运输危险犯刑法体系的塌陷

(一)交通运输危险犯的罪名界限不明

1. 危险驾驶罪与非法运输危险物质罪的关系被混淆

《刑法》分则第二章危害公共安全罪分为五大类犯罪:以危险方法危害公共安全的犯罪,破坏公共设施、设备类犯罪,实施暴力、恐怖主义类犯罪,以枪支、弹药、爆炸物和危险物品为对象类犯罪,生产、作业中重大责任事故类犯罪(包括特殊工程与领域类犯罪,交通领域类犯罪与危险化学品为对象类犯罪)。在这五类犯罪中,有两类犯罪中包含有交通运输危险犯,其中,以危险方法危害公共安全类犯罪包含“非法运输危险物质罪”,规定在《刑法》第 125 条;生产、作业类犯罪也包含有交通运输危险犯,规定在《刑法》第 133 条之一“危险驾驶罪”的第 4 项罪状中,即“违反危险化学品安全管理规定运输危险化学品,危及公共安全的”。经观察发现,这两个罪名的共性是,都属于运输危险物质或危险化学品的危险犯;不同之处是,前者属于危害公共安全的

① 参见《道路交通安全法实施条例》第 78 条第 3 款。

危险犯,后者属于业务型危险犯,其主观目的大相径庭。然而,由于《刑法》没有将这两个罪名的关系分清楚,导致司法实践中被滥用,业务危险犯时常被认定为公共危险犯。①

危险物运输型危险犯处于交通类、特殊危险物类和危险犯的三维立法交叉点上,因而此类危险犯处于"运输"、"危险物"和"危险犯"三个核心概念或三个维度的交叉点上。基于此而构建的刑法体系必须兼顾各个维度之间的平衡,顾此失彼或者界限不清,都会造成刑法框架结构的坍陷或组成要素的重叠,立法的偏差自然会导致司法的失衡。

2. 危险驾驶罪与非法运输危险物质罪的犯罪对象难以界分

"危险驾驶罪"增加第 4 项罪状之前,为生产、生活目的违规运输危险化学品的危险犯在刑法规范中一直处于空白状态。司法实务界时常会把前述空白的法定犯认定为《刑法》第 125 条"非法运输危险物质罪"的罪状之一。之所以会产生这一误解,是因为非法运输危险物质罪与危险驾驶罪第 4 项罪状都处于"运输"、"危险物"和"危险犯"的三维交叉点上。然而,该自然犯在立法当初并没有包含同类对象的法定犯罪状,在刑法体系上,自然犯的犯罪对象"核材料"于 2003 年被《刑法修正案(三)》修改为"毒害性、放射性和传染病病原体等物质"。当时,我国《刑法》中只有公共危险犯并没有业务危险犯的立法,放火罪、爆炸罪和口袋罪以危险方法危害公共安全罪的危险犯规定在《刑法》第 114 条中,而最早的业务危险犯——危险驾驶罪是 2015 年新增的罪名,之前,我国《刑法》没将交通肇事罪和重大责任事故罪的惩治手段提前到未然状态下。然而,"危险驾驶罪"第 4 项罪状中的犯罪对

① 参见罗翔:《轻罪时代刑法的解释立场——以竞合论为视角》,载《比较法研究》2024 年第 4 期。

象是“危险化学品”，与《刑法》第 125 条规定的“危险物质”之间存在交叉重叠关系，“毒害”性物品属于 2 个罪名共同的犯罪对象，这一问题也是导致 2 个罪名被混淆的主要原因。①

目前，虽然在立法中增加了违规运输危险物的业务危险犯（法定犯），但是，由于长期以来司法实务将此类行为误判为非法运输危险物质罪（自然犯），法定犯与自然犯的混同问题积重难返。有学者发现：“2015 年《刑法修正案（九）》在《刑法》第 133 条之一危险驾驶罪增设两款罪状，其一为违反危险化学品安全管理规定运输危险化学品，危及公共安全的。然而，这个条款很少被使用，司法实践中仍然主要以非法运输爆炸物罪这个重罪来惩治类似行为。”②所以，很有必要进一步界分非法运输危险物质罪与危险驾驶罪的关系。高铭暄教授针对风险社会背景下刑法的担当提出，当代社会的风险性质使得刑法承担了预防、惩治严重危险行为的功能和任务，刑罚提前处置危险犯便成了刑法立法的必然选择。然而，立法者必须承担说明正当根据的责任。③

（二）交通运输危险犯的刑法体系失衡

1. 在危险驾驶罪中增加第 4 项罪状破坏了该类犯罪体系完整性

我国《刑法》对高度危险性物质的规制通常采用的是一体化的立

---

① 实际上，当初《刑法》立法并未明确把法定犯的罪状也纳入《刑法》第 125 条第 2 款的罪状，只是相关的司法解释混淆了该类法定犯与自然犯的关系，才使学界误认为立法将法定犯与自然犯纳入“非法运输危险物质罪”同一个罪名。对于这些脱离实际的司法解释，笔者将在下文中逐一展开分析。

② 罗翔：《轻罪时代刑法的解释立场——以竞合论为视角》，载《比较法研究》2024 年第 4 期。该文以河北省迁西县人民法院（2020）冀 0227 刑初 204 号刑事判决书、江西省新余市中级人民法院（2020）赣 05 刑终 64 号刑事判决书为例，说明司法实践中倾向适用重罪的罪名。

③ 参见高铭暄：《风险社会中刑事立法正当性理论研究》，载《法学论坛》2011 年第 4 期。

法体例，即立法将有密切关联的犯罪手段统一于同一个罪名之下，形成多种手段与多种对象的选择性罪名，如《刑法》第 125 条的“非法制造、买卖、运输、邮寄、储存枪支、弹药、爆炸物罪”“非法制造、买卖、运输、储存危险物质罪”，第 127 条的“盗窃、抢夺枪支、弹药、爆炸物、危险物质罪”，就是典型的示例。针对“毒品”犯罪，《刑法》分则第五章专门设置一节“走私、贩卖、运输、制造毒品罪”，所有与毒品有关的犯罪尽在其中，尽管《刑法》分则第三章将“走私犯”设置为独立的一节，但是“走私毒品”这一罪状仍然按照犯罪对象的特殊性被归类于“毒品”犯罪的专属章节中。与此逻辑相悖，《刑法修正案(九)》将违规运输“危险化学品”的行为单独纳入《刑法》第 133 条之一的危险驾驶罪，作为第 4 项罪状“违反危险化学品安全管理规定运输危险化学品，危及公共安全的”情形。这一罪状与前三项罪状并不在一个维度，不是按照同一个逻辑标准进行的分类：前三项都是违反车辆驾驶规则的危险犯，其危险来源是车辆驾驶、操控行为违反交通运输安全管理规则而形成的，要么是驾驶人不合规，要么是超速或超载；而第 4 项罪状的危险来源是“违反危险化学品安全管理规定”，并没有限定在“运输”环节上，可能存在于生产、经营、仓储、装卸和运输的全过程之中，超出危险驾驶罪的规范保护目的，导致罪名体系的杂乱。

2. 危险作业罪中缺少“运输”行为导致罪名体系塌陷

如前所述，违规“运输”危险化学品的行为被纳入危险驾驶罪，其他违规“制造、买卖、邮寄、储存”危险化学品的危险行为，在当时的刑法中处于空白状态，后来，《刑法修正案(十一)》将这些行为规定为“危险作业罪”的第 3 项罪状的表现之一，即在生产、作业中擅自从事“危险物品生产、经营、储存等高度危险的生产作业活动”，并且“具有发生重大伤亡事故或者其他严重后果的现实危险的”罪状。不过，危险作业罪的第一种罪状中也包含危险物运输型犯罪的违规行为，例如,在运输危险物的船舶上“关闭、破坏直接关系生产安全的监控、报警、防护、救生设备、设施”,并“具有发生重大伤亡事故或者其他严重后果的现实危险的”,符合第一种罪状。舟山市人民检察院认为此类行为违反船舶运输安全规则,也尝试对此类行为以危险作业罪进行起诉,目前被认定为危险作业罪的生效判决已有 2 例。[①] 舟山市人民检察院的司法探索为惩罚水路上违规运输危险化学品的犯罪找到一条出路,值得推广。“关闭安全设施”会使周边其他船只无法通过雷达等设施发现该船只的存在,比未经许可或没有资质而违规运输的行为更具有危险性,适用危险作业罪也具有正当性。目前,违规“运输”危险化学品的犯罪仍被留滞在“危险驾驶罪”中,同类犯罪对象被拆分成两个不同的罪名,不符合罪名设置的逻辑规律,亟待立法归位。

---

① 舟山市人民检察院对船舶擅自关闭安全设施的行为,以危险作业罪进行追诉,系笔者通过实地调研获得的相关信息。

第三章

船舶交通运输风险的《刑法》应对

在从海洋大国向海洋强国迈进的过程中,“我国远洋货运量由2012年的6.85亿吨上升至2021年的40.51亿吨,约95%的国际贸易货物量通过海运完成,船队总体规模位居世界前列”①。如此强大的海上运输能力必须有规范的船队提供支撑,但是大规模的船舶和船员队伍,难免由于管理工作不到位而增加航行风险。截至2022年年底,全国共有12.19万艘水上运输船舶,净载重量29,775.81万吨,集装箱箱位298.72万标准箱。②“机会与风险并存”,伴随我国海运能力的不断提升、单船载重量的不断加大,频繁的船舶运输也带来更多的交通运输风险,导致事故发生的概率也在提高。在车辆交通风险逐渐入刑的

① 欧心泉:《确保国家海上运输和生产安全 强化远洋作业风险防控能力》,载《中国经贸导刊》2023年第12期。

② 参见《2024年中国水运行业发展现状分析 运输船舶数量超12万艘》,载前瞻网,http://www.zaker.net/news/article_new.php?pk=665eba518e9f095c0335f0bd。

前提下,动用刑法规制船舶交通运输风险也成为必然。

第一节 船舶交通运输安全风险的来源与等级

船舶交通运输风险,是发生船舶安全事故的可能性,对于水上交通运输来讲,导致船舶安全事故的因素是多方位的,仅就水路的高低起伏性、舵效的延迟性,就会极大地降低人类控制船舶、保障其安全的能力。鉴于船舶交通运输远离我们的日常生活,绝大多数人对水上运输的风险不够了解,因而研究船舶交通运输风险需要厘清风险的来源和风险的表象,以及风险的技术性原因,这些信息是水上风险的本质所在。

一、船舶交通运输风险的来源

船舶交通运输风险距离我们的日常生活比较远,按照风险的来源,可分为外部风险与内部风险、间接风险与直接风险、自然风险和人为风险几大类。自然风险包括大雾、风浪、暗礁等;人为风险有船舶不适航、船员不适任、货物不适运、船舶驾驶操作不规范、通航不顺畅等。

笔者在此仅对自然风险与人为风险展开分析,之所以高度重视自然风险,不仅是因为船舶交通运输所面临的自然风险既复杂又危险,更重要的原因是海上自然风险的可控性较小,往往与人为风险混杂而难以辨别。加强防范船舶运输的自然风险,是确保船舶运输安全的必然要求。“现代社会与传统社会相比最大的区别就是科技发展带来的社会变革,由此对社会造成危害的危险源也主要由自然因素转变为人为因素。并且,这种人为因素所产生的危险转化为实际损害,不仅成为现代社会的常态警示,而且这种实际损害在现实中所导致的社会危害往往要高于其在传统社会中的危害。因此，在现代社会中不仅要提高人们的谨慎义务，还要加强防患于未然的制度设置。”①

（一）自然风险

自然风险，是地震、水灾、火灾、风灾、雹灾、冻灾、旱灾、虫灾以及各种瘟疫等不可控的自然现象。海上交通运输中所面临的自然风险来自恶劣的气象，例如，海上的大雾、大风、大浪、急流和暗礁石等，这些来自海上的自然因素都具有不可控的特质，随着科技成果向航运领域的渗透，人类预测、规避和抵御这些自然风险的能力与日俱增。但是，由于海上气象瞬息万变，对于突发的风险，如果船舶准备不充分，也会因应对不当而导致安全事故。例如，因出航前对气象情况了解不准确、安全设施功能障碍、船员应急措施不当，都可能在抵御风险过程中发生海难事故。还有一种情况是，船员在高危条件下从事生产作业，海况稍有变化也会酿成安全事故。

1. 海浪的风险

海浪（ocean wave），通常是指海洋中由风产生的波浪。这主要包括风浪、涌浪和海洋近海波。在不同的风速、风向和地形条件下，海浪的尺寸变化很大，通常周期为零点几秒到数十秒，波长为几十厘米至几百米，波高为几厘米至二十余米，在罕见地形下，波高可达 30 米以上。所谓“海上无风三尺浪”，是对海浪的最好描述。广义上的海浪，包括天体引力、海底地震、塌陷滑坡、火山爆发、大气压力变化和海水密度分布不均等外力和内力的作用下形成的风暴潮、海啸和海洋内波等。它们都会引起海水的巨大波动，加大了船舶自沉与碰撞的风险。为避免海浪的侵袭，船舶出航前应当了解航线上的气象以事先规避海

① 骆群：《过失危险犯有限肯定论》，载《中国刑事法杂志》2022 年第 6 期。

浪带来的危险。因为在巨大的海洋涌动下,即使停泊在港湾,船舶也容易走锚、断缆、漂移导致船舶失控。我国受季风影响较大,秋冬和春季有寒潮大风,夏季台风多发,内河时常遭遇突发性大风的侵袭,导致船体大幅度摇晃、倾斜,甚至发生碰撞或翻沉事故。2015 年 6 月 1 日,“东方之星”轮在长江监利段发生翻沉事故,主要原因就是在长江上突发下击暴流,巨大的风浪使“东方之星”失去控制而被江水淹没。此类案件因其具有突发性而很难避免,除非事先能够预测到风险,船舶可以提前停泊到港口并且加固锚和缆绳,否则,在航行中突发危险极大的恶劣气象,任何船舶都是凶多吉少。例如,2020 年 2 月 24 日 10 时 25 分,温州籍油船“兴航 12”轮在离泊镇司 14 号泊位过程中,与停靠在镇司 13 号泊位的大连籍液化气船“苏瑞 159”轮发生碰撞。事故造成“兴航 12”轮船首左舷主甲板栏杆部分损坏、“苏瑞 159”轮船尾左舷一很大的破口。[①] 幸好大连液化气船没有遭受重创,否则,后果不堪设想。此起事故的原因主要是,“恒州 002”轮船长离泊前没有认真研究事发地点的潮汐、气象信息,没有充分掌握本船重载状态下在顺水中旋回性能变差的操纵特性,而在操纵船舶过程中出现失控。另外,“恒州 002”轮船长在操纵船舶离泊过程中疏于对风、流等共同作用的估计和判断,没有在进车前及早与前船“帆顺 666”轮拉开足够的距离,给自己留有避让的余地,最终导致碰撞发生。2015 年 6 月 1 日,发生在长江上的东方之星轮翻沉事故便是因为大风造成船体进水而失控的典型事例。

2. 海雾的风险

海雾,又称海上“暖平流雾”,有时简称“平流雾”,通常出现在海面或沿海地区的雾。因暖湿空气流经较冷海面时,冷暖气流交集发生

---

① 参见微信公众号“宁波海事”。

大量凝结而成。海雾具有范围广、厚度大、持续时间长等特点，波及的面积达几万平方公里至几十万平方公里，持续时间可长可短，往往经日不消，严重影响航海视线。由于海雾天气会导致水面能见度降低、航行视线不好，船员不容易判断和掌控周边航行安全状况，如果与会遇船舶沟通不及时，便容易发生船舶碰撞事故。例如，2021 年 4 月 27 日，马某某驾驶的巴拿马籍杂货船“义海”轮（M/V SEA JUSTICE）途经青岛东南水域时，在海面大雾、能见度不良的情况下，未保持正规瞭望、未及时采取避让行动、未使用安全航速、未按规定施放声号、驾驶台资源管理失效，与锚泊中的利比里亚籍油船“交响乐”轮（M/V A SYMPHONY）发生碰撞，导致两轮船体破损。碰撞发生后，马某某采取应急措施不当，导致“交响乐”轮溢油扩大污染海域。“义海”轮负碰撞事故的主要责任，“交响乐”轮负次要责任。2024 年 1 月 8 日，青岛海事法院一审公开宣判马某某重大责任事故案，被告人马某某犯重大责任事故罪，被判处有期徒刑 2 年，缓刑 2 年。①

分析事故原因，我们发现，大雾天气导致船舶双方互见困难且双方又各自存在违规驾驶、沟通不畅等问题。如果能重视大雾天气这一因素，尽早采取有效的警示措施、大角度实施避让措施，此次事故本不该发生。本起事故是“义海”轮和“交响乐”轮两船在能见度不良水域发生碰撞，致“交响乐”轮左舷第 2 货舱破损，货油泄漏入海，造成海域污染的事故。关于双方责任，《海事调查报告》给出的结论如下：“义海”轮在能见度不良水域航行，未保持正规的瞭望，未使用安全航速，未及时采取有效的避让行动以及驾驶台资源管理失效等过失是造成碰撞的主要原因；“交响乐”轮未按规定发出引起他船注意的信号等过

① 参见马榕蔚：《青岛海事法院公开宣判船舶碰撞引发的重大责任事故案》，载中国水运网，http://www.zgsyb.com/news.html? aid=671839。

失是造成碰撞的次要原因。

3. 急流与暗礁的风险

急流，是指当水流的速度大于在同样的条件（如水深）下静水中水面波的前进速度时的一种流态；暗礁，根据海图学规定，是指其顶部在该区潮水淹没线下限之下的礁石。湍急的水流对船舶航行影响较大，直接作用于船体的水流会使船舶失去平衡和控制能力，会顺着水流的速度和方向漂移，一旦触碰到水下暗礁便会导致船舶翻沉的危险。在江河入海口处水流的速度通常较快，可高达4～6节，在这一区域内的船舶往往难以得到控制。在洪水暴发期间，还会出现强扫弯水、回流、泡漩、花水等反常的水流状态，小型船舶遇到上述情况便会失去控制，无法躲避水下暗礁和水上礁石，搁浅与碰撞并导致翻沉的风险很大。

（二）人为风险

人为风险，是指经由人的力量所造成的船舶运输风险，不仅包括船舶违规驾驶等直接性的人为风险，还包括机械故障所导致的间接性的人为风险。其具体是指如下几种情况。

1. 船舶不适航

船舶的适航性，是指船舶在航程开始时必须处于可以安全实施合同航程的状态，无论是船舶本身还是航程中要运输的特定货物，能够将货物最终运抵目的地。[①] 船舶适航与否重点关注的是船舶本身的紧固性、紧密性、装备的精良性适合预定的航行需要。同时，船东需要提供适合船舶航行安全需要的船队，以及相应的安全设施，以应对航行中可能遇到的各种危险。需要强调的是，商船的任务是运输货物，船舶适航性的另一个重要考核指标是适合预期航次的货物运输。

2010年7月1日，国际海事组织第十八届大会通过的《国际船舶

① See Shippinf Law, SimonBaughten, 7th, at p. 82.

安全营运和防止污染管理规则》(ISM 规则),明确要求船舶运输公司建立安全管理体系,这个体系便包含船舶适航性的各项管理要求。船舶不适航需要从多方面进行评价与考核,值班船员是否有资质、船舶的性能与结构是否符合安全要求、船舶运载的货物是否适合该船运输、船舶航行的水域是否符合船舶性能、船上安全设施是否可用,等等。

船舶不适航本身只是一种未实现的风险,如果船舶不出航,便不能实现现实的危险。带病船舶出海作业本身是一种冒险行为,依据 2015 年《关于办理危害生产安全刑事案件适用法律若干问题的解释》第 5 条的规定,明知存在事故隐患,继续作业存在危险,仍然违反有关安全管理的规定,实施下列行为之一的,可适用《刑法》第 134 条第 2 款的规定,认定为"违章冒险作业罪"。

2. 船员不适任

《STCW 公约》对船员培训的内容、发证和值班的标准都有明确的规定,达不到标准便无法取得船员证书。在船员的水上技能方面,最基本的要求是船舶救生、消防、急救及艇筏操纵方面的相关技能,即取得四小证:熟悉基本安全培训合格证,精通救生艇筏和救助艇培训合格证,高级消防培训合格证和能够获得在海上救生、救助、消防的合格证。此外,在执行航次任务中,未取得合格的船员职务证书或未通过船员培训,擅自上船服务的,船舶未持有船员适任证书或者其他适任证件,船舶所配船员的数量低于船舶最低安全配员证书规定的定额要求、船舶未持有有效的船舶最低安全配员证书,未按照船员值班规则安排船员值班都是船员不适任的表现。

船员不适任最为突出的是酒驾问题。《海上交通安全法》第 99 条规定:船员违反规定摄入可能影响安全值班的食品、药品或者其他物品,或者有其他违反海上船员值班规则的行为的,由海事管理机构对船长、责任船员处1000元以上1万元以下的罚款，或者暂扣船员适任证书3个月至12个月；情节严重的，吊销船长、责任船员的船员适任证书。可见，船员服用麻醉药品是被禁止的，包括饮酒在内，服用扰乱人精神系统的药物都要受到行政处罚。例如，某江海事处执法人员在对厦门某码头靠泊的客船某轮进行检查时，发现值班驾驶员有饮酒嫌疑，经酒精呼气测试，其体内呼气酒精含量达0.415毫克/升，超过规定的呼吸中酒精浓度不高于0.25毫克/升标准。某江海事处经调查认定，涉案人员违反《海上交通安全法》《海船船员值班规则》，对值班船员实施暂扣船员适任证书3个月、违法记分15分，对该船船长实施暂扣船员适任证书3个月的行政处罚。①

在船员值班规则上，对船员的饮酒时间和饮酒量也有明确的限制，即船员在值班前4个小时禁止饮酒。依据《船员条例》的规定，船员在船在岗期间饮酒，体内酒精含量超过规定标准，要接受相应的行政处罚，情节严重的加重处罚。这些严重情节包括："滥用药物和酒精直接影响到船员履行值班职责或有关安全、防污染和保安值班职责的健康和能力。当船员被发现服用药物或酒精时，应不容许其履行值班职责或有关安全、防污染和保安值班职责，直至他们履行这些职责的能力不再受到影响为止。""为防止酗酒，主管机关应对正在履行安全、保安和海洋环境污染职责的船长、高级船员和其他海员设定血液酒精浓度（BAC）不高于0.05%或呼吸中酒精浓度不高于0.25毫克/升。"

3. 客货不适运

判断载客与载货是否适运，一种是考虑载运对象的品质性能是否适合运输工具；另一种是考虑载运的数量是否符合载工具的承载能力。前者通常表现在货运上，不按照规定载运易流态化货物，在托运

---

① 参见《船员值班饮酒严查必究》，载微信公众号"厦门海事"。

的普通货物中夹带危险化学品,或者将危险化学品谎报或者匿报为普通货物托运等行为。此类违法行为具有较高的危险性,依据《海上交通安全法》第 109 条第 3 项和《海上海事行政处罚规定》第 31 条第 3 项的规定,行政处罚较重。例如,东海县奎云商贸有限公司托运人在托运的普通货物中夹带危险货物或者将危险货物谎报为普通货物托运,2022 年 9 月 29 日被浦东海事局处以 6 万元罚款。① 该行为属于载货品种与载货不匹配,因而产生的货物不适运的情况。如果载货量过高,经过海事部门鉴定属于"重大事故隐患"的,涉嫌构成危险作业罪。2020 年《刑法修正案(十一)》新增了危险驾驶罪。2021 年 12 月 28 日,最高人民法院、最高人民检察院、公安部等十部门联合发布了《关于依法惩治涉枪支、弹药、爆炸物、易燃易爆危险物品犯罪的意见》(以下简称《十部门意见》)规定,在易燃易爆危险物品生产、经营、储存等高度危险的生产作业活动中违反有安全管理规定,在储存的普通货物中夹带易燃易爆物品的,具有发生重大伤亡事故或者其他严重后果的现实危险的,认定为危险作业罪。本案是否入刑取决于鉴定机构是否认定托运人在托运的普通货物中夹带危险货物的行为属于"重大安全隐患"。

超过定额载运旅客、超过核定载重线载运货物,这两类行为的危险性远远大于陆上车辆的超载行为。从技术上看,船舶的亲水性高于车辆亲陆性,而水面的不稳定性就要求船舶具有更高的平衡性、稳定性与灵活性。超载船舶严重破坏了船舶运输的平衡性、稳定性与灵活性,因而我国《刑法》第 133 条之一把在道路上"从事校车或者旅客运输,严重超过额定乘员载客,或者严重超过规定的时速行驶的"行为规定为危险驾驶罪。由于犯罪场所限制在道路上,

① 2022 年 9 月 29 日浦东海事局第 202201070003251 1 号行政处罚决定书。

船舶不适用该罪,这是立法的缺陷,笔者建议通过司法解释弥补这一不足。

4. 航线、航区或灯号显示不规范

安全的通行条件是船舶运输安全的必要保障,与车辆不同,船舶通行的水路大部分没明显的线型路标,交叉相遇的船舶需要依据相互会遇的情况实施避碰行为。又因为航行危险来源是立体的,安全航行就必须规避水上的海风、海浪和大雾、水下的急流和暗礁,因而,船舶航行路线必须在出航前进行科学的规划与设计,确保不会发生碰撞和阻碍他船舶安全航行事故。《海上交通安全法》第 19 条规定:“海事管理机构根据海域的自然状况、海上交通状况以及海上交通安全管理的需要,划定、调整并及时公布船舶定线区、船舶报告区、交通管制区、禁航区、安全作业区和港外锚地等海上交通功能区域。”船舶航行在前述不同区域有不同的航行规则要求,如果违背航行规则或者违规跨区航行,会造成水上交通事故的风险。例如,不按照规定停泊、倒车、调头,追越不遵守避碰规则,未按规定拖带,或非拖带船从事拖带作业等。此外,未按规定的航路行驶,不遵守航行、停泊和作业信号规定,未按照规定显示号灯、号型或者鸣放声号,不按照规定收听航行通信,船舶无正当理由进入或者穿越禁航区,未妥善处理有碍航行和作业安全隐患,并按照海事管理机构的要求采取措施,未按规定申请发布海上航行警告、航行通告等,都可能造成船舶交通事故。

5. 航道堵塞

水上交通的通畅性取决于航标的指示与障碍物的排除两个方面。《海上交通安全法》明确要求海洋工程和海岸工程的建设应当配备航标,不能妨害船舶安全通行。如果新建设的海上设施妨害安全通行的，海事部门要及时发布公告，使往来船只做好规避。① 如果建设施工方未及时报告新建设施或者海事部门未公布航路的变动信息，便会导致往来船只与新建工程发生碰撞事故，责任人会面临较为严重的行政责任。②

6. 避碰行为不当

依据《海上交通安全法》的要求，船舶驾驶要经过正规的瞭望发现航行风险，并在与船会遇时采取避让措施。如果船舶未按照要求保持正规瞭望、未使用船上安全设施及时发现风险、避碰措施实施不当等，便可能导致碰撞事故的发生。船舶在锚泊时与航行时一样，都需要采取避碰措施，需要保持船电与一个发动机处于正常的工作状态，要留够一定的值班人员、按规定悬挂或者显示信号，以应对突发的碰撞危险。

7. 违规冒险航行

船舶安全航行是确保水上交通运输秩序的前提，海上和内河运输都对安全航运有明确的要求。例如，《海上交通安全法》明文规定，在船舶不适航、船员不适任、物不适载的情况下不允许出航，出航前需要

---

① 《海上交通安全法》第 20 条规定："建设海洋工程、海岸工程影响海上交通安全的，应当根据情况配备防止船舶碰撞的设施、设备并设置专用航标。"第 28 条规定："海事管理机构应当依据海上交通安全管理的需要，就具有紧迫性、危险性的情况发布航行警告，就其他影响海上交通安全的情况发布航行通告。"

② 《海上交通安全法》第 100 条规定："有下列情形之一的，由海事管理机构责令改正；情节严重的，处三万元以上十万元以下的罚款：（一）建设海洋工程、海岸工程未按规定配备相应的防止船舶碰撞的设施、设备并设置专用航标；（二）损坏海上交通支持服务系统或者妨碍其工作效能；（三）未经海事管理机构同意设置、撤除专用航标，移动专用航标位置或者改变航标灯光、功率等其他状况，或者设置临时航标不符合海事管理机构确定的航标设置点；（四）在安全作业区、港外锚地范围内从事养殖、种植、捕捞以及其他影响海上交通安全的作业或者活动。"

了解气象与海况和航行通告等信息，船长不能违规冒险出航。[①] 此外，我国对内河航行安全也有严格的要求，《内河渡口渡船安全管理规定》明文列举了内河船舶不得开航的情形，[②]以确保船舶航行安全。

如果前 6 种风险是与船舶相关的风险，那么下边的禁止性规定则是发生在船舶之外的风险，即“在渡运水域内不得从事水上过驳、采砂、捕捞、养殖、设置永久性固定设施等可能危及渡船航行安全的作业或者活动”[③]。

对上述发生在港口作业的危险性行为，相关管理机关具有监管义务，[④]如果未履行相关义务，则构成不作为犯罪，承担监管渎职的刑事责任。

8. 船长不履行救助义务

海难事故发生后，船长和值班船员有义务尽快采取救助措施并在第一时间将有关事故情况上报海事管理机构。发生海上交通事故的

---

① 《海上交通安全法》第 34 条规定：“船长应当在船舶开航前检查并在开航时确认船员适任、船舶适航、货物适载，并了解气象和海况信息以及海事管理机构发布的航行通告、航行警告及其他警示信息，落实相应的应急措施，不得冒险开航。船舶所有人、经营人或者管理人不得指使、强令船员违章冒险操作、作业。”

② 《内河渡口渡船安全管理规定》第 32 条规定：“有下列情形之一的，渡船不得开航：（一）风力超过渡船抗风等级、能见度不良、水位超过停航封渡水位线等可能危及渡运安全的恶劣天气、水文条件的；（二）渡船超载或者积载不当可能危及渡运安全的；（三）渡船存在可能影响航行安全的缺陷，且未按规定纠正的；（四）发现易燃、易爆等危险品和乘客同船混载，或者装运危险品的车辆和客运车辆同船混载的；（五）发生乘客打架斗殴、寻衅滋事等可能危及渡运安全的；（六）渡船船员、渡工配备不符合规定要求的。”

③ 《内河渡口渡船安全管理规定》第 26 条要求渡船应当在渡运水域内按照核定的渡运路线航行。

④ 《内河渡口渡船安全管理规定》第 49 条主管机关工作人员滥用职权、玩忽职守导致严重失职的，由所在单位或者上级机关给予行政处分；构成犯罪的，依法追究刑事责任。

船舶、设施擅自离开事故现场或者逃逸,或未及时报告的,将面临严重的行政处罚。[①] 我国《刑法》没有船长见危不救的罪名,但是,如果肇事逃逸,则涉嫌交通肇事罪。有报告义务不履行的,涉嫌构成"不报、谎报安全事故罪"。在实践中发生过船长拒不履行救助义务的事件,笔者建议针对船长设置"船长不救助遇险人员罪",充分保障海上生命安全。

二、船舶交通运输风险的等级

船舶的碰撞过程可划分为四个阶段:自由行动阶段、碰撞危险阶段、紧迫局面阶段、紧迫危险阶段。[②] 据此,本书从船舶碰撞的因果进程上将碰撞风险分为三个阶段:碰撞危险阶段、紧迫局面阶段、碰撞发生阶段。不同阶段的实行行为表现不同。

(一)初级风险——船舶进入可能发生碰撞事故的会遇线路

初级危险,是一种碰撞的可能性,即违规行为制造了"船舶领域",使碰撞危险具有现实可能性。判断碰撞危险的具体标准是两船会遇时的最近会遇距离(Distance of Closest Point of Approaching,DCPA)和到

---

① 《海上交通安全法》第110条规定:"船舶、海上设施遇险或者发生海上交通事故后未履行报告义务,或者存在瞒报、谎报情形的,由海事管理机构对违法船舶、海上设施的所有人、经营人或者管理人处三千元以上三万元以下的罚款,对船长、责任船员处二千元以上二万元以下的罚款,暂扣船员适任证书六个月至二十四个月;情节严重的,对违法船舶、海上设施的所有人、经营人或者管理人处一万元以上十万元以下的罚款,吊销船长、责任船员的船员适任证书。"第111条规定:"船舶发生海上交通事故后逃逸的,由海事管理机构对违法船舶的所有人、经营人或者管理人处十万元以上五十万元以下的罚款,对船长、责任船员处五千元以上五万元以下的罚款并吊销船员适任证书,受处罚者终身不得重新申请。"

② 参见王玉玺:《船舶碰撞责任划分辅助决策系统研究》,大连海事大学2017年硕士学位论文,第23页。

达最近会遇距离处的时间(Time to Closest Point of Approaching, TCPA)。当 DCPA < 安全会遇距离且 TCPA 较小的情况下,应认为两船存在碰撞危险。① 依据海事安全规则,在两船形成碰撞风险以后,会遇双方均应遵守《避碰规则》协商沟通避碰方案。从刑法视角看,仅形成碰撞风险并非具有碰撞的"紧迫性",并且风险是由哪艘船舶的违规行为所导致的也很难认定。此阶段只要双方共同采取合理的避碰措施,尚有挽回碰撞危险局面的可能性,当然,如果仅有一方采取避碰措施,另一方不予配合,也很难成功避碰。

船舶碰撞有三种表现形式:交叉碰撞、追越碰撞和对遇碰撞。交叉碰撞,是指两船的船首相向交叉,即来船处于本船大于 6 度舷角左右,但小于 112. 5 度舷角左右的位置。追越碰撞,是指一船正从他船正横后大于 22. 5 度的某一方向赶上他船时,即该船对其所追越的船所处位置,在夜间只能看见被追越船的尾灯而不能看见它的任一舷灯时,应认为是在追越中。对遇碰撞,是指两船的船首以 180 + 6 度或 180 - 6 度的对角发生碰撞的情形。② 船舶航行过程中的危险是指达可能造成船舶碰撞后果之前的一定距离或一段时间。为了提早防范碰撞事故,船长会设置一个警报范围,一般是以 6 海里③为警戒线,如果有其他船只进入这一警报范围内,本船的安全设施便会自动发出警报音声。这种预警办法在远海比较好用,因为船只比较少见,一旦有其他船只靠近本船便会发出警报;如果在内河或近海,由于渔船比较密集,会导致安全设施频繁报警,使船员产生心理麻痹,错失应急时机。如果关掉警报器,则导致风险发现不能,容易酿成事故。

---

① 参见吴兆麟、赵月林主编:《船舶避碰与值班(第 4 版)》,大连海事大学出版社 2014 年版,第 138 ~ 139 页。

② 参见赵微:《海上交通事故刑法规制研究》,法律出版社 2020 年版,第 151 页。

③ 1 海里等于 1852 米。

船上电子预警设备，比如，雷达、电子海图等能够帮助船长发现周边的其他船舶以提早避免船舶碰撞。依据《避碰规则》，左边的船舶应当给右边的船舶让路，并且要避免在他船舶前边横跃。[①] 如果此阶段避碰行为不当，则会使危险升级，进入更为危险的局面。

(二)高级危险——船舶进入碰撞的"紧迫局面"

《避碰规则》并没有给定"紧迫局面"以明确的定义，各国航海界的专家、学者在定性和定量上解释"紧迫局面"一词时，也很难形成共识。我国学者主张，紧迫局面是指当两船接近到单凭一船的行动已不能在安全距离上驶过的局面。[②] 美国船长 RA. 卡希尔(RA. Cahill)认为，紧迫局面是围绕本船的一个区域，在该区域中，如果来船突然采取意想不到的大幅转向行动，则本船仅凭自己采取行动不能避免与来船相撞。综上，所谓"紧迫局面"(close-quarters situation)，是指在两船之间形成"船舶领域"后，如果有一艘船舶未能按照《避碰规则》采取避碰行动，两船便可能进入碰撞的"紧迫局面"的碰撞危险形势。但笔者认为，从技术上看，两艘船舶进入"紧迫局面"的直接表现是，一种安全的距离和位置被突破。于是，两船之间的行驶趋势超过安全距离，便意味着进入紧迫局面。这种"紧迫局面"与两艘船舶的所处方位的角度、航行速度、自身载重量、风向风速、暗流等因素都有关系。船舶舵效具有延时性，这一特点要求船舶避碰具有一定的时间提前量。依据《避碰规则》，会遇船舶有义务向右打舵进行避碰，并且要求双方进行大角度打舵以避让他船、保持相对安全的距离让清会遇船

---

① 《避碰规则》第 15 条规定："当两艘机动船交叉相遇致有构成碰撞危险时，有他船在本船右舷的船舶应给他船让路，如当时环境许可，还应避免横越他船的前方。"

② 参见王玉玺：《船舶碰撞责任划分辅助决策系统研究》，大连海事大学 2017 年硕士学位论文，第 88 ~ 89 页。

舶。因而,《避碰规则》要求,发现危险后的一方船只应及时采取避碰过措施。[①]

我国海事法院在处理船舶碰撞事故的海商案件时,往往按照“谁的过失导致了紧迫局面,则该船只就应承担整个碰撞的主要责任”的原则解决民事纠纷。[②] 依据这一原则,可以直接判断船舶碰撞事故的因果关系,进而确定船舶碰撞事故的刑事责任人,在此我们可称其为“紧迫局面归责原则”。当然,在适用这一原则时需要考虑多因一果的问题,如果船舶事先由他人驾驶且造成紧迫局面,该人便应当是碰撞事故的主要责任人,尽管后介入者采取了合法的避碰措施即使未能挽回碰撞局面时,也不宜将其认定为事故的责任人,除非其采取的避碰措施违反相关规范并造成严重后果。[③]

(三)向实害转化的风险——船舶碰撞事故的结果加重犯

船舶碰撞事故发生后,还可能出现船舶翻沉、人员落水、石油泄漏等危害后果的加重。船舶碰撞发生阶段,专指船舶之间由“紧迫局面”转化为物理性接触和非物理性接触的过程,即风险转化为实害的阶段。在发生碰撞结果之前,两艘船上的驾驶员通常会依据《避碰规则》采取避碰措施,并且通过船用甚高频(VHF)进行沟通,商量各自采取什么样的避碰方法使船舶在安全距离之内顺利通过。这一过程可被称为“协议避碰”,双方经沟通后会建立避碰方法通常是符合《避碰规则》的。然而,在特殊情形下也会建立违背《避碰规则》的避碰方案,可称之为“协议背离”。如果依据双方协议的避碰方法仍然未能有效

---

① 《避碰规则》第19条第4项规定:“一船仅凭雷达测到他船时,应判定是否正形成紧迫局面和(或)存在着碰撞危险。若是如此,应及早地采取避让行动”。

② 参见魏榕根:《紧迫局面的形成与船舶碰撞责任》,载《中国海事》2017年第10期。

③ 参见赵微:《海上交通事故刑法规制研究》,法律出版社2020年版,第155页。

避免船舶碰撞的结果，责任判断的依据是《避碰规则》还是双方的协议，取决于协议是否符合相关法律规范的要求。我国海事法院在解决民事侵权纠纷时存在“承诺履行说”和“规则至上说”两种观点。[①] 前者主张，以船舶双方临时协商的避碰方案认定违约责任；后者主张，应严格依据《避碰规则》判断双方的法律责任。

笔者认为，《避碰规则》是国际海事组织制定的强制性安全规则，在海上航行的船舶，都有义务遵守《避碰规则》。鉴于海上船舶航行受自然因素影响较大，在不得不采取违逆《避碰规则》的方法进行避碰时，应当允许双方船舶自行协商采取的避碰对策。但是协议背离要有一定的条件限制，只能在别无选择的“不得已”前提下，才能背离《避碰规则》的规范要求协商另一个避碰方法。若在协议背离的前提下导致碰撞事故，进而可能会发生更严重的危险后果的，法院应当尊重当事双方的临时性选择，因为“背离协议”是《避碰规则》的一种补充性的例外选择，不应以违反《避碰规则》作为刑事责任的根据。只要遵守双方临时约定的背离协议，便不宜认定为船舶碰撞的实行行为。

第二节　船舶交通运输危险犯的立法缺失

“在风险社会的浸淫下，安全成为一件头等大事，积极预防一般性风险演变为现实危害与危险成为刑法体系的首要任务。”[②]作为船舶

---

① 参见何腾蛟、杜何阳：《析沿海船舶避碰行动中“VHF 避碰协议”的法律效力》，载《世界海运》2018 年第 6 期。

② 高铭暄、孙道萃：《预防性刑法观及其教义学思考》，载《中国法学》2018 年第 1 期。

大国、船员大国与海洋大国,交通运输业的安全问题已经成为影响城市、区域和国家经济发展的热点问题,面对运输安全事故频发的问题,交通运输部早在2014年便出台了《关于推进安全生产风险管理工作的意见》(交安监发〔2014〕120号),将道路与水路运输行业列入安全生产风险管理的重点区域,突出强化了交通运输风险防范的重要意义。推进安全生产风险管理工作是着力解决制约交通运输科学发展安全发展突出问题,提高交通运输安全生产综合实力的重要途径和必然选择,是防范和减少交通运输安全生产事故发生的有效手段,是减轻风险损害的有效方法。为此,风险管控成为解决交通运输安全的重要手段。

一、船舶交通运输风险犯罪化的规范缺失

在交通犯罪刑法体系中,水上交通没有得到应有的席位,与陆路交通、铁路交通和空中交通相比,水路交通的刑法立法存在如下薄弱环节。

(一)船舶危险驾驶的行为被“危险驾驶罪”遗漏

1. 船员醉驾行为没有被纳入“危险驾驶罪”

我国2011年《刑法修正案(八)》在第133条之一增设“危险驾驶罪”,明文要求“在道路上驾驶机动车,有下列情形之一的”才能构成该罪。所以,在水路上或者驾驶船舶中出现醉驾时,不能认定为危险驾驶罪。在实践中,对此行为只能依据行政法规给予行政处罚。例如,2021年6月15日,某地海事局执法人员在进行客船检查时发现Q轮船长张某体内酒精含量为7.6毫克/升,不符合“值班期间船员血液酒精浓度(BAC)应不高于0.05%或呼吸中酒精浓度不高于0.25毫克/升”的规定。执法人员当场勒令汽渡公司更换值班

船长，对当事人进行严厉批评教育，并开展调查取证。该地海事局执法人员认定涉案船长确属违反《海上安全交通法》《海船船员值班规则》以及相应法律法规，对船长的违法行为开展警示教育，并处以1000元以上1万元以下罚款的行政处罚。同时，依据《船员违法记分办法》对该船员实施违法记分15分。该船员“驾照”总分15分，一次性扣满分，必须参加培训学习、通过考试后，船员“驾照”方可有效。[①]

不可否认，船上醉驾的危险性并非小于车辆醉驾，如果值班船员醉驾，会因操作不当而造成碰撞事故。船员饮酒是解闷的一种方式，远洋运输的单调乏味会使人对酒精产生好感，但是过度饮酒也有生命危险。例如，2022年5月4日，南通市交通运输综合行政执法支队二大队执法人员在检查各点位停泊时在通吕运河节制闸附近的“霍邱××59××”船上，发现一名男子因醉酒躺在甲板上一动不动，经120急救中心抢救该船员在次日凌晨才醒来，如果迟半小时抢救，很可能会危及生命。[②]《内河船员值班规则》严禁船员酗酒，值班船员在值班前4小时内及值班期间是禁止饮酒的，且值班期间血液中的酒精浓度不得超过0.05%或者呼吸中酒精浓度不高于0.25毫克/升。《海船船员值班规则》(交通运输部令2020年第14号)也有同样规定：值班人员在值班前4小时内禁止饮酒，且值班期间血液酒精浓度(Blood Alcohol Concentration，BAC)不高于0.05%或呼吸中酒精浓度不高于0.25毫克/升。如违规摄入可能影响安全值班的食品、药品或者其他物品，或者有其他违反海上船员值班规则的行为的，依据《海上

---

① 参见《以案释法 喝酒驾船雾里看花，幸福家庭水中捞月，船员值班饮酒严查必究！》，载微信公众号“宁波海事”。

② 参见彭军君等：《船民醉酒不醒，交通执法人员出手相救》，载光明网，https://www.163.com/dy/article/H6MPRNUT05455E5B.html。

交通安全法》的规定,轻则给予行政处罚,重则依法追究刑事责任。①

2. 违规冒险驾驶船舶的行为无法适用“危险驾驶罪”

与车辆不同,船舶违规冒险航行的表现既有超速、超载,也有违反《避碰规则》驾驶船舶的其他冒险行为,因而,依据《海上交通安全法》的规定,船舶在海上冒险航行的,②由海事管理机构责令改正,对违法船舶的所有人、经营人或者管理人处2万元以上20万元以下的罚款,对船长、责任船员处2000元以上2万元以下的罚款,暂扣船员适任证书3个月至12个月;情节严重的,吊销船长、责任船员的船员适任证书。如果冒险行为对海上交通安全造成紧迫的危险,则涉嫌构成犯罪。然而,由于“危险驾驶罪”适用的场所只能是“在道路上”,因而船舶违规冒险驾驶行为不能被认定为“危险驾驶罪”。

3. 船员的醉驾行为也无法适用“危险驾驶罪”

“危险驾驶罪”法条明确规定适用范围是“在道路上驾驶机动车”,也同样没有考虑海上或江上危险驾驶这些水域环境下的危险驾驶行为,所有入罪条件都限定在陆路环境下驾驶机动车的违规行为。我国《刑法》对危险驾驶罪进行了两个维度的限制:一是交通工具只限定在机动车;二是犯罪环境限定在道路上,在水上驾驶船舶的危险性行为被排除“危险驾驶罪”的范围,因而,除醉驾之外,船舶之间追逐竞驶、醉酒驾驶船舶的、客轮超载或超速的,都不能被认定为危险驾驶

---

① 《海上交通安全法》第99条规定:“船员未保持安全值班,违反规定摄入可能影响安全值班的食品、药品或者其他物品,或者有其他违反海上船员值班规则的行为的,由海事管理机构对船长、责任船员处一千元以上一万元以下的罚款,或者暂扣船员适任证书三个月至十二个月;情节严重的,吊销船长、责任船员的船员适任证书。”第116条规定:“违反本法规定,构成违反治安管理行为的,依法给予治安管理处罚;造成人身、财产损害的,依法承担民事责任;构成犯罪的,依法追究刑事责任。”

② 《海上交通安全法》第103条规定了若干个危险驾驶行为,第3项规定的是“不符合安全开航条件冒险开航,违章冒险操作、作业”的行为。

罪。此外，“违规运输危险化学品危及公共安全的”行为同样也必须在陆路上实施，方可适用《刑法》第133条之一，[①]在水路违规运输危险化学品的行为，不符合为危险驾驶罪的客观构成要件。

（二）妨害船舶安全通行的危险性行为尚未进入刑法视野

船舶航行通畅，是安全驾驶的一个必要条件，航道被占用或被堵塞都会导致船舶之间发生碰撞事故，进而威胁水上人命与财产安全，但是在《刑法》中找不到合适的条款进行规制。

1. 碍航物管理人未及时通报严重危及交通安全的

在实践中，发生过多起因航道新建设施未通报而导致的船舶安全事故。例如，新建的桥梁如果不及时公告，便无法在船舶航海路线图中进行标注，一旦船舶经由新建桥梁，便容易因船上的货物超高而与新桥发生碰撞事故，大概率会导致桥毁人亡。依据《海上交通安全法》第106条的规定，碍航物的所有人、经营人或者管理人未按照有关强制性标准和技术规范的要求及时设置警示标志，或者未向海事管理机构报告碍航物的名称、形状、尺寸、位置和深度的，[②]要受到行政处罚。实际上，此类行为所制造的危险性非常大，因为许多船舶离开港口后都会按照出航前制作的航海图实行自动导航，如果碍航物没有事先标注在航海图上，发生碰撞事故的概率就很大，因而，如果前述碍航行为

---

① 《刑法》第133条之一规定，违反危险化学品安全管理规定运输危险化学品，危及公共安全的，构成危险驾驶罪。

② 《海上交通安全法》第106条规定：“碍航物的所有人、经营人或者管理人有下列情形之一的，由海事管理机构责令改正，处二万元以上二十万元以下的罚款；逾期未改正的，海事管理机构有权依法实施代履行，代履行的费用由碍航物的所有人、经营人或者管理人承担：（一）未按照有关强制性标准和技术规范的要求及时设置警示标志；（二）未向海事管理机构报告碍航物的名称、形状、尺寸、位置和深度；（三）未在海事管理机构限定的期限内打捞清除碍航物。”

严重危及公共安全的,应当入刑。

2. 航行中的船载货物因超过安全尺寸而妨害正常通行的

《海上交通安全法》第 103 条第 8 项规定了船舶妨害安全通行的危险行为,即“船舶载运或者拖带超长、超高、超宽、半潜的船舶、海上设施或者其他物体航行,未采取特殊的安全保障措施,未在开航前向海事管理机构报告航行计划,未按规定显示信号、悬挂标志,或者拖带移动式平台、浮船坞等大型海上设施未依法交验船舶检验机构出具的拖航检验证书”。由于该类船舶载货超过规定的尺寸或标准,在航行中很容易与对向船舶发生碰撞,导致安全事故发生。针对可能导致船舶安全事故的危险性行为,《刑法》有提前介入的必要。

3. 停泊的船只未按规定使用灯号或者未超越航区航行妨害安全通行的

妨害船舶安全通行的行为规定在《海上交通安全法》中,例如,第 103 条第 2 项规定:“未按照有关规定显示信号、悬挂标志或者保持足够的富余水深”的;此类行为因信号使用不规范,具有被碰撞的危险;该条第 3 项又规定了“未按照船舶检验证书载明的航区航行、停泊、作业”的妨害安全通行的行为,因为该违规行为不但会导致船舶不适航或者货物不适运等问题,还会因泊船或作业区域不适合而阻碍他船的正常通行;该条第 7 项规定的违规行为是“船舶违反规定进入或者穿越禁航区”,这类行为明显会妨害禁航区内具有合法通行资格的船舶的正常通行;由此,妨害船舶安全通行的行为不但表现多样,而且损害性也远远超过车辆,有必要通过刑法的早期介入而提前进行防范。

目前,我国《刑法》没有设置“妨害安全通行罪”的罪名,对妨害通行的违规行为只能给予行政处罚。我国《海上交通安全法》对船舶安全通行有一定要求,严重妨碍安全通行的行为,除给予行政处罚之外,也留下了刑事追诉的刑事责任条款。但是,由于我国《刑法》没有与之对应的法条与罪名，对于突然出现的妨害正常航行的桥梁危及通行安全的问题，没有得到刑事立法的重视，便可能放纵犯罪，使海上交通秩序难以建立，违规行为得不到治理。

（三）船舶危险作业行为漏罪问题突出

车辆的主要功能是运输，极少数特种功能车辆在运输过程中会有生产作业活动，如混凝土搅拌车在行驶过程中将水泥与沙石搅拌在一起等。船舶的功能则不同，船舶航行的动力本身就是一个复杂的机械工程，需要多人相互配合才能使发动机正常运行，并与甲板部的航舵协调工作。任何一个环节的操作失误，都可能制造碰撞或沉船的风险，因而船舶危险作业行为方式较多，危害后果也很严重，遗憾的是，很多行为都没有入“法眼”，只有个别行为可适用“危险作业罪”。

1. 关闭或拆卸掉船舶通讯或导航及航行数据信息行为应适用“危险作业罪”

“危险作业罪”第 1 项罪状是“关闭、破坏直接关系生产监控、报警、防护、救生设备、设施，或者篡改、销毁其相关数据、信息的”行为，如果船舶实施前述的“关闭安全设施”的行为或者“篡改、销毁其相关数据、信息”，便会导致本船与周边船只相互难以发现，形成碰撞风险。此外，船载货物也需要保持温度或进行通风等工作，如果是渔船还要在航行中实施捕捞作业与生产加工活动，因而，船舶的航行时刻伴随生产作业行为，除船舶违反驾驶与通行规则冒险驾驶之外，其他危险性行为基本都属于危险作业的一种表现。然而，目前，船舶危险作业行为大多没有规定在危险作业罪中。例如，《海上交通安全法》第 96 条对船舶的安全设备有明确的要求，包括通讯、导航、防污、救生、消防等设备，因未完整配备安全设施而停业整改期间违规出海运营的，或者擅自改变船舶结构影响船舶运输安全和防污染性的，涉嫌构成危险作业罪。[①] 例如，擅自私自拆卸北斗设施，如遇到大风天在海上航行，可认定为危险作业罪。

2. 违规从事危险货物装卸、过驳作业的行为在《刑法》中没有对应条款

依据《海上交通安全法》第108条的规定，违反有关强制性标准和安全作业操作规程要求载运危险货物的船舶未经许可进出港口或者从事散装液体危险货物过驳作业或者违反有关强制性标准和安全作业操作规程的要求从事危险货物装卸、过驳作业的，给予行政处罚。[②] 此类行为涉嫌构成危险物运输型犯罪，在我国《刑法》中规定了两个比较接近的罪名，一个是第133条之一"危险驾驶罪"的第4项罪状，另一个是第125条的"非法运输危险物质罪"。然而，在司法实践中哪个罪名都无法适用，前者只适用于"道路上"的车辆危险驾驶，后者只适用于以实施危险公共安全的目的而运输物质的未遂犯。按照笔者的建议，如果"危险驾驶罪"的第4项罪状能够移植到"危险作业罪"中，便可适用于水路上的船舶运输型犯罪。

---

① 《海上交通安全法》第103条第4项规定："未按照有关规定开启船舶的自动识别、航行数据记录、远程识别和跟踪、通信等与航行安全、保安、防治污染相关的装置，并持续进行显示和记录；"第5项规定："擅自拆封、拆解、初始化、再设置航行数据记录装置或者读取其记录的信息"。

② 《海上交通安全法》第108条规定："载运危险货物的船舶有下列情形之一的，海事管理机构应当责令改正，对违法船舶的所有人、经营人或者管理人处五万元以上五十万元以下的罚款，对船长、责任船员或者其他责任人员，处五千元以上五万元以下的罚款；情节严重的，责令停止作业或者航行，暂扣船长、责任船员的船员适任证书六个月至十二个月，直至吊销船员适任证书：（一）未经许可进出港口或者从事散装液体危险货物过驳作业；（二）未按规定编制相应的应急处置预案，配备相应的消防、应急设备和器材；（三）违反有关强制性标准和安全作业操作规程的要求从事危险货物装卸、过驳作业。"

3. 船舶不具备安全技术条件超载运输货物或旅客的在《刑法》中也没有对应的条款

船舶运输安全的技术条件主要是船舶的适航性,其中包括安全设施到位、船员适任、货物适运等因素,如果违反前述规定,则会导致船舶安全风险。因而,《内河船舶安全管理条例》第 82 条对船舶不具备安全技术条件从事货物、旅客运输,或者超载运输货物、旅客等行为,设定了行政责任,并给刑事制裁留下了规范接口。① 目前,我国《刑法》没有把船舶违规超载运输旅客的行为纳入犯罪圈,无法应对未来将会有可能发展较快的游艇超载问题。另外,近年来国内大力发展人工运河,在货运量加大的同时也自然会带来超载运输的安全风险,这些问题都需要丰富完善《刑法》规范。

二、船舶交通运输风险犯罪化的情感困扰与规范掣肘

我国第一部《刑法》1980 年 1 月 1 日生效,当时的交通犯罪立法已经体现出其预防性的特点,针对交通工具实施的危险性行为即使没有导致实害结果的,也构成犯罪并且给予比较严厉的刑罚,如破坏交通工具罪、破坏交通设施罪。1997 年修订《刑法》时,各个领域或行业的行政犯立法建议通过各个部委呈报到全国人民代表大会,当时,交通运输部只针对陆上的交通犯罪提出立法要求,对海上交

① 《内河交通安全管理条例》第 82 条规定:"违反本条例的规定,船舶不具备安全技术条件从事货物、旅客运输,或者超载运输货物、旅客的,由海事管理机构责令改正,处 2 万元以上 10 万元以下的罚款,可以对责任船员给予暂扣适任证书或者其他适任证件 6 个月以上直至吊销适任证书或者其他适任证件的处罚,并对超载运输的船舶强制卸载,因卸载而发生的卸货费、存货费、旅客安置费和船舶监管费由船舶所有人或者经营人承担;发生重大伤亡事故或者造成其他严重后果的,依照刑法关于重大劳动安全事故罪或者其他罪的规定,依法追究刑事责任。"

通犯罪没有表态，因而有关海上交通犯罪问题没有引起刑法学界的重视。

（一）交通运输风险犯罪化的情感困扰

海上运输风险具有不确定性，特别是在远洋运输中会遇到各种恶劣气象因素导致的自然风险，稍有不慎就要面临生死考验，有些风险确实难以事先预测并进行有效防范。因此，国际海事组织与各国航运管理机构基于对船员的同情而难以接受船员成为被告人。

1. 航海英雄文化不能接受船员成为罪犯的事实

远洋运输给人类带来的巨大贡献，是海员职业自豪感的来源之一，国际贸易有 90% 是通过海上运输的，没有海员的话，很多人可能会食不果腹。于是，海员可能因业务过失受到刑事追诉的现实，是海事行业文化所最不能接受的“恶梦”。从 2011 年起，每年 6 月 25 日被国际海事组织规定为“世界海员日”，从每年海员日的主题中就能感受到国际海事组织对海员关爱和保护。从 2011 年到 2024 年已经有 14 个海员日，主题依次是“谢谢你，海员！”“你与大海同来，感恩与你同在！”“海上面孔”“海员给我带来了……”“海员的职业生涯”“远航，为了世界”“海员很重要”“幸福海员”“船上工作性别平等”“海员是关键工作者”“为海员创造公平的未来”“远航——过去和现在，分享你的旅程故事”“海员对保护海洋环境的贡献”“海上安全，分享您的最佳提示”。从这 14 个主题我们能够感受到海员职业的艰辛与海员的自豪感，今年的主题是“海上安全，分享您的最佳提示”，刚好契合本书保障交通运输安全的主题，也进一步说明，海上交通安全问题已然成为世界性话题，各个海洋国家都把安全问题提到一定高度，追究海员业务犯罪的刑事责任在很多沿海国家都是顺理成章的，不同的只是罪名或刑罚幅度有一定的差别。

2. 国际海事组织担心肇事船员遭受不公平的司法待遇

海上运输中的很多风险是不可预测、不可抗拒的。为此,各个国家都要求善待海员,不能轻易把海员的业务行为犯罪化并追究刑事责任,特别是在诉讼过程中要避免船员遭受不公平的待遇。2006 年 4 月国际海事组织第 91 次法律委员会会议通过的《海难事故后公平对待海员指南》出台的背景是一些海员造成船舶碰撞事故后导致船舶溢油污染海洋,事故受害国对海员采取了一些刑事强制措施,因此受到海运业的质疑和批评。[①] 例如,1997 年 10 月在新加坡近海两艘船只(KVOIKOS 号与 ORAPIN GLOBAL 号)相撞后导致 28,463 吨石油泄漏海中,两名船长立即被捕接受调查,之后交了保释金才得以释放,但不能离开新加坡。最后,KVOIKOS 号船长被判处监禁刑 3 个月,ORAPIN GLOBAL 号船长被判处监禁刑 2 个月,两人共留滞在新加坡 11 个月。[②] 此案件在国际海事界产生很大反响,媒体时常报道船员被羁押的场所生活条件恶劣、船员精神上承受压力等问题,为此,相关海事组织会针对船员受到的不公平待遇提出质疑和批评。之后,如何保护海员在刑事诉讼中免遭不公平的待遇,成为国际海事组织最为关切的问题。

2005 年 12 月 1 日 IMO 全体大会提出、第 91 次法律委员会会议通过《海难事故后公平对待海员指南》,该指南将矛头指向不公平的刑事司法审判,强调指出:海员是应当特殊保护的群体,作为工作群体中的一个特殊部分,由于其职业的全球化特性,往往遭遇多种法律制度的规制,因此需要特别保护海员的权益。该指南要求政府当局在事故调查中,或有必要滞留海员时,滞留海员的期限不得超过必要的时间,并保证不对他们进行歧视或报复。

---

① 参见赵微:《海上交通事故刑法规制研究》,法律出版社 2020 年版,第 43 页。

② 参见王金霞:《海上事故中公平对待海员法律问题研究》,大连海事大学 2008 年硕士学位论文,第 2 页。

国际海员人权组织(Seafarers' Rights International,SRI)也提出“公平对待海员”的主张,以确保海员在被刑事追诉期间免受不公平的待遇。事实上,世界各国政治、经济发展水平差距很大,有些国家的羁押条件不尽人意,管控人员的素质也是参差不齐,不公平对待海员的标准也很难界定。我们所面临的问题是,海员从事的航运工作是枯燥而单一的长期重复性行为,会使得这一群体对安全风险的认识能力与反应能力下降,一种是对风险估计不足,另一种是风险防控措施不当。基于这些生理和心理上的缺陷形成的航运风险,应当如何在伦理上进行非难?应否减轻他们的刑事责任?因为民事责任可以替代,刑事责任不具有替代性,就需要立法与司法充分考虑行为人是否具有风险控制能力,没有控制能力便没有刑事责任。

(二)海事行政法规范对交通运输风险行为犯罪化的掣肘

船舶无证驾驶并非仅在形式上具有违法性,有些船舶因为不符合年检要求而无法获得检验证书,这类船舶可被归类为“危险性船舶”。如果驾驶此类船舶冒险出航作业,特别是冒险运载乘客出航的,便会造成严重的交通运输风险,具有刑事追诉的空间。然而,个别海事行政法规对危险性行为仅设置了行政处罚的制裁措施,却没有给刑事追诉留下规范接口,无法提示行政执法人员将涉嫌犯罪的案件向刑事司法机关移送。比较典型的情况如下。

1.《船舶检验管理规定》没有给刑事追诉留下规范接口

依据《渔业船舶检验条例》,使用报废的船只从事渔业生产作业活动的,给予2000元以上5万元以下的罚款;涉嫌构成犯罪的,依法追究刑事责任。① 然而,在交通运输部的《船舶检验管理规定》中,对商

① 《渔业船舶检验条例》第32条第2款规定:“按照规定应当报废的渔业船舶继续作业的,责令立即停止作业,收缴失效的渔业船舶检验证书,强制拆解应当报废的渔业船舶,并处2000元以上5万元以下的罚款;构成犯罪的,依法追究刑事责任。”

船驾驶无证船舶从事生产作业的行为，仅有3万元以下的行政罚款，并没有给刑事责任追诉留下任何空间。[①] 由于无证驾驶行为包含使用不合规的“危险性船舶”进行生产作业的可能，也极易引发安全事故，因而，刑事追诉作为维护船舶运输安全的第二道防护网，具有发挥作用的必要。

2.《防治船舶污染海洋环境管理条例》未给刑事追诉留下规范接口

为了防控船舶溢油污染海洋环境，2009年9月9日国务院令第561号颁布了《防治船舶污染海洋环境管理条例》。目前，该法规经过6次修订，但是从来没有在法律责任部分设置刑事责任条款，哪怕是象征性的附属刑法条款——“违反本法规定构成犯罪的，依法追究刑事责任”的规定，也未曾谋面。在实践中，船舶污染海洋的危害后果大多比较严重，因为船舶溢油不仅仅表现在石油对水域造成的污染和生态环境破坏，其所造成的财产损失也是任何车辆事故损失不可比的。

3. 瞒报、谎报船舶溢油污染事故的也无法启动刑事诉讼程序

《防治船舶污染海洋环境管理条例》依据事故损失程度的不同设置了4个事故等级，[②]较大船舶污染事故，是指“船舶溢油100吨以上

---

① 《船舶检验管理规定》第54条规定：“违反《中华人民共和国海上交通安全法》第四条的规定，船舶、水上设施和船上、设施上有关航行安全、防治污染等重要设备无相应的有效的检验证书的，依照《中华人民共和国海上交通安全法》第四十四条的规定，海事管理机构应当对船舶、水上设施所有人或者经营人处以2000元以上3万元以下的罚款。”

② 《防治船舶污染海洋环境管理条例》第35条规定：(1)特别重大船舶污染事故，是指船舶溢油1000吨以上，或者造成直接经济损失2亿元以上的船舶污染事故；(2)重大船舶污染事故，是指船舶溢油500吨以上不足1000吨，或者造成直接经济损失1亿元以上不足2亿元的船舶污染事故；(3)较大船舶污染事故，是指船舶溢油100吨以上不足500吨，或者造成直接经济损失5000万元以上不足1亿元的船舶污染事故；(4)一般船舶污染事故，是指船舶溢油不足100吨，或者造成直接经济损失不足5000万元的船舶污染事故。

不足 500 吨,或者造成直接经济损失 5000 万元以上不足 1 亿元的船舶污染事故”。与车辆交通肇事无力赔偿 30 万元便可入刑的规定相比,可谓“天壤之别”。然而,对于船舶污染事故后有关作业单位在污染事故发生瞒报、谎报事故的,《防治船舶污染海洋环境管理条例》也没有设定向司法机关移送案件的法律依据,最严厉的是行政处罚 25 万元以上 50 万元以下的罚款。而对于事故本身的管理过失责任,仅仅设置了 1 万元以上 2 万元以下的罚款;如果管理人员属于船员,并处暂扣适任证书或者其他有关证件 1 个月至 3 个月的处罚。① 相比之下,车辆肇事的行政法律责任也比船舶污染海洋要重得多,依据《道路交通安全法》,车辆肇事构成犯罪的,除依法追究刑事责任之外,要吊销驾驶证。②

---

① 《防治船舶污染海洋环境管理条例》第 67 条规定:违反本条例的规定,发生船舶污染事故,船舶、有关作业单位未立即启动应急预案的,对船舶、有关作业单位,由海事管理机构处 2 万元以上 10 万元以下的罚款;对直接负责的主管人员和其他直接责任人员,由海事管理机构处 1 万元以上 2 万元以下的罚款。直接负责的主管人员和其他直接责任人员属于船员的,并处给予暂扣适任证书或者其他有关证件 1 个月至 3 个月的处罚。

② 《道路交通安全法》第 101 条规定:违反道路交通安全法律、法规的规定,发生重大交通事故,构成犯罪的,依法追究刑事责任,并由公安机关交通管理部门吊销机动车驾驶证。

| 第四章 |

车船交通运输危险犯法律适用难点

在司法过程中发现理论问题，是刑法学研究的重要方法。由于车辆与船舶的性能不同，本书采取分类研究的方式，以解决不同性能、不同前置法下车辆与船舶的交通运输犯罪治理问题。笔者于 2024 年 6 月 16 日最后一次在中国裁判文书网以“危险驾驶罪”为关键词，共搜索到 1, 593, 075 篇刑事一审判决书。以“妨害安全驾驶罪”为关键词搜索到自 2020 年增设妨害安全驾驶罪至今的 101 篇判决书，其中有 10 篇是二审判决书。由于《刑法》在设置危险驾驶罪和妨害安全驾驶罪只限于“道路上”或“车辆”的适用条件，船舶无法适用这两个罪名，因而，前述数据都是有关车辆的犯罪。

第一节 车辆交通运输危险犯的司法现状及其争议问题

与车辆交通运输风险相关的预防性刑法规范并

不多,涉及危险驾驶罪、危险作业罪、妨害安全驾驶罪等罪名,如果再扩展一下交通运输风险预防性刑法的外延,也可以将破坏交通工具罪与破坏交通设施罪纳入交通运输风险预防性刑法的范围。因为这两种破坏性行为会对交通运输带来巨大的风险,尽管破坏性行为看似不是交通运输行为,同样,违规运输危险化学品的行为构成危险驾驶罪也存在一样的问题,运输危险化学品不是在驾驶技术或通行安全上存在风险,而是由于运输的对象具有危险性,便被认定为交通运输风险性犯罪。

车辆交通运输风险的入罪情况比较复杂,在罪名适用上严重失衡,在构成要件与犯罪形态的认定上存在很多困惑。

一、危险驾驶罪的司法现状及其争议问题

2022 年《最高人民法院工作报告》统计数据表明,2021 年全国各级法院审结一审危险驾驶罪案件 34.8 万件,占全部刑事案件的 27.7%。中国裁判文书网显示,2013 年定性为“危险驾驶罪”的裁判文书仅有 25,367 篇,2014 年就达到 111,198 篇,2018 年为 207,604 篇,2019 年达到 251,584 篇的最高峰,2020 年下降为 208,012 篇,2022 年降到 32,330 篇,2023 年又回升至 48,184 篇。2012 年危险驾驶罪案件数开始超过交通肇事罪,《最高人民法院工作报告(2020)》公布了全国法院审结执行的案件数据。截至 2019 年 7 月 31 日,危险驾驶罪首次超越盗窃罪,成为法院审理数量较多的一类案件。这一情况广受关注,质疑者认为醉驾入刑严重占用了司法资源,有必要提高入罪门槛。

(一)醉驾的司法现状及其争议问题

事物发展的螺旋式轨迹是人类不可逾越的一道坎,危险驾驶罪增

设之前,很多司机都有过酒驾的经历,因而对醉驾入刑难以接受。然而,设置这一罪名之后,醉驾型危险驾驶罪在司法中的适用也存在诸多问题。

1. 醉驾的适用标准失之僵化的问题

自从危险驾驶罪增设以来,头几年适用的数量便呈几何状上升,对醉驾导致的危险行为只按照一个标准进行形式审查,只要血液中酒精浓度达到一定数值便要入罪的"一刀切"的检验方法,足以遭受来自各界的诟病。此现象"导致预防性刑法在司法中过度适用,使刑法的人权保障机能严重受损"。[①] 于是,司法机关开始检讨过度适用该罪名的问题,去醉驾型危险驾驶罪在司法实践中曾占据主导地位,因而,"醉驾"在危险驾驶罪中占比从 2011 年 99% 降到 2019 年 88% 。

2020 年,广东佛山市顺德区人民法院审了一起对后世影响颇大的危险驾驶案件,法官的审判理念突破了生硬、教条的司法惯性,深得到业内好评。被告人何某某于 2020 年 5 月 28 日饮酒后驾驶一辆无号二轮摩托车行至佛山市顺德区陈村镇的一个路口时,被执勤民警查获。经查,何某某血液中的酒精含量 99.2 毫克/100 毫升已经达到醉驾标准,由于被告人本次饮酒驾驶摩托车行驶在夜间的村镇小路,且被告距离家中不足三公里,人烟稀少,没有危害公共安全的危险,也没有导致交通事故,最后,办案法官万选才主张对何某某作无罪判断,得到合议庭的支持。[②] 法官认为,刑法对"醉驾"的打击应区分汽车和摩托车,应将打击的重点放在具有现实危险的行为上。法律规定的原则

---

① 王志祥:《醉驾犯罪司法争议问题新论——浙江最新醉驾司法文件六大变化述评》,载《河北法学》2020 年第 3 期。

② 参见广东省佛山市顺德区人民法院刑事判决书,(2020)粤 0606 刑初 2648 号。

性与案件事实之间具有矛盾时,对司法人员提出了更高的要求,裁判文书的说理不能有违常识、常理、常情,不能机械办案,否则就不能令人信服,不会收到预期的社会效果。

2. 因“醉驾”入刑者多为农民与低学历人群

从某省2018年醉驾入刑者的身份来看,被告人为农民的占比最多,达45.4%;其次为无业,占比为23.64%;学生占比最低,仅为0.18%;公职人员1395人,占比为5.61%,远低于农民和无业人员占比。被告人为初中学历的占比最多,达53.52%;其次为小学和高中,高中以下(不含高中)文化的被告人占比为76.52%。这反映出醉驾案件中被告人学历层次普遍不高的客观现实。[①] 由于醉驾入刑者多为弱势群体,引起社会的广泛同情,要求限缩适用这一罪名呼声日益提升。一方面,醉驾现象并没有因为入刑率提升而得到改观;另一方面,入罪标准低使大量一时冲动的醉驾者贴上犯罪人的标签,严重影响社会评价。

3. 醉驾的刑罚适用不均衡

首先,主刑刑期不均衡。以血液酒精浓度在100毫克/100毫升到110毫克/100毫升的案件为例,大部分主刑期为拘役1个月,但量刑最轻的达到免予刑事处罚,最重的是拘役4个月。在法定刑跨度仅为6个月徒刑的罪名中,从拘役4个月到免予刑事处罚的量刑落差相当巨大。其次,免刑适用率低且适用人群聚集化。从样本情况看,在400件适用免予刑事处罚的案件中,169个案件的被告人系公职人员,占比为42.25%,与公职人员在全部醉驾案件被告人中占比5.61%形成鲜

① 参见张琦:《醉驾型危险驾驶罪法定刑模式的优化与重构——以24881份裁判文书为视角的展开》,载《河南警察学院学报》2020年第6期。

明对比。且在这些案件中,有些被告人的血液酒精浓度较高,甚至高于120毫克/100毫升。[①] 言外之意,对免刑的适用存在司法不公的嫌疑。

鉴于司法实践中醉驾的问题较多,2023年《办理醉驾意见》对醉驾入刑的标准进行了细化,既有从严处理的15种情形,也有从宽处理的4种情形,还设置了免刑的5种情形。应当说,这个司法解释及时地回应了社会关切,使醉驾的入罪条件与刑罚适用问题基本得以解决。

(二)违规运输危险化学品的司法现状及其争议问题

张某甲、梁某某是危险化学品的经营者,在买卖硝酸、氢氟酸、磷酸等危险化学品过程中,由张某乙安排运输。张某乙在明知运输的货物为危险化学品的情况下,先后8次在"运满满"平台上下单普通车辆进行运输,而车辆驾驶人员不知情。在最后一次运输中,梁某某对接单驾驶员谎称运输的货物为洗洁剂,并将货物包装桶上的标签撕毁,在货物运输途中发生硝酸泄漏事件,造成道路交通堵塞两小时、驾驶员手部受伤、货车受损。案发后,犯罪嫌疑人张某甲、梁某某、张某乙自动投案并如实供述了犯罪事实;赔偿被害人全部损失72,000元、承担危险化学品运输泄漏事故应急处理费用、交通事故损坏公路附属设施费用,取得被害人谅解。[②] 在本案的诉讼过程中,对张某甲、梁某某、张某乙是否符合危险驾驶罪的主体以及"危及公共安全"的具体认定均存在争议。

---

① 参见张琦:《醉驾型危险驾驶罪法定刑模式的优化与重构——以24881份裁判文书为视角的展开》,载《河南警察学院学报》2020年第6期。

② 参见袁海花:《违规运输危险化学品型危险驾驶罪的认定》,载江苏省如皋市人民检察院网,http://www.jsjc.gov.cn/qingfengyuan/202309/t20230914_1549131.shtml。

1. 危险化学品的管理者能否成为本罪的犯罪主体

第一种观点认为,《刑法》明文要求“违反危险化学品安全管理规定运输危险化学品,危及公共安全的,”构成危险驾驶罪;该条第 2 款规定,“机动车所有人、管理人对前款第三项、第四项行为负有直接责任的,依照前款的规定处罚”。在该案中,危险化学品经营者虽然不是机动车所有人、管理人,但雇用该车辆为其服务时,已经具有一定的管理职责,比如,指定运输的地点、运输货物的种类等。因此,明知普通车辆无危险货物道路运输许可,仍雇佣普通车辆运输危险化学品,该案经营者属于利用欠缺故意的行为,成立间接正犯,应按照危险驾驶罪正犯追究责任。

第二种观点认为,我国《刑法》对危险驾驶罪规定的犯罪主体只有驾驶人员以及机动车所有人、管理人,危险化学品经营者不在法定的犯罪主体范围之内。车辆管理人是对车辆本身的使用、运作具有直接的管理权、支配权和决定权,虽然张某甲等三人隐瞒真相使用普通车辆运输危险化学品,但对车辆本身不具有管理权。

笔者对前述观点不完全赞同。理由是,被告人张某甲、梁某某、张某乙在案件中的违规行为性质及其作用不完全一致,应分别处理。张某乙先后 8 次在“运满满”平台上下单普通车辆进行运输,他的身份是运输危险化学品的委托人,在现实中等于使用或控制了危险化学品的交通运输过程,对运输危险化学品的车辆虽然没有实际的管控权,但是因委托关系而产生了运输货物的品种以及运输的始发地和目的地的控制,其在运输活动的启动中发挥重要作用,可以将其归类于违规运输人员。而张某甲、梁某某虽然知道张某乙在网上委托了梁某某运输危险化学品,但是没有参与委托车辆的行为,只是危险化学品的经营者,不能归入运输者的范围。由此,笔者认为,类似案件之所以出现上述争议问题,关键在于立法不应当将运输危险化学品的行为纳入危险驾驶罪。

2. 违规运输危险化学品应否归入危险驾驶罪之中

如前所述,违规运输危险化学品的行为不应当认定为危险驾驶罪,而应当将其归入危险作业罪之中。其理由是:危险驾驶罪保护的法益是交通运输安全,而危险化学品的仓储、生产、加工、运输环节中的违规作业行为都会危及危险化学品的生产作业安全,在交通运输环节的违规运输行为虽然也危害了运输安全,但是,从广义上讲,装卸行为也属于作业活动,将这一环节的违规行为统一到危险作业中符合刑法立法规定,[①]也不会产生法律体系上的逻辑偏差。危险作业罪的行为方式包括违反安全管理规定经营、储存危险物品的行为。从另一个角度看,货物向船舶的装卸过程是作业行为,这一点没有争议。船舶运输活动是否属于"作业"行为,目前虽然没有明确的规定,但是笔者通过《海上交通安全法》对船舶运输活动的分节工作解读也能分析出其中的意蕴,船舶运输包括行驶、停泊和作业三类工作,行驶和停泊,解决了船舶的移动与定点的功能。作业,既要保障船舶移动功能正常性,也要保障船载乘客和货物的安全性。由此,作业活动既包括装卸工作,也包括运输工作。违规装卸危险化学品的行为应认定为危险作业罪。回到本案,张某甲、梁某某不是机动车所有人、管理人,对违规运输行为没有直接责任,不宜认定为危险驾驶罪。从案件事实来看,梁某某对接单驾驶员谎称运输的货物为洗洁剂,并将货物包装桶上的标签撕毁,意味着其参与了危化品的装卸活动,可认定为危险"作业"行为,进而认定为危险作业罪并无不妥。张某甲系危险化学品的经营

---

① 《刑法》第134条之一规定:"在生产、作业中违反有关安全管理的规定,有下列情形之一,具有发生重大伤亡事故或者其他严重后果的现实危险的,处一年以下有期徒刑、拘役或管制",这些情形包括:"擅自从事……危险物品生产、经营、储存等高度危险的生产作业活动的。"

者,虽然其“经营”行为可以被纳入作业活动,但案情中并没有对其违法经营的事实详细交代,对危险化学品的经营权应当是没有问题的,直接认定为危险作业罪没有根据,于是对于张某甲的放纵等于出现漏罪问题。不认定其有罪,情理说不过去,认定其有罪又缺少法律根据。笔者建议将运输危险化学品的行为归入危险作业中,具体理由将在第六章讨论。

“装卸”工作属于广义上的“运输”活动,《俄罗斯联邦商船守则》第 327 条第 1 款第 7 项规定:“危险、有毒物质海上运输,是指从装载时危险、有毒物质进入船舶设备任何部分之时起,至卸载时危险、有毒物质不再进入船舶设备任何部分之时为止的期间。如果船舶设备未使用,则该期限分别在危险和有毒物质穿过船舷时开始和结束。”由此,货物入船后到离船前这一段时间内的一切生产作业行为都属于运输活动。

3.“危及公共安全”具体标准如何认定

第一种观点认为,《危险化学品安全管理条例》第 47 条规定,通过道路运输化学物品的,应当按照运输车辆的核定载量装载危险化学品,不得超载,危险化学品运输车辆应当符合国家标准要求的安全技术条件,应按照国家有关规定定期进行安全技术检验。道路运输危险化学品本身存在不同于一般货物运输的运输风险,即对道路公共安全存在严重威胁,违反《危险化学品安全管理条例》规定运输,就是将风险转化为现实危害,即属于危及公共安全,可以追究刑事责任,因此,前述张某甲等人违反管理规定运输危险化学品的行为属于危及公共安全,构成危险驾驶罪。

第二种观点认为,根据我国《刑法》第 133 条之一第 4 项的规定,本罪的犯罪客体是危险化学品的道路交通运输管理秩序和公共安全。在客观方面,必须是违反危险化学品安全管理规定从事危险化学品的道路运输,客观上必须达到对公共安全危害的现实或高度的紧迫性,不能将违规行为一概纳入刑法规制。在上述案件中,普通车辆行驶在普通道路上,在运输过程中发生泄漏导致车辆受损,驾驶员搬运过程中导致手受伤,但未危及社会公众的人身财产安全,未达到危及公共安全的程度,不足以构成危险驾驶罪。

4. 违规运输危险化学品的行为是具体危险还是抽象危险犯

依据危险驾驶罪的法条规定,“违反危险化学品安全管理规定运输危险化学品,危及公共安全的”构成危险驾驶罪,所以,运输危险化学品入罪的前提条件是必须达到“危及公共安全”的具体危险,然而,在司法实践中对“危及公共安全”缺少说理部分,导致具体危险被当作抽象危险犯来认定。例如,天津市津南区人民检察院指控,2020 年 6 月 8 日 20 时许,被告人张某在无危险品运输资质的情况下驾驶辽 G×××××号小型轿车违规运输疑似汽油液体,自天津市津南区小站镇桥头附近行至双桥河镇小营盘村天庆桥下时被民警查获归案,其所运输疑似汽油液体被依法扣押。经检验,被扣押液体检出汽油成分。经计量,被告人张某运输汽油为 850 升。法院认定被告人张某犯危险驾驶罪,判处拘役 3 个月,缓刑 4 个月,并处罚金人民币 1 万元。在缓刑考验期内,依法实行社区矫正。① 该案判决只描述了危险化学品的数量,没有对“危及公共安全”的具体危险进行分析与论证。

之所以会出现这一问题,实际上与危险驾驶罪的罪状设置有直接关系。运输危险化学品的危险性并非源于交通运输环节,而是源于作为运输对象的危险化学品本身。危险化学品是特殊的高危性产品,多数国家都单独把危险化学品的生产加工、仓储和运输列为特殊行业,

---

① 参见天津市津南区人民法院刑事判决书,(2020)津 0112 刑初 508 号。

我国《刑法》将运输危险化学品纳入危险驾驶罪，作为交通犯罪的一个类型，其本身存在法理上的冲突。由于运输危险化学品的危险源于货物本身，其侵害的主要法益或违反的秩序是危险化学品管理制度，其次才是违反交通运输安全规则，将违规运输危险化学品的行为归入“危险作业罪”更符合刑法体系。

5. 非法运输危险物质罪中的危险犯被司法解释埋没

非法运输危险物质罪包含危险犯与实害犯两种既遂形式，入罪的“定量”因素共用“危害公共安全的”一词来表述。笔者之所以确信非法运输危险物质罪中存在危险犯的形式，是因为《刑法》第125条第1款的“非法运输枪支、弹药、爆炸物罪”的立法中就包含有危险犯（行为犯）与实害犯（或结果犯）两种形式，虽然其危险犯属于抽象危险犯，等同于行为犯，实害犯（或结果犯）的定量因素是“情节严重的”，但是该罪的两个刑罚幅度恰好对应两种既遂形态。立法要求非法运输危险物质罪的量刑参照《刑法》第125条第1款的“非法运输枪支、弹药、爆炸物罪”的规定，因而“危害公共安全的”的量刑幅度便分为3年以上10年以下的低度刑罚，和10年以上有期徒刑、无期徒刑或者死刑的高度刑罚。由于司法机关在区分危险物运输型犯罪的自然犯与法定犯关系时忽略了自然犯中存在的危险犯形式，导致危险犯被遗漏。张明楷教授曾经对此有过详细的分析：“依法生产爆炸物的企业超过批准数量或者限额将爆炸物出卖给合法使用爆炸物的单位或者个人的行为（以下简称合法企业违规出售爆炸物的行为），在我国均被认定为非法买卖爆炸物罪。但是，由于这种行为明显不同于为了实施爆炸犯罪而买卖爆炸物的情形，因此，2009年11月16日修正的最高人民法院《关于审理非法制造、买卖、运输枪支、弹药、爆炸物等刑事案件具体应用法律若干问题的解释》，对于这种行为构成非法买卖爆炸物罪所规定的数额标准是其他情形的10倍,旨在限定处罚范围。”[1]然而,这一数量上的限定并不能解决自然犯与法定犯的关系,因为二者的区别不在于犯罪数量,而在于其犯罪目的。同时,该司法解释使非法买卖、运输危险物质罪的立案标准被提高,结果是低度的危险犯被埋没,这一错误在2008年《关于公安机关管辖的刑事案件立案追诉标准的规定(一)》[以下简称《刑事立案标准(一)》]第2条规定中体现得更为突出。该条款把“造成人员重伤或死亡的”或者“造成急性中毒,放射性疾病或者造成传染病流行、暴发的”等严重后果作为立案标准,[2]由此,该罪的立案标准被定位为达到人员伤亡等严重程度的实害结果,未达到这一危害程度的危险犯便无处栖身。这一司法解释误导学界也认为非法运输危险物质罪只有实害犯,而没有危险犯的形式。以至于《刑法修正案(九)》增加了违规运输危险化学品的危险犯之后,有学者甚至认为,基于近年来我国危险化学品使用数量的不断上升、违规运输危险化学品的行为本身对道路存在的安全隐患,首次将危险化学品作为犯罪对象纳入刑法框架之下。[3] 实际上,危险化学品作为非法运输危险物质罪的犯罪对象早应属于无可争议的事实,司法解释的偏差让立法承受了多方诟病,在此有必须为立法正名。

6. 司法解释导致自然犯与法定犯的关系错乱

非法运输危险物质罪是自然犯,危险驾驶罪属于法定犯,已达成

---

① 张明楷:《自然犯与法定犯一体化立法体例下的实质解释》,载《法商研究》2013年第4期。

② 《刑事立案标准(一)》第2条规定:非法制造、买卖、运输、住在毒害性、放射性、传染病病原体等物质,危害公共安全的,涉嫌下列情形之一的,应予立案追诉。其中第一种情形便是“造成人员重伤或死亡的”。

③ 参见王志祥、刘婷:《〈刑法修正案(九)(草案)〉专题研究》,载《华北水利水电大学学报(社会科学版)》2015年第4期。

共识。笔者认为二者的区别主要是犯罪目的不同,前者是为了实施其他严重的危害公共安全的犯罪,后者是为了生产、生活需要。由于立法对非法运输危险物质罪的构成要件设计与众不同,导致危险犯与实害犯难以界分,加上司法解释对立法的理解有误,导致自然犯与法定犯界限不清,张明楷教授很早就撰文指出《刑法》第 125 条的立法不足:“刑法分则将行为外表相同但对违法(法益侵害)与责任程度不同的自然犯与法定犯规定在同一法条中,导致法定犯与自然犯相混同。”[①]同时,“最高人民法院于 2001 年 5 月 15 日发布的《关于审理非法制造、买卖、运输枪支、弹药、爆炸物等刑事案件具体应用法律若干问题的解释》……也没有考虑到自然犯(如为了实施恐怖犯罪而非法购买和运输爆炸物)与法定犯(因合法生产需要而未经许可购买和运输爆炸物)的区别,导致下级司法机关难以按上述解释适用 1997《刑法》第 125 条的规定”。[②] 实际上,笔者认为该法条并没有明文规定非法运输危险物质罪中是否包含危险犯的构成要件,无论是公共危险犯还是业务危险犯,在《刑法修正案(九)》新增危险驾驶罪第 4 项罪状之前为了避免漏罪把业务危险犯作为公共危险犯进行处罚似乎有一点道理,而在业务危险犯被纳入危险驾驶罪的第 4 项罪状之后,便不应当再混淆公共危险犯与业务危险犯的关系了。

2021 年《十部门意见》第 5 条明确规定,违反危险化学品安全管理规定,未经依法批准或者许可擅自从事易燃易爆危险物品道路运输

---

① 张明楷:《自然犯与法定犯一体化立法体例下的实质解释》,载《法商研究》2013 年第 4 期。

② 张明楷:《自然犯与法定犯一体化立法体例下的实质解释》,载《法商研究》2013 年第 4 期。

活动的，认定为危险驾驶罪。[①] 这一条解释仅以“未经许可”运输“易燃易爆危险物品”这两个因素来区分自然犯与法定犯的关系，根本无法解决问题。因为自然犯和法定犯都有这两个因素，这一解释的结果不但没有区分出罪名的界限，反而使罪名关系更加复杂错乱。除此之外，《十部门意见》在主观要件上的解释进一步模糊了自然犯与法定犯的关系，其第13条明确规定，法定犯并非都是因为生产、生活需要而从事的非法运输行为。[②] 这一规定否定了法定犯只是为了生产、生活需要的唯一目的，还可能具有其他目的。如果排除生产、生活目的两项选言肢，剩下的大概也只有实施犯罪的目的，不排除为实施放火、爆炸等犯罪目的而构成非法运输危险物质罪的可能，因而，本来的法定犯被认定为自然犯，司法解释进一步模糊了自然犯与法定犯的界限。

7. 犯罪对象模糊导致罪名选择困难

相近4个罪名的犯罪对象中都有“毒害性”危险物，如果不考虑主观要件，仅评价运输“毒害性”危险物的行为，就会导致罪名选择的困惑。在《危险货物品名表》的分类中，“毒性物质”作为高度危险性的危险物被规定在第6类的6.1选项中。其中，“异氰酸”类毒性物质规定在第2480～2488号，依次为“异氰酸甲酯”“异氰酸乙酯”“异氰酸正丙酯”“异氰酸异丙酯”等毒性物质。同样的“毒害性”物质，在《危险化学品目录》也有：第2727号“异氰酸乙酯”、第2728号“异氰酸异丙酯”、第2730号“异氰酸正丙酯”，与《危险货物品名表》中的几个危

① 《十部门意见》第5条规定：违反危险化学品安全管理规定，未经依法批准或者许可擅自从事易燃易爆危险物品道路运输活动，或者实施其他违反危险化学品安全管理规定通过道路运输易燃易爆危险物品的行为，危及公共安全的，依照《刑法》第133条之一第1款第4项的规定，以危险驾驶罪定罪处罚。

② 《十部门意见》第13条规定：确因正常生产、生活需要，以及因从事合法的生产经营活动而非法生产、储存、使用、经营、运输易燃易爆危险物品，依法构成犯罪，没有造成严重社会危害，并确有悔改表现的，可以从轻处罚。

险物完全一致。《危险化学品安全管理条例》又明确规定“毒害性”和“剧毒性”都是危险化学品,[①]这样,就导致“毒害性”和“剧毒性”危险物与危险化学品被当作同一类危险物,其结果就是,非法运输危险物质罪的犯罪对象与危险驾驶罪的犯罪对象被混同。而前者在立法上属于重罪,后者属于轻罪,两个罪名的犯罪手段相近、犯罪对象存在部分交叉,很容易造成罪名适用错误。

8. 判决书对具体危险缺少说理过程

判决书的说理性是其权威性和公正性的前提,特别是对于具体危险犯的判断需要讲明道理。然而笔者发现,危险物运输型犯罪的判决书对此大多缺少前置法依据和说理性分析。究其原因,“虽然目前刑事法官对裁判文书说理的重要性都有所认识,但不知如何评判说理的问题仍然比较突出”[②]。危险物运输型危险犯的判决书通常直接依据公诉意见进行定罪,甚至把具体危险犯当作抽象危险犯,直接依据犯罪行为定案。通常的表述为:“本院认为,公诉机关指控被告人某某犯危险驾驶罪的事实清楚,证据确实、充分,公诉机关指控罪名成立。”或者表述为:“本院认为,被告人某某违反危险化学品安全管理规定运输危险化学品,危及公共安全,其行为构成危险驾驶罪。”众所周知,危险驾驶罪中的运输型犯罪必须达到“危及公共安全”的危险性程度方可入刑,而实际的情况是,多数案件的判决书中只有非法或违规运输的抽象危险,没有阐明具体危险之所在。此类文书很难令人信服,这种现象亟待改观。

作为司法公共产品,制作裁判文书的最直接、最主要的目的应在于说服当事人和社会公众接受裁判的结论,刑事裁判文书要为人民群

---

① 《危险化学品安全管理条例》第 3 条规定,危险化学品是指具有毒害、腐蚀、爆炸、燃烧等性质,对人体、设施、环境具有危害的剧毒化学品和其他化学品。

② 于同志:《刑事裁判文书的构成要素分析》,载《法律适用》2024 年第 3 期。

众所接受，首先必须让人看明白、读得懂，领会其传递的观点、讲述的道理。① 如果做不到这一点，不但难以树立司法公信力，也容易混淆罪名之间的界限。

二、妨害安全驾驶罪的司法难点及其争议问题

鉴于本节研究的范畴是机动车交通运输风险犯罪的司法问题，本标题下不涉及船舶交通运输危险犯的司法问题。

笔者在中国裁判文书网上收集到自 2020 年增设妨害安全驾驶罪至 2024 年 6 月 15 日的 95 篇判决书，其中 8 篇是二审判决书，其他 87 篇都是一审判决书。分析这些判决，发现一些难点问题。

（一）如何认定机动车处于“行驶中”的状态

车辆的行驶中与船舶的行驶中存在不同的认定标准。车辆进入泊位后的发动机处于熄火状态，不属于“行驶中”，而船舶进入泊位后需要保留至少一个发动机处于工作状态，因为泊停的船舶也要实施避碰措施，严格按照国际海上避碰规则开通船上的信号灯，以示意周边船舶进行避碰。从理论上讲，船舶在停泊状态下仍然处于备车状态，确保船舶随时可以移动以避免被碰撞。所以此时的船舶可谓“准行驶中”，既不属于停泊熄火状态，也不是行驶状态。如果行为人抢控处于泊位中的船舶驾驶装置，仍然会导致船舶翻沉的危险，如果在客船上实施抢控驾驶装置的行为，也会严重威胁不特定多数乘客的人身与财产安全，可以认定其处于“行驶中”。

然而，车辆与船舶不同，其在泊位时不需要启动发动机，此时不能认定为“行驶中”，只有发动机启动后、车辆移动后方可认定“行驶

① 参见于同志：《刑事裁判文书的构成要素分析》，载《法律适用》2024 年第 3 期。

中”。需要注意的是,未熄火而暂停于交通岗或者临时靠泊路边等人的车辆,也应被认定为“行驶中”的机动车。

(二)如何认定“公共交通工具”

妨害安全驾驶罪的案发场所必须是“公共交通工具”,在司法实践中,存在认定中的困难,既涉及“公共交通工具”的判断标准问题,也涉及妨害安全驾驶罪属于抽象危险犯还是具体危险犯的问题。

1. 小型出租车应否包括在“公共交通工具”之中

司法机关对小型出租车能否认定为“公共交通工具”,存在不同看法:公诉机关认为抢劫出租车的行为构成妨害安全驾驶罪,而审判机关则认为出租车不在“公共交通工具”的范围之内。例如,2021 年 7 月 8 日 23 时许,被告人熊某衡饮酒后在本市天河区珠吉路吉山幼儿园公交站乘坐被害人刘某驾驶的出租车(车牌粤 A×××××)。当出租车到达本市天河区大灵山路 6 号附近时,熊某衡因车费问题与刘某争吵,要求刘某将其载回原地才支付车费。刘某无奈驾车返回原地,当出租车行驶至本市天河区大灵山路口时,熊某衡突然抢夺出租车方向盘,致使出租车失控撞到停放在路边的两辆货车,导致出租车及两辆货车不同程度损坏。法院认为,公诉机关指控被告人熊某衡犯妨害安全驾驶罪,经查,妨害安全驾驶罪成立的前提是,危害行为发生在行驶的公共交通工具上。本案车辆系小型出租车,且案发时涉案车辆仅搭载被告人 1 名乘客。根据最高人民法院、最高人民检察院、公安部《惩治妨害安全驾驶行为意见》的规定,本案的小型出租车不属于公共交通工具,据此,被告人的行为不符合妨害安全驾驶罪的构成要件,不构成妨害安全驾驶罪,公诉机关指控被告人构成妨害安全驾驶罪的依据不足,法院不予采纳。①

---

① 参见广东省广州市天河区人民法院刑事判决书,(2022)粤 0106 刑初第 643 号。

对于此案的争议问题，在学界同样存在分歧。有学者认为，公共交通运输工具的本质特征是社会性与公共性，小型出租车和网约车属于社会运营车辆，也是公众出行的重要交通工具，应将校车和小型出租车、网约车纳入其中。[①] 但是，许多学者持相反意见，认为应将小型出租车排除于“公共交通工具”之外，因为其乘坐人数有限，一般不会危害公共安全。[②]

笔者认为，是否属于“公共交通工具”，不能从外形的大小上进行判断，而是要考虑这个机动车是否为公共交通所用。近年来，多人合乘网约车也是合法的，即使是小型出租车，也不妨害其搭载 3 人以上的不特定多数人，因而不应当强行将小型出租车从“公共交通工具”中排除。

2. 本罪的“公共交通工具”是否适用于船舶等大型交通运输工具

大型的公共交通运输工具包括船舶、火车、航空器。妨害航空器安全驾驶的，有《刑法》第 123 条的明文规定，罪名是“暴力危及飞行安全罪”。其成立条件是，“对飞行中的航空器上的人员使用暴力，危及飞行安全，尚未造成严重后果的”。目前，对于妨害船舶和火车安全驾驶的，没有独立的罪名，能否或者应否将其纳入《刑法》第 133 条之二的“妨害安全驾驶罪”？从刑法教义学的视角来看，刑法立法并没有明确“公共交通工具”的范围，也没有排除船舶和火车适用这一条款，只是 2019 年“妨害安全驾驶罪”尚未增设之前的《惩治妨害安全驾驶行为意见》第一部分第 7 项将其限定为“公共汽车、

---

① 参见余丽、陈志君：《对妨害公共交通工具安全驾驶行为的刑法规制研究》，载《公安学研究》2020 年第 4 期。姜敏：《交通风险语境下间接危害行为犯罪化研究》，中国法制出版社 2022 年版。

② 参见胡云腾、徐文文：《〈刑法修正案（十一）〉若干问题解读》，载《法治研究》2021 年第 2 期。

公路客运车,大、中型出租车等车辆”之内,船舶和火车不在其范围之内。我们面临的问题是,在两个规范相互冲突的情况下适用哪一个规范？笔者认为,应当适用《刑法》规定,船舶与火车都可以认定为“公共交通工具”的范围之内。理由是,从该《惩治妨害安全驾驶行为意见》与《刑法》的关系来看,《刑法》属于部门法,其位阶高于作为司法规范的前者,《惩治妨害安全驾驶行为意见》不具有与《刑法》抗衡的能量,只要《刑法》没有明文禁止的交通工具类型,便不被排斥。

3.“公共交通工具”的认定是形式判断还是实质判断

认定这一项条件需要进行形式判断还是实质判断？例如,2019 年 8 月 14 日 8 时 50 分许,被告人刘某选从大连市中山广场公交车站上车,乘坐由被告人卢某东驾驶的 16 路公交车(车牌号为辽 B××××××),欲在人民路站下车。上车后,被告人刘某选的公交卡(优待卡)刷卡无显示,在与卢某东交涉未果后,反复刷卡得以显示。此时,因刘某选认为卢某东对其蔑视地笑,遂辱骂卢某东,被告人卢某东将公交车停在港湾广场车站,与之理论,其他乘客见状后下车离开,被告人刘某选欲下车,被卢某东阻拦。被告人卢某东驾驶车辆前行,被告人刘某选上前抢夺公交车方向盘,卢某东将车刹停。两人继续争执,被告人卢某东启动车辆继续前行,被告人刘某选再次抢夺方向盘,被告人卢某东见状后,松开方向盘,任由刘某选抢夺,致使公交车撞到路边行道树后停止,事故导致公交车挡风玻璃等受损。后被告人卢某东报警,民警接警后到达现场将被告人刘某选抓获。2019 年 10 月 28 日,被告人卢某东被传唤归案。①

① 参见辽宁省大连市中级人民法院刑事判决书,(2021)辽 02 刑终 610 号。

笔者认为，对“公共交通工具”的认定需要进行实质判断，只有该交通工具运输的乘客系不特定或多数人，才可被认定为“公共交通工具”，如果车上已经不具备不特定或多数人的条件，不应当被认定为“公共交通工具”。对于本案，虽然其不属于“公共交通工具”，但两人在行驶中的车上实施殴打行为，也会妨害驾驶人员正常控制方向盘的行为，对车外的交通秩序构成威胁，因而，也危害了公共交通安全，也应当认定为妨害安全驾驶罪。至此，笔者认为，“公共交通工具”这一限制性条件并没有实质意义，应当删掉。

（三）妨害安全驾驶罪是具体危险犯还是抽象危险犯

妨害安全驾驶罪属于危险犯，这一结论没有争议。但是对于该罪属于具体危险犯还是抽象危险犯则存在对立观点。有学者认为是具体危险犯。观点一，《刑法》条文中的“危及公共安全”表述是具体危险犯的立法特征。[①] 观点二，妨害安全驾驶罪的危害行为导致的结果是具体的。[②]

也有学者认为，妨害安全驾驶罪是准抽象危险犯。观点一，具体危险犯明文要求“危险”的发生，是否发生了具体的、高度的危险被独立地作为判断对象；抽象危险犯要求的是实行一般的、抽象的危险行为，这样的行为一旦实施通常就能肯定危险的发生，即通过这种危险的行为展示了作为结果的危险内容。其属于二者中间形态的准抽象危险犯，是指在对构成要件行为的适用评价中，已经要求了某种程度

---

① 参见陈兴良：《公共安全犯罪的立法思路嬗变：以〈刑法修正案（十一）〉为视角》，载《法学》2021年第2期。

② 参见刘宪权、陆一敏：《〈刑法修正案（十一）〉的解读与反思》，载《苏州大学学报（哲学社会科学版）》2021年第1期。

的实质危险判断。[①] 观点二,妨害公共交通工具安全驾驶罪所导致的对公共安全的危险低于以危险方法危害公共安全罪所代表的具体危险犯。按照德日刑法理论对行为结果的划分,妨害公共交通工具安全驾驶罪属于抽象危险犯。[②]

有学者主张妨害安全驾驶罪是抽象危险犯。理由是,从以刑制罪的角度看,也可证立“危及公共安全”是抽象危险犯的立法表述。妨害安全驾驶罪的法定刑为“一年以下有期徒刑、拘役或者管制,并处或者单处罚金”属于轻罪。而以危险方法危害公共安全罪的基础法定刑为“三年以上十年以下有期徒刑”,则属于重罪。如果认为妨害安全驾驶罪与以危险方法危害公共安全罪一样,都属于具体危险犯,那么为何前者的法定刑远远低于后者?[③]

适用抽象危险犯说,在司法实践中必然扩大适用范围。尽管该罪具有具体危险犯的立法表述特征,但也有观点认为其属于抽象危险犯。现有的司法实践基本上是将其作为抽象危险犯予以处理,从而扩大了刑事处罚的范围。例如,廖某妨害安全驾驶案,湖南省耒阳市人民法院(2021)湘0481刑初3号刑事判决书;贾某甲妨害安全驾驶案,山东省济南市长清县人民法院(2021)鲁0113刑初168号刑事判决书;汪某妨害安全驾驶案,安徽省南陵县人民法院(2021)皖0223刑初179号刑事判决书;王某妨害安全驾驶案,江苏省盱眙县人民法院

① 参见詹奇玮、赵秉志:《妨害安全驾驶罪的规范考察与适用探析》,载《贵州社会科学》2021年第10期。

② 参见梅传强、胡雅岚:《妨害公共交通工具安全驾驶罪的理解与适用》,载《苏州大学学报(哲学社会科学版)》2021年第1期;郑天城:《论妨害安全驾驶罪的结果归属与主观归责——基于风险支配视角的观察》,载《上海法学研究》集刊2021年第21卷,第123页。

③ 参见郑天城:《论妨害安全驾驶罪的结果归属与主观归责——基于风险支配视角的观察》,载《上海法学研究》集刊2021年第21卷,第124页。

(2021)苏0830刑初70号刑事判决书。[①]

综合分析各家学说,笔者认为,妨害安全驾驶罪属于具体的危险犯,因为,具体危险犯与抽象危险犯之分取决于刑法规范的立法模式。张明楷教授认为:在我国《刑法》分则条文中,作为具体危险犯的标志性表述,除了"足以发生……危险""具有……现实危险"之外,还有"危及公共安全""危及飞行安全""危害公共安全"等表述。[②] 妨害安全驾驶罪明确要求"危及公共安全的"危险,这一危险需要司法机关进行判断方可得出结论,易言之,并非所有暴力抢控驾驶操纵装置的行为都会达到危及公共安全的程度。具体危险需要司法判断,这是其最明显的特征。虽然"抽象危险属于立法推定的危险,危险本身也具有一定的结果属性,因此,相应的危险判断在司法层仍然存在一定的解释空间"[③]。例如,非法持有枪支罪属于典型的抽象危险犯罪,但是,持有枪支的行为是否威胁公共安全却需要进行实质解释,"赵某华非法持有枪支案"曾经在国内影响较大,虽然二审在定性上没有改变非法持有枪支的性质,但是刑期大幅下降也说明该案的法教义学解释发挥了作用。非法持有枪支罪属于抽象危险犯,当持有枪支的动机是用于违法犯罪,该持有行为才具有潜在的危险。被告人赵某华非法持有枪支的目的是从事经营,采用目的性限缩的解释方法可以使其出罪。可见,抽象危险犯也具有解释空间,既可以是客观方面的解释,也可以是主观心态的解释。

---

① 参见刘浩:《我国抽象危险犯立法的整体考察及法益分析》,载《比较法研究》2024年第3期。

② 参见张明楷:《抽象危险犯:识别、分类与判断》,载《政法论坛》2023年第1期。

③ 刘浩:《我国抽象危险犯立法的整体考察及法益分析》,载《比较法研究》2024年第3期。

（四）如何认定“危及公共安全”

《刑法》第133条之二的罪状明确要求的危险状态是“危及公共安全的”。这一构成要素是犯罪成立的客观条件之一，并且，这种危险一定是危害交通安全的现实可能性。但是，由于“危险”是导致实害结果的可能性，是否存在这种可能性，必须经过司法官的判断和认定，因而是具体的危险犯。有学者以危险性的大小区分抽象危险犯与具体危险犯的关系。笔者认为，以危险犯的危险程度大小作为划分标准，不能说明危险是否具有发展为实害结果的可能性，是不可取的。“危及公共安全”与“危害公共安全”反映的是危险与现实之间的距离关系，前者只是危险发生的初验阶段，后者是危险转化为现实的高级阶段，甚至已经达到实害结果的阶段，其危险转化为现实的可能性更大。

“危及公共安全”与“危害公共安全”不是危险程度大小的差异，而是危险转化为现实的紧迫性的不同。虽然危险性行为是否“危及”交通安全，是否具有转化为实害结果的可能性，需要根据犯罪时的场景进行分析判断。但是，“危及”的程度小于“危害”，这既是认定“危及公共安全”的重要根据，也是区分“妨害安全驾驶罪”与“以危险方法危害公共安全罪”的界限所在。笔者认为，此二罪名在客观危险性上是轻重程度的衔接关系，较轻的“危及公共安全”的，认定为前者，较重的“危害公共安全”的，认定为后者。例如，2020年8月20日18时许，被告人薄某阳乘坐刘某驾驶的出租汽车从沈阳市返回台安县，当车辆行驶至京哈高速西佛路段时，坐在副驾驶后排的薄某阳因找不到手机，谎称高速路上的气罐车要爆炸要求正在驾车的刘某停车。被刘某拒绝后，薄某阳起身抓住刘某的胳膊并试图抢夺方向盘，阻止车辆行驶，后被同乘人员阻拦。10分钟后，薄某阳再次试图抢夺方向盘，被同乘人员阻拦后，用脚踹后座车门，用胳膊及水瓶敲打后车门玻璃。当车辆行驶至高速公路至台安县交通岗时，薄某阳强行将正在行驶的车辆后车门打开,致使车辆急停,严重危及公共安全。经检测,被告人薄某阳体内盐酸曲马多呈阳性。2020 年 8 月 20 日,被告人薄某阳被公安机关传唤到案。原审法院经公开开庭审理,认定被告人薄某阳犯妨害安全驾驶罪,判处有期徒刑 11 个月,并处罚金人民币 15,000 元。[①] 本案之所以被认定为妨害安全驾驶罪,主要考虑的是暴力行为导致的危险性并不大,只是"致使车辆急停,严重危害公共安全",案发时路上没有其他车辆,在具体分析案情后,司法机关只认定其"危及"公共安全。

依据《刑法》规定,妨害安全驾驶罪案发于公共交通工具之内,其保护的法益也包括车内乘客的安全。如果案件发生时,本车附近的道路上正在行驶着几辆公共汽车,车内的抢控驾驶装置的行为导致碰撞其他车辆的可能性非常大,即导致严重的公共交通安事故的危险性非常大,可否被认定为"以危险方法危害公共安全罪"? 例如,2020 年 6 月 25 日,被告人钱某某乘坐由王某某驾驶的×××号大型客车沿 102 国道从长春站到陶家屯站,车上载有 30 名左右乘客。9 时 45 分 29 秒,大客车路过陶家屯站点因避让路上摩托车而未停车,后于 9 时 45 分 38 秒在站点前 124 米处停车,被告人钱某某因车未在站点停车,心生气愤拒绝下车,司机王某某便于 9 时 45 分 48 秒启动客车行驶,被告人钱某某见此情形,于 9 时 45 分 51 秒走到王某某身边用手提袋击打王某某面部,致使王某某于 9 时 45 分 53 秒对正在行驶的客车采取紧急制动,随后二人发生争吵,车长报警后,被告人钱某某被公安机关口头传唤到案。另查明,在案发时间前后及案发地点 102 国道的车辆情况,自 9 时 45 分 35 秒至 9 时 45 分 53 秒,102 国道共有 10 辆车从该

---

① 参见辽宁省鞍山市中级人民法院刑事裁定书,(2021)辽 03 刑终第 174 号。

大客车旁经过。[①]

本案一审法院认定被告人钱某某构成以危险方法危害公共安全罪,判处有期徒刑3年6个月。而二审法院认为,《刑法修正案(十一)》已于2021年3月1日起施行,一审判决以以危险方法危害公共安全罪判处钱某某有期徒刑3年6个月,对比《刑法》第133条之二妨害安全驾驶罪,其法定最高为有期徒刑1年,本案应按照从旧兼从轻的原则以妨害安全驾驶罪对钱某某定罪处罚。鉴于案发时客车上实际载客人数在10人以上,该情节在对钱某某量刑时应当予以考虑。最后,法院认定被告人钱某某犯妨害安全驾驶罪,判处有期徒刑10个月,并处罚金人民币2000元。

分析本案,之所以改判为妨害安全驾驶罪,是因为二审期间妨害安全驾驶罪的《刑法修正案(十一)》正式生效,依据从旧兼从轻的原则,改判为妨害安全驾驶罪有利于被告。笔者认为,本案实质上是竞合犯,在案发时段共有10辆车从该大客车旁经过,因而抢控驾驶装置的行为严重侵害道路交通安全,已经超出了"危及公共安全"的范围,构成"危害公共安全"的危险,应当认定为以危险方法危害公共安全罪。从理论上讲,妨害安全驾驶罪与以危险方法危害公共安全罪不是交叉重叠关系,而是一种危险程度的递进关系,前者的程度较轻,后者的程度重,形成一种客观危险的阶位性衔接关系。因而,本案也不涉及从旧兼从轻原则的适用问题,二审改判只是法官对罪名之间的关系有不同的理解而已。

---

① 参见吉林省长春市中级人民法院刑事判决书,(2021)吉01刑终12号。

第二节 船舶交通运输风险入罪难点

一、船舶危险驾驶行为入罪难点

1. 船舶危险驾驶“危险驾驶罪”罪状处于空白

由于“危险驾驶罪”只能适用于“道路上”，笔者在中国裁判文书网上以“刑事案由”“船”“《刑法》第一百三十四条之一”为关键词，没有搜索到任何一篇相关的判决书。所以船舶危险驾驶行为入罪的最大障碍是《刑法》在设立“危险驾驶罪”时没考虑该罪名可否适用于船舶的情况。

2. 船舶违规运输危险化学品的行为因立法偏差也导致无法入罪

由于“违规运输危险化学品的行为”被纳入“危险驾驶罪”作为第4项罪状，导致船舶违规运输危险化学品的行为无法适用。如果换个思路，我们发现，擅自从事“生产、经营、储存等高度危险的生产作业活动的”被规定在“危险作业罪”的第3项罪状中，而船舶“运输”行为可以定性为危险作业活动，只是在“危险作业罪”中没有设置“运输”行为，这也是《刑法》立法考虑不周的后果。按照以往的选择性罪名的立法模式，“生产、经营、储存”行为手段通常与“运输”行为是并存的，如在《刑法》第125条第2款的“非法制造、买卖、运输、储存危险物质罪”、《刑法》第347条的“走私、贩卖、运输、制造毒品罪”中，都把“运输”行为与其他“制造”或“储存”行为并列作为同一个罪名的选择手段。由此，我们期待通过《刑法》立法把“运输”危险物质的行为移至“危险作业罪”中，与“生产、经营、储存”行为会合，具体理由在本书第六章第三节展开论述。

二、妨害船舶安全驾驶行为入罪难点

近年来,妨害公共交通工具安全驾驶的案件接连发生,2015 ~ 2018 年就有 105 件,①引起社会广泛关注。鉴于某些地区接连发生类似重庆公交车坠江案的恶意抢夺公交车操纵驾驶装置、与驾驶人员发生肢体冲突,导致车毁人亡的事故。在此背景下,2019 年 1 月 8 日《惩治妨害安全驾驶行为意见》,以通过严惩严重妨害车辆安全驾驶的行为维护公共交通秩序,确保人民群众人身与财产安全,《刑法修正案(十一)》也增设了“妨害安全驾驶罪”。然而,无论是在立法层面还是司法层面,对安全驾驶风险的关注都局限于机动车的身上,没有对妨害船舶安全驾驶的风险引起足够的重视,致使船舶交通运输风险的犯罪化严重受阻。

(一)妨害船舶安全驾驶行为没有入刑的先例

在中国裁判文书网上以“妨害安全驾驶罪”和“船”为关键词进行搜索,妨害安全驾驶罪对船舶没有适用过,船舶上发生的妨害安全驾驶罪没有司法案例。由于妨害安全驾驶罪的入罪条件中没有明确船舶是否属于“公共交通工具”,《惩治妨害安全驾驶行为意见》曾经把“公共交通工具”限制在“车辆”上,对船舶无法适用。

从常识上来讲,对行驶中的船舶驾驶人员使用暴力抢控驾驶操纵装置,干扰公共交通安全正常行驶,且妨害安全的行为并非不会在船舶上发生。本书在之前也探讨过,未来的游船和游艇上、短途摆渡客船上都会成为此类危险行为发生的重灾地,也相信这一领域不会永远成为法外之地。在法理上讲,我国《刑法》没有限制“公共交通工具”

---

① 参见邓红梅、吴航帆:《妨害公共交通工具驾驶案件的司法适用现状、问题与路径指引》,载《法律适用》2020 年第 2 期。

的范围,仅仅是司法解释把“公共交通工具”解释为“车辆”,尚不足以限制其他交通工具适用“妨害安全驾驶罪”,因为“法律解释不能超越法律规定”,这应当是法治的基本原则,所以,在现在法律框架内,“妨害安全驾驶罪”适用于船舶上也是没有法律障碍的。

笔者于2024年11月8日以“妨害安全驾驶罪”为关键词在中国裁决文书网上搜索到108篇生效文书,再附加“船”字或“艇”继续搜索,结果都是零。这一结论告诉我们,妨害船舶或舰艇安全驾驶的危险性行为在我国现有的立法与司法条件下尚不具有入罪的可能。然而,在现实中,游船和游艇已经离大众的生活越来越近,妨害安全驾驶行为的危害性也会逐渐凸显出来,动用《刑法》加以控制将是必然的趋势。

(二)妨害船舶安全驾驶行为入罪根据不明确

《刑法》设置“妨害安全驾驶罪”之前,对该类犯罪行为的惩治依据的是2019年1月8日《惩治妨害安全驾驶行为意见》,其第1条第7项明确规定“本意见所称公共交通工具,是指公共汽车、公路客运车,大、中型出租车等车辆”。这便意味着船舶不在该司法解释所规制的范围之内。《刑法》设定“妨害安全驾驶罪”的客观构成要件时,也没有限制交通工具的类型,只要求案件发生在“行驶中的公共交通工具”中,可见,立法与司法解释的冲突导致司法适用的偏差,完全忽略了在船舶上也会发生的妨害安全驾驶罪。

1.“妨害安全驾驶罪”的立法并未排除船舶上的妨害行为

《刑法修正案(十一)》在设置妨害安全驾驶罪时把犯罪对象限定在“行驶中的公共交通工具的驾驶人员”上,没有明确排除船舶驾驶人实施的妨害安全驾驶行为,包括火车在内的大型公共交通工具,都可以成为妨害安全驾驶罪的犯罪场所。

2. 司法解释把“船舶”从“公共交通工具”中排除

《刑法》设置“妨害安全驾驶罪”之前，对该类犯罪行为的惩治依据的是2019年《惩治妨害安全驾驶行为意见》，其第1条第7项明确规定“本意见所称公共交通工具，是指公共汽车、公路客运车，大、中型出租车等车辆”。这便意味着船舶不在其规制范围之内。

在《刑法修正案（十一）》第2条增设“妨害安全驾驶罪”时，可适用的场所或犯罪主体没有专门的规定或限制，只要是“公共交通工具”的驾驶人员即可适用，《刑法》没有明文规定不可适用于船舶内的妨害安全驾驶行为。然而，依据《惩治妨害安全驾驶行为意见》，“公共交通工具”只能是车辆，船舶上的妨害安全驾驶行为不能适用“妨害安全驾驶罪”。这一问题需要通过立法尽快解决，因为游艇已经进入我们的生活，在行驶中发生抢控驾驶操纵装置的行为可能极大，对此应当提前梳理清楚。

（三）妨害船舶安全驾驶行为入罪的困惑

1. 船舶内的乘客妨害船舶运营秩序或安全行驶的行为都难以入罪

依据《惩治妨害安全驾驶行为意见》第1条第2项的规定，“乘客在公共交通工具行驶过程中，随意殴打其他乘客，追逐、辱骂他人，或者起哄闹事，妨害公共交通工具运营秩序，符合刑法第二百九十三条规定的，以寻衅滋事罪定罪处罚；妨害公共交通工具安全行驶，危害公共安全的，依照刑法第一百一十四条、第一百一十五条第一款的规定，以以危险方法危害公共安全罪定罪处罚”。鉴于该《惩治妨害安全驾驶行为意见》将交通运输工具解释为“公共汽车、公路客运车，大、中型出租车等车辆”。于是，如果乘客在船舶上实施了前述妨害船舶运营秩序或危及船舶公共安全的行为，即使犯罪对象是正在驾驶船舶的船员，也无法被认定为“寻衅滋事罪”或“以危险方法危害公共安全罪”。

2. 驾驶人员擅离职守的也难以入罪

《惩治妨害安全驾驶行为意见》第 1 条第 3 项规定，“驾驶人员在公共交通工具行驶过程中，与乘客发生纷争后违规操作或者擅离职守，与乘客厮打、互殴，危害公共安全，尚未造成严重后果的，依照刑法第一百一十四条的规定，以以危险方法危害公共安全罪定罪处罚；致人重伤、死亡或者使公私财产遭受重大损失的，依照刑法第一百一十五条第一款的规定，以以危险方法危害公共安全罪定罪处罚”。然而，还是由于《惩治妨害安全驾驶行为意见》将交通运输工具解释为“公共汽车、公路客运车，大、中型出租车等车辆”。此类危险性行为如果发生在船舶上，即使驾驶人员擅离职守，与乘客厮打、互殴，也无法认定为“以危险方法危害公共安全罪”。虽然《刑法修正案(十一)》在设置“妨害安全驾驶罪”时没有排除将在船舶实施构成要件行为入罪的可能，但是，从司法实践的经验来看，目前尚没有入罪的生效判决，我们不得不认为《惩治妨害安全驾驶行为意见》对发生在船舶上的妨害安全驾驶行为的入罪起了负面作用。由于《惩治妨害安全驾驶行为意见》把妨害安全驾驶罪的犯罪场合限定在车辆之内，其他交通工具中发生的类似行为就会成为法外之地。例如，对于飞机上实施互殴等行为，依据《刑法》，可被认定为暴力危及飞行安全罪，而在船舶上实施类似的行为，则没有专门的罪名，便会导致漏罪问题。

三、船舶危险作业行为入罪难点

《刑法》第 134 条之一“危险作业罪”第 1 项罪状是“关闭、破坏直接关系生产安全的监控、报警、防护、救生设备、设施或者篡改、隐瞒、销毁其相关数据、信息的”行为。关闭船舶安全设施，严重影响船舶的安全驾驶,属于船舶不适航的一种表现,若成立“危险作业罪”还需要关闭安全设施的行为“具有发生重大伤亡事故或者其他严重后果的现实危险”的,才能够成立“危险作业罪”。在司法实践中,对“具有发生重大伤亡事故或者其他严重后果的现实危险”的理解与适用存在分歧。

(一)实践中关闭船舶安全设施行为的入罪标准不一

1. 因关闭船舶安全设施而入罪的案件集中于辽宁沿海城市

为掌握司法机关的适用情况,笔者在中国裁判文书网上搜索“船舶”与“危险作业罪”两个关键词,只有1篇裁定书,即舟山市中级人民法院2022年的“吴某某危险作业罪二审刑事裁定书”。以“海上”与“危险作业罪”两个关键词进行搜索,只有1篇二审判决书,即辽宁省丹东市中级人民法院2021年的“于某甲、于某乙等危险作业刑事二审刑事判决书”。再以“船”和“危险作业罪”进行搜索,搜到10篇法律文书,其中8篇是一审判决书,2篇是二审裁定书,8篇一审判决书中有6篇出自辽宁省东港市人民法院,另外2篇出自舟山市和岳阳市。前述案由大多是关闭AIS安全设施的行为,然而对其入罪条件的把握却不同。

第一种,私自关闭船舶安全设施行为直接入罪的情况。

被告人周某某作为辽丹渔捕××××号渔船的船主,为逃避渔业行政主管部门监管,以实现到东经124度附近海域捕捞更多渔获物的目的,在大风等恶劣天气导致相关执法船只不能出海执法的情况下,于2021年12月17日私自拆卸北斗放到辽丹渔运25216运输船上以制造涉案渔船尚在中国海域作业的假象,在风大浪高的情况下到东经124度附近海域进行捕捞作业。公诉机关认为,被告人周某某在生产、作业中违反有关安全管理的规定,破坏直接关系生产安全的具有监控、报警、防护功能的船载北斗终端设备，[1]具有发生重大伤亡事故或者其他严重后果的现实危险，其行为触犯《刑法》第134条之一的规定，应当以危险作业罪追究被告人周某某的刑事责任。法院认为，被告人周某某在生产、作业中违反有关安全管理规定，破坏直接关系生产安全的具有监控、报警、防护设备的船载北斗终端设备，具有发生重大伤亡事故或者其他严重后果的现实危险，其行为已构成危险作业罪，应予惩处。被告人周某某犯罪以后自动投案，如实供述自己的罪行，系自首，可以从轻处罚。依照《刑法》的规定，判处被告人周某某犯危险作业罪，判处拘役3个月。[2] 本案刑期不高，反映出办案法官对本案危险性程度的认识。被告人周某某在生产、作业中违反安全管理的规定，把具有监控、报警、防护功能的船载北斗终端设备放置在其他渔船上，导致自己驾驶的船舶处于安全报警设备缺失状态，在恶劣大气下到东经124度附近海域捕捞作业危险性极高，无法及时发现船舶交通运输危险。然而，能否认定其关闭船载北斗的行为“具有发生重大伤亡事故或者其他严重后果的现实危险”，还有研究的空间。目前，公诉机关已经把“紧迫性”加在“具有发生重大伤亡事故或者其他严重后果的现实危险”的条件之前，因而，对本案如果仅仅给予行政处罚也未尝不可，毕竟“危险作业罪”作为故意犯罪，会给罪犯的子女就业带来很多限制。

第二种，关闭船舶安全设施并同时要求出现“现实危险”的方可入罪。

---

① 北斗海洋渔业设备船载终端，是一种专门利用中国北斗卫星导航系统进行定位的设备。它集成了卫星信号接收、数据处理以及定位信息输出等功能，主要用于获取并提供精确的位置信息。它可为船舶作业者提供导航定位、船舶自动防碰撞报警、紧急遇险一键式报警功能；同时提供船舶之间，船岸之间的北斗短信互通服务；也可以广泛应用于陆地上兼容多数据采集设备，能实现在气象站、水利、电力等领域进行快速的通信数据传输。

② 参见辽宁省东港市人民法院刑事判决书，(2023)辽0681刑初第71号。

“危险作业罪”是具体危险犯，在犯罪客观构成要件中专门设定了“现实危险”的限制，而这一条件被公诉方理解为危及公共安全的“紧迫性”。例如，2021 年 7 月某日，“xs15 × ×”船舶驾驶人姜某运、罗某在不具备海事部门颁发的船长适任证书的情况下，驾驶总吨为 5908 吨的内河船舶出海从事海砂运输，为避免自己的船舶轨迹被发现，在出航后便关闭 AIS，因而导致船舶发生碰撞事故并沉没。该案的主要危险性行为是配员不足、关闭 AIS 等。上述行为违反《海上交通安全法》等法律法规，且关闭 AIS 的行为已经触犯《刑法》第 134 条之一的罪名，应认定为“危险作业罪”。①

本案的违规行为不仅有“关闭船舶安全设施”，还有无证驾驶机动船舶、船员配员不足、违规跨区航行等情形，虽然没有导致人员伤亡的结果，但是因为碰撞事故导致船舶沉没，具有发生重大伤亡事故或者其他严重的现实危险（紧迫性）情节。“xs15 × ×”船从事海砂运输的行为属于作业性活动，符合危险作业罪的前提条件，在这期间作为内河船舶违规出海跨航区航行，还存在船员配员不足，无法确保船舶航行安全，可以认定为违反前置性法规《海上交通安全法》有关安全管理的规定。案件结果表明，“xs15 × ×”船已经发生碰撞事故并导致沉没，虽然没有发生重大伤亡事故或者其他严重后果，但是其关闭 AIS 的行为却成为碰撞事故与沉船结果的起因，这个原因行为是具有发生前述重大事故的可能性的，应当被认定为危险作业罪。

2. “三无”船舶不安装安全设施多次冒险违规运输的行为如何定性

在实践中，有些“三无”船舶②除了没有证书之外，在安全设施的

---

① 本案系笔者在浙江沿海进行实地调研中了解到的案例。

② 所谓“三无”船舶，是指无船名船号、无船舶证书〔无有效渔业船舶检验证书、船舶登记证书、捕捞许可证〕、无船籍港的船舶。

配置与船员配额上也严重违背适航性要求，这类船舶多次冒险从事水上运输的，是否可依据危险作业罪的第 1 项和第 3 项罪状定罪处罚，目前没有定论。危险作业罪的罪状是列举式的，“关闭、破坏直接关系生产安全的监管、报警、防护、救生设备”并且“具有发生重大伤亡事故风险或者其他严重后果的现实危险”的，构成犯罪。然而，需要考虑的因素除了“三无”船舶在适航性的要求之外，还要考虑是否存在导致重大伤亡事故或者其他严重后果的现实危险，即是否具有发生这些危险的“紧迫性”。然而，如果虽然没有“紧迫性”出现，但是“三无”船舶多次冒险实施违规运输行为的，是否能够被认定为具有“重大伤亡事故或者其他严重后果的现实危险”？俗语道，“久在河边站哪有不湿鞋的”，“三无”船舶每实施一次违规运输行为，就是一次冒险作业，并随时可能导致实害结果的发生。

在司法实践中，“三无”船舶违规作业行为的危险性并没有引起足够的重视。例如，2022 年 10 月，被告人刘甲、许某某合资购买一艘“三无”小船，经改装后非法从事汽油营销活动。被告人刘甲在明知所购销的汽油系他人违法所得的情况下仍然进行违规买卖运输活动。2023 年 5 月 1 日晚，刘甲事先与“湘××301”船施某、“腾×1”船刘丙通过电话联系商量买卖汽油事宜后，刘甲伙同李某某、刘乙驾驶三无油船行驶至长江岳阳段新港锚地水域，从“湘××301”船施某处购买 92 号汽油 9 吨；从“腾×1”船刘丙处购买 92 号汽油 15 吨，共计支付油款 128,000 元。5 月 2 日凌晨，刘甲、刘乙、李某某驾驶小型“三无”油船停靠渔都码头，按事先约定向周某、被告人彭某某销售汽油，并在该码头将所购汽油转载至周某、晏某某驾驶的“湘 FA××××”油罐车和彭某某租赁的“鄂 JO××××”油罐车内。其中，刘甲以 7400 元/吨的价格向周某出售汽油 9.7 吨、以 7800 元/吨价格向彭某某出售汽油 14.77 吨，收取周某、彭某某购油款共计 187,000 元。彭某某从刘甲处购买汽油后，安排周某甲、向某驾驶"鄂JO××××"油罐车将汽油运至汨罗京古塘一居民房，存储在地埋罐内，后以6.5元/升的零售价格贩卖给私家车车主，已销售金额110,000元，另有2.1吨汽油被汨罗市应急管理局依法扣押，变卖款项14,665元。法院认为，被告人刘甲、许某某明知是犯罪所得而予以收购，情节严重，被告人李某某、刘乙明知刘甲、许某某收购他人销赃的汽油，仍受雇为其提供劳务，上述四被告人的行为均已构成掩饰、隐瞒犯罪所得罪；被告人彭某某、何某某违反安全管理的规定，从事汽油经营、储存活动，情节严重，构成危险作业罪。①

分析本案的犯罪行为，刘甲和许某某共同出资购买了"三无"船舶，并在海上多次非法从事汽油营销活动。该二人的行为已经符合《刑法》第134条之一第1项"关闭、破坏直接关系生产安全的监控、报警……设施"的规定，虽然判决书没有介绍这一案情，但是"三无"船舶为了避免海事机关对其行踪的监测不会安装或者不会使用北斗导航系统或AIS系统，这一情形符合"关闭、破坏直接关系生产安全的监管、报警、防护、救生设备"的规定，对"关闭、破坏"不能进行形式上的解释，而是要从实质上分析船上设施是否具备安全警示的功能。不安装安全设施自然不具有安全警示的功能，与"关闭、破坏直接关系生产安全的监管、报警、防护、救生设备"具有同等的效果。此外，判决书认定，"刘某与许某某二人合资购买一艘'三无'小船，经改装后非法从事汽油营销活动"，也符合《刑法》第134条之一第3项罪状中的"擅自从事危险物品经营活动"的规定。遗憾的是，刘甲和许某某最终被认定为"掩饰隐瞒犯罪所得罪"。

经过此案，"三无"船舶不安装安全设施多次违规运输的行为是否符合危险作业罪的第1项罪状——"关闭、破坏直接关系生产安全的

---

① 参见湖南省岳阳市君山区人民法院刑事判决书，(2023)湘0611刑初第90号。

监管、报警、防护、救生设备”规定，能否因多次实施违规冒险运输行为而定罪，尚需要进一步的研究。

（二）船舶不适航、船员不适任能否适用危险作业罪

广义的船舶适航性，不仅是指船舶性能、结构及船上安全设施配备齐全、船员适任、船上设施具有警示和预告安全风险的功能，还要求在事故发生时具有自救与向外求救的应对能力，因而船上救生设施、消防设施等安全设施也是评价船舶适航性的重要指标。船上配备的安全应急设施是船舶与车辆面对风险的重要差别，车辆发生事故是一瞬间的事情，挽回危险局面的机会不大，船舶则不同，即使船舶发生碰撞事故，通常也不会立即翻沉，船上人员还有自救逃生的时间。狭义的船舶不适航仅指船舶性能、结构与安全设施配备上的不合规，不包括船员不适任的情形。船舶不适航或船员不适任是导致船舶交通运输的重大隐患，随时会导致船舶安全事故，在哪些危险“具象”出现时能够适用预防性刑法提前进行防控，是非常复杂的问题。

1. 船舶不适航能否适用“危险作业罪”

船舶适航性在 ISM 规则[①]中有具体的要求，“在 ISM 规则下，船舶适航标准应包括以下几点：公司应建立和运行安全管理体系；应明确规定船长和指定人员的权力；要明确防止污染的目标和措施；具有狭义的适航能力；妥善装备船舶和配备供应；妥善配备船员；船舶适货”。[②] 同时，船舶适航性要求也反映在《海商法》第 47 条的规定中，

---

① 《船舶安全营运及污染防止国际管理章程》（ISM），是指国际海事组织于 1993 年 11 月 4 日决议通过一项章程，该章程的宗旨是对船舶运营及管理方式提供国际标准，以确保海上人命及财产安全。1994 年 5 月 ISM 被纳入《1974 年海上人命安全国际公约及其 1978 年议定书（SOLAS 74/78）》附录第九章。

② 参见郑曦：《ISM 规则下有关船舶适航的法律适用问题》，载《世界海运》2006 年第 4 期。

即“承运人在船舶开航前和开航当时,应当谨慎处理,使船舶处于适航状态,妥善配备船员、装备船舶和配备供应品,并使货舱、冷藏舱、冷气舱和其他载货处所适于并能安全收受、载运和保管货物”。在前述规定中,除了要求妥善装备船舶、科学合理配货、防止污染措施合规外,更主要的是对船舶安全管理的要求,因为船舶航行的风险主要是来自人的危险性行为。如果船舶装备不合规,未配备安全设施,或者不具备对风险的应急能力的,应当涉嫌构成“危险作业罪”,但是,对于现实危险的“紧迫性”的认定应当参考前文的理解和策略,只有对人身或财产造成现实危险的,才能被认定为具有“紧迫性”。由于船舶适航性要求比较复杂,在此无法对不适航的危险性行为进行列举,并且,由于每种不适航的危险行为的危险程度也不同,哪些应当适用“危险作业罪”入刑,目前难以形成定论,需要深入研究。

2. 船员不适任能否适用“危险作业罪”

依据船舶吨位不同,船员的配员数量和资质都有一定的要求,船员职业有等级之分,甲板部的船员分为船长、大副、二副、三副和水手,轮机部的船员又分为轮机长、大管轮、二管轮、三管轮和水手,这些人都必须经过专业的培训和考试才能取得船员证书。船员资质的取得须经专业培训教育和考试,从最低级的水手到三副、二副、大副和船长的晋级,都要经过培训与考试。未经过培训、考试与实习的,不可能取得船员证书。[①] 擅自从事船员值班工作的,属于船员不适任。

---

① 《船员条例》第9条规定:“参加航行和轮机值班的船员,应当依照本条例的规定取得相应的船员适任证书。申请船员适任证书,应当具备下列条件:(一)已经取得船员服务簿;(二)符合船员任职岗位健康要求;(三)经过相应的船员适任培训、特殊培训;(四)具备相应的船员任职资历,并且任职表现和安全记录良好。”

《船员条例》第 18 条第 3 项规定了船长的义务，包括“保证船舶和船员在开航时处于适航、适任状态，按照规定保障船舶的最低安全配员，保证船舶的正常值班”。① 依据《船舶最低安全配员规则》第 5 条的规定，船队的组建由船东、船长负责，因而，船员不适任的，由船长承担法律责任。② 船舶适航不仅仅是狭义的船舶适合航行，而是从航运企业合规的视角要求船舶公司建立安全管理体系，对航运活动进行全方位的管理，因而如果因船员不适任而导致安全风险的，其责任主体不只是船长或船员，还包括航运公司的管理人员。

在司法实践中，能否因船员不适任而使船长入刑？在哪些情况下能够入刑？由于“危险驾驶罪”只能适用于“道路”上，某海事局建议参照“危险驾驶罪”的构成要件将水上“危险驾驶行为”入罪，危险行为包括：(1)船员未持证的；(2)船舶证书失效、过期或者证书不齐的；(3)开航前明知船舶不适航而驾驶的；(4)酒后(吸食毒品后)驾驶船舶的；(5)船舶超载的。③ 前述第 1 项行为属于船员不适任，会影响船舶作业安全，笔者认为适用“危险作业罪”第 2 项罪状更妥当。当然，前提是“因存在重大事故隐患被依法责令停产停业……立即采取排除危险的整改措施，而拒不执行的”。至于犯罪主体是否包括船长之外的其他人，如船东，还需要进一步从共犯理论上进行确认。

---

① 《船员条例》第 18 条第 3 项规定了船长的义务，其中就有“保证船舶和船员在开航时处于适航、适任状态，按照规定保障船舶的最低安全配员，保证船舶的正常值班”的内容。

② 《船舶最低安全配员规则》第 5 条规定：“船舶所有人(或者其船舶经营人、船舶管理人，下同)应当按照本规则的要求，为所属船舶配备合格的船员，但是并不免除船舶所有人为保证船舶安全航行和作业增加必要船员的责任。”

③ 该信息系笔者于 2021 年在 H 省海事局进行调研获得。

（三）船舶违规运输危险化学品的行为如何定性

1. 船舶违规运输危险化学品的行为无法适用“危险驾驶罪”

《刑法修正案（九）》在第 133 条之一“危险驾驶罪”的罪状中补充了“违反危险化学品安全管理规定运输危险化学品，危及公共安全的”的情形。但是，危险驾驶罪的犯罪客观要件明确要求是“在道路上”发生的，也明确限制了该条款所适用的场合，无法适用于水上船舶运输的行为。水路运输危险化学品的危害性比车辆要严重，1998 年至 2008 年，中国管辖海域就发生了 733 起船舶污染事故，1973 年至 2009 年发生在渤海区域的就有 100 多起船舶溢油案例。[①]在这些事故中虽然不排除部分案件是意外事故所致，也不能否认有人为因素的重要作用。

2. 相关司法解释适用“以危险方法危害公共安全罪”导致同类犯罪不同罚

笔者在中国裁判文书网上收集到有关船舶运输危险化学品的犯罪大都是实害犯，且只有 6 篇文书，其中二审有 2 件、一审有 4 件。危险犯有 1 例，认定为危险作业罪，[②]该案系“三无”船舶违规从事汽油营销活动的犯罪。其犯罪行为中既有“运输”行为，又有“经营”行为，司法机关主要考虑“经营”行为，认定为“危险作业罪”。如果本案行为人仅实施了“运输”石油的行为，没有“经营”行为，依据《刑法》，既不能认定“危险驾驶罪”，也难以认定“危险作业罪”。《十部门意见》第 8 条第 5 项规定，在水路违规运输“易燃易爆危险物品”的行业，认

---

① 参见王业保等：《渤海海域船舶溢油事故风险评价》，载《海洋湖沼通报》2016 年第 2 期。

② 湖南省岳阳市君山区人民法院刑事判决书，(2023)湘 0611 刑初第 90 号。

定为"以危险方法危害公共安全罪"。[①] 依据《危险化学品名目》的规定,"易燃、易爆物品"属于"危险化学品"中的危险物品,[②]因而在水路违规运输"危险化学品"的行为,也应当依据《十部门意见》第8条第5项的规定认定为"以危险方法危害公共安全罪"。按照前述司法解释的规定,船舶违规运输危险化学品的犯罪比机动车违规运输行为的刑罚幅度差别巨大,前者的最低刑期是3年有期徒刑,后者定性为"危险驾驶罪",最高刑期是拘役刑。

对比发现,两种运输工具的刑罚差别如此之大,令人无法接受。如果将危险驾驶罪中"违规运输危险化学品的"罪状移至危险作业罪中,使违规"运输"与违规"经营"行为成为同一罪名中并列的可选犯罪手段,不限制交通运输工具的类型,都认定为"危险作业罪",似乎更容易解决问题。

四、妨害船舶安全通行的行为目前尚无入罪的《刑法》根据

由于我国《刑法》没有设立"妨害安全通行罪",无论是车辆通行受到妨害还是船舶通行受到妨害,都无法入罪入刑。从危险性上看,妨害安全通行行为与妨害安全驾驶行为一样,导致严重交通事故的盖然性也很大,将此类行为入刑将是刑法治理手段前移的必然结果。

通畅的水道是船舶安全航行的基本保障,通航水道需要定期疏浚以清除水下淤泥确保船舶不搁浅,除此之外,水道中间新建或改造桥梁必须保证桥孔通畅且方便船舶通行。然而,有些水上工程因管理不

---

① 《十部门意见》第8条第5项规定:其他在水路、铁路、航空易燃易爆危险物品运输活动中违反有关安全管理规定的,认定为以危险方法危险公共安全罪。

② 《危险化学品目录》第1条第1款对危险化学品作了定义:"具有毒害、腐蚀、爆炸、燃烧、助燃等性质,对人体、设施、环境具有危害的剧毒化学品和其他化学品。"并且,在《危险化学品目的》的分类上,爆炸物、易燃气体、易燃液体都属于危险化学品。

到位未将新改造的通航线路及时发出公告，或者桥孔照明功能欠缺或存在其他障碍物，便会妨害船只正常通行。例如，由于我国至今没有桥梁非通航孔防撞设施建设的国家规范与专业标准，加之桥梁建设方的资金投入有限，通航孔的安全防护问题至今没有解决，一旦遇到大雾天气便极易造成碰撞事故。例如，2016 年 1 月 15 日，原告所承保的“湘益××5393”轮经沪昆线下行到湘潭大桥时，与该桥梁发生触碰事故，造成船舶和桥梁受损。湘潭市地方海事局就涉案事故作出调查结论书，[①]认定“湘益××5393”轮翻转回收式皮带架折断。“湘益××5393”轮液压油泄漏，导致船舶舵机失效偏离航向，是造成此次触碰事故的主要原因；“湘益××5393”轮船员未严格按照操作规程履职到位，驾驶员在紧急状况下应对不力，是造成此次触碰事故的次要原因；“湘益××5393”轮的皮带架没有收缩翻转，也是造成此次触碰事故的次要原因；湘潭大桥助航标志及安全警示标志设置不规范，影响驾驶员保持正规有效瞭望，是造成此次触碰事故的又一次要原因；由于事故水域桥梁设置过于密集，导致船舶舵机失灵后没有足够的距离和时间采取有效避免紧迫危险的应急措施，是造成此次触碰事故的又一次要原因。该结论书在事故当事人责任中认定：其一，“湘益××5393”轮违反《内河交通安全管理条例》第 8 条、第 9 条的规定，应承担事故的主要责任；其二，湘潭大桥未按规定设置助航标志和安全警示标志，桥涵灯及桥柱灯失效，违反了《航道法》第 34 条和《内河助航标志》、《内河通航水域桥梁警示标志》的相关规定，应承担事故的次要责任。

笔者认为，湖南省湘潭市地方海事局出具的海事调查结论存在一

---

① 2016 年 4 月 12 日湖南省湘潭市地方海事局出具的 2016 年第 1 号内河交通事故调查结论书。

定的疑惑。实际上,湘潭大桥有义务保障桥下畅通,结果“大桥未按规定设置助航标志和安全警示标志,桥涵灯及桥柱灯失效,导致船舶驾驶员出现视觉盲区,影响了正规有效瞭望;同时,发生事故水域桥梁设置过于密集,致使船舶驾驶员没有足够的距离和时间采取有效措施避免紧急危险”。2016 年 1 月 15 日 6 时许,“湘益 × ×5393”轮从株洲境内名为“胡大姐”的临时砂石场空载下驶,途经湘潭大桥时,与该桥下水通航孔左侧桥孔钢桁架发生触碰事故(明显是桥的问题),致使“湘益 × ×5393”轮的皮带架穿过大桥钢桁架后折断卡住,造成湘潭大桥、“湘益 × ×5393”轮均受损。

从该案事故调查报告中的原因分析与责任判断中我们不难发现,湘潭大桥未按规定设置助航标志和安全警示标志,桥涵灯及桥柱灯失效这几个因素是妨害船舶安全通行并导致碰撞事故发生的次要原因,事故调查报告认定碰撞事故发生的主要原因是“湘益 × ×5393”轮液压油泄漏,导致船舶舵机失效偏离航向。对于这一结论,笔者存疑,因为对比本案的主次两项原因,“液压油泄漏,导致船舶舵机失效”与“助航标志和安全警示标志,桥涵灯及桥柱灯失效”。前者是船舶机械故障,在任何航行阶段都会导致船舶舵机失效,为何偏偏在通过桥梁时发生了碰撞事故?在此之前舵机为何没有失效?这个问题会让我们对“液压油泄漏,导致船舶舵机失效”这一逻辑关系产生怀疑。而后者属于妨害安全通行的因素,只在船舶通过桥孔时才会形成负面影响,因而,“湘益 × ×5393”轮在通过桥梁时因视线不好、驾驶线路不明确才与桥孔发生了碰撞,“视线不好—导致航行线路不明确—发生碰撞”,这个逻辑关系是非常清楚的,其他船只通过该桥时也会出现同样的问题,也具有碰撞的危险。

综上,笔者认为,“湘益 × ×5393”轮自身的舵效问题不是碰撞事故的主要原因,相反,“液压油泄漏,导致船舶舵机失效”确是碰撞事故发生的原因之一。因为“液压油泄漏”刚好就发生在船舶通过桥梁的时间,并导致舵机失效。再者,船舶自身“液压油泄漏”问题只会影响驾驶的体感与导致船舶偏离航向的可能性,而水道通航环境问题导致船只偏离航线的可能性要远远大于船舶驾驶障碍的问题。

第五章

交通运输危险犯刑法体系的修复与完善

基于前述交通运输风险犯罪预防性刑法的立法与司法考察，交通犯罪刑法体系上的不足已经得到梳理与还原，呈现给我们的问题是如何完善现有的刑法体系。这一问题不仅涉及罪名的扩展与规范的扩充，还需要从刑法理论与原则上对交通运输犯罪的刑法体系进行立体式的布局与规划，以平衡与协调交通犯罪预防性刑法与实害性刑法，乃至整个刑法体系的关系，使刑法功能得以顺利实现。

第一节　交通运输犯罪刑法体系修复与完善的理论根据与原则

交通犯罪虽然具有行政犯与刑事犯的双重属性，但行政犯属性是其本质特征，行政违法性是决定该领域行政犯入刑的基本前提，即行政违法属性是行政犯的前提。还有另一个重要因素是法益侵害性，即具有侵害公共交通安全的实害结果或者危险性。刑法扩充或限缩的基本理论根据是犯罪学理论,通过危害社会的现象、原因的分析寻找妥当的法律政策。正所谓"犯罪学让刑事立法找到理性"①,"如果没有对犯罪问题的犯罪学研究,就没有对犯罪问题的全面的、整体的和真正本质上的研究和把握",②预防犯罪的刑事政策和刑事立法也失去了根基。

一、交通运输犯罪刑法体系修复与完善的根据

法学的体系性是其最基本的属性,完善交通运输预防性刑法,需要将交通运输行政管理法规与相关刑法规范协调统一起来,这也是完善法律体系的理性思考与完善的方案。

(一)哲学与犯罪学依据

"从事实、规范和价值三个基本维度对犯罪问题进行立体研究,才能做到政策科学、规范有据,进而发挥治理犯罪的最佳效果。然而,从我国刑法学研究的实际状况来说,尽管早在 20 世纪 90 年代初,刑事一体化的研究就引起了一定的关注和比较广泛的讨论,但真正将犯罪学的思考、刑事政策的形成与刑法学的研究有机结合在一起的研究成果寥寥可数,犯罪学与刑法学之间如何互动与关照的著述更是阙如。"③

1. 哲学量变到质变理论

德国哲学家黑格尔提出"质"与"量"辩证统一的理论,对后世影

---

① 王牧:《犯罪学让刑事立法找到理性》,载《检察日报》2007 年 8 月 21 日,第 3 版。

② 王牧:《犯罪学与刑法学的科际界限》,载《中国法学》2004 年第 1 期。

③ 张旭:《中国刑法学研究:现状梳理、问题分析与发展前瞻》,载《中国刑事法杂志》2020 年第 6 期。

响非常之大。他以发展的眼光看待“质”和“量”的关系,并将此关系描述为辩证统一体,而不是相互割裂或者相互并列的机械关系。该理论的核心思想是量的变化会导致质的变化。一切事物都是有量的变化,但是量的大小并不影响它们的“存在”。不过,这种“不影响”同时也是有限度的。一旦超出此种限度,事物就会发生改变。于是从尺度出发,就可进展到本质。① 黑格尔认为,量变是一个“渐进性”的过程,而质变是“渐进过程的中断”,是一种“飞跃”。这种质量互变的关系也恰恰反映了交通运输犯罪危险与安全事故发生的“渐进”关系,也为危险犯的可罚性提供了理论依据。法恩法则告诉我们,每一起严重的事故背后,必然有 29 次轻微事故和 300 次事故未遂先兆以及 1000 次事故的隐患。

2. 犯罪的不可避免性理论

“犯罪学的逻辑起点,实际上就是学者的犯罪观。一位学者对犯罪的总的认识,正是从他选择的逻辑起点出发而展开的……以下三点归纳为犯罪学发展的逻辑起点:(1)犯罪现象论的‘犯罪不可避免性’;(2)犯罪原因论的‘个体与环境的互动性’;(3)犯罪控制论的‘潜在犯罪人论’——即人人是潜在犯罪者。”②根据这一逻辑,犯罪是不可能被消灭的,刑法立法与司法只能尽可能地通过发挥作用控制和减少犯罪的发生。由于我国汽车的保有量逐年攀升,特别是家庭用的小轿车因为价格降低、车型轻便等原因已经走进大多数的城镇家庭,由于城市道路的扩建远远跟不上车辆的发展速度,因而交通拥堵、交通肇事也成为城市发展不可避免的现象。依据犯罪学理论,城市内的交通运输犯罪不但不可避免,而且呈现多发趋势。以这一逻辑为起

---

① 参见[德]黑格尔:《小逻辑》,贺麟译,商务印书馆 1980 年版,第 188 页。

② 皮艺军:《犯罪学研究论要》,中国政法大学出版社 2001 年版,第 2 ~ 3 页。

点,控制和减少交通运输犯罪导致的实害后果,就必须控制其前端违反交通运输管理法规的危险行为,把风险控制在实害结果发生之前,这一点尤为重要。如果交通事故无法避免,在前端控制交通犯罪的风险便是最佳的选择。

3. 个体与环境的互动理论

关于犯罪的原因,曾经先后出现过生物原因论、心理原因论与社会原因论。生物原因论的代表是意大利犯罪学家龙布罗梭,他提出的"天生犯罪人论"曾经在欧洲产生巨大影响。他认为犯罪不是社会的产物,而是人类经隔代遗传继承了原始人的野蛮习性,这些人就是作为犯罪者来到人世间,犯罪是个体所不能逆转的行为。[①]个体与环境的互动理论体现了生物原因、心理原因与社会原因三大犯罪原因论的综合性作用。换言之,由于犯罪原因是个体自身的生物因素和心理因素与客观环境交融的结果,因而,预防交通犯罪既要针对责任主体的身心特点,控制避免其实施交通违法行为,也包括关心、体会驾驶人员和监管人员的身心健康问题。在客观环境层面,需要控制诱发事故发生的各种危险,包括交通运输工具、道路和水域环境等因素。

(二)情境犯罪学理论

情境犯罪学的理论基础是犯罪社会学理论,即从社会环境中寻找犯罪的原因,比较有代表性的观点是意大利学者菲利在《犯罪社会学》一书中阐述的社会环境与犯罪的关联关系。菲利主张,人的任何行为均系人格与人所处的环境相互作用的结果。无论哪种犯罪,从最轻微的到最残忍的,都不外乎是犯罪者的生理状态,其所处的自然条件和

---

① 参见马克昌主编:《近代西方刑法学说史》,中国人民公安大学出版社 2008 年版,第 171 页。

其出生、生活或工作于其中的社会环境三种因素相互作用的结果。①按照这一说法，犯罪的成因是个体生物因素、自然因素、社会因素相结合的产物。

1. 潜在犯罪理论

与菲利的犯罪社会学观点不同，情境犯罪学理论认为每个人都具有犯罪的潜质，之所以没有实施犯罪行为，是因为没有碰到有利于犯罪的情境，一旦出现适合犯罪的情境，犯罪人便会实施犯罪行为。“情境犯罪学所暗含的潜台词是，可能犯罪的人和不可能犯罪的人之间几乎没有什么差别……情境或机会是所有犯罪行为的基本条件，虽说仅有机会并不一定能促成犯罪，但没有犯罪的条件或者机会，即便是有可能犯罪的人，也不至于实施犯罪。”②这一理论的核心思想是，犯罪的原因不仅在于每个人潜在犯罪人格或素质，还在于当下客观环境的诱惑与刺激，如果客观环境激发行为人产生了犯罪动机，则这一环境就成为犯罪情境。此说法与奥地利精神病学家弗洛伊德提出的人格结构对犯罪的影响理论相近，按照弗洛伊德的说法：一个正常人与犯罪人仅隔一步之遥，若稍有不慎，我们都可能成为犯罪者。终其原因，犯罪的发生还是客观环境对主体感观的刺激进而形成了犯罪动机。所以说，情境犯罪学从表层上是说客观情境对犯罪的影响，而实质上却是描述了犯罪嫌疑人犯罪动机形成的具体原因，其根本问题是主观动机形成的机理问题。

无论怎样，通过预防犯罪动机的产生进而预防犯罪的路径是有价值的，也是值得提倡的。从控制论层面，如果“人人都是潜在的犯罪人”，那么也就意味着法律必须保持平等地对待每一个人，并且假设每

---

① 参见马克昌主编：《近代西方刑法学说史》，中国人民公安大学出版社 2008 年版，第 205 页。

② 黎宏：《情境犯罪学与预防刑法观》，载《法学评价》2018 年第 6 期。

一个人都可能成为犯罪者，事先预防违法行为的滋生与泛滥便成为控制和减少犯罪的必要手段，这一理念也恰恰契合了风险刑法的存在价值。

2. 犯罪场理论

“当代的情境犯罪学产生于20世纪80年代以后，人们逐渐认识到刑事司法体系对于预防和减少犯罪极其有限，犯罪的发生，‘情境’(situation)因素发挥着重要作用。”①不给犯罪提供机会的情境犯罪学，在20世纪80年代得到学界认可，这一理论与储槐植教授的“犯罪场”具有异曲同工的效果。储槐植教授认为，一定的社会因素和个体因素相互作用产生犯罪，这一过程总是在某种背景下实现的，这种背景称为作用(犯罪作用场)，由时空要素、潜在犯罪人和侵害对象因素所构成。后来，储教授又把犯罪原因产生犯罪效应的特定领域称为犯罪场，或者，犯罪原因实现为犯罪行为的特定领域称为犯罪场。这个场不是自然界的场所，而是存在于社会关系中的“社会场”，该犯罪场具有犯罪控制机制弱化的情况。② 此即犯罪场有利于犯罪人实施犯罪行为并逃避侦查。正因如此，从犯罪学意义上讲，犯罪场理论给我们的启发是，通过控制犯罪的时空和潜在犯罪人等因素便可以预防和减少犯罪的发生。

前述理论在揭示犯罪客观原因时都聚焦于情境对潜在犯罪人的诱惑，在控制犯罪的理论上也是大同小异，主要的理念是通过控制犯罪的机会或者条件进而预防和减少犯罪。正如某学者所言：从20世纪80年代开始，人们开始从诱发犯罪的环境和条件的角度出发，提倡不给犯罪提供机会的情境犯罪学，并且取得广泛成功。这种学说不仅

---

① 黎宏：《情境犯罪学与预防刑法观》，载《法学评价》2018年第6期。

② 参见储槐植：《刑事一体化要论》，北京大学出版社2007年版，第254～255页。

将犯罪原因降低为导致犯罪的可能性，还改变了传统犯罪学的观念，为预防犯罪提供了切实可行的操作方法。其中所显现的通过减少、消除犯罪机会或者条件来预防犯罪的理念，正在并且将来必然还会对刑法学的发展产生影响。我们的刑事立法和司法以及刑法学研究，均应当从“打击犯罪”向“预防犯罪”方向倾斜。① 该理论也成为刑法从传统的惩治实害犯的模式，向惩罚危险犯的模式发展的原因。

3. 风险控制前置化理论

刑法对行为人具有引导作用，风险控制的前置化更加突出强调人们对法的忠诚，并将这种信念贯穿于生活和工作中。前置化理论表现在刑法上，则是催生出大量的预防性刑法规范。预防性刑法会让潜在的犯罪人认识到什么是被禁止的行为，引导其控制自己的行为方式、远离被禁止的行为，以实现刑法预防犯罪的社会功能。

预防犯罪的理念目前已经体现在国内的刑事立法与刑事司法中，大量危险犯的设置契合了风险控制前置化理念，体现在交通运输领域，便是将风险控制在实害结果的未然状态之下，增加交通运输危险犯成为一种必然的选择。在此需要注意另一个问题：增加交通运输危险犯势必对交通运输的效率产生一定的负面影响，至少在短期内会呈现人为限制“多拉快跑”的繁忙景象。但是，从保护人身与财产安全的法益层面进行评估，自然是利大于弊。我们面临一个重大课题是，如何平衡通行安全与通行效率的问题。不解决这一问题，预防性刑法将成为阻碍经济发展的羁绊。

（三）安全与效率平衡的刑事政策

车辆安全通行问题已经得到普遍关注，《道路交通安全法》对高速公路最高时速的限制无疑是为了解决安全问题而实施的一项管理措

① 参见黎宏：《情境犯罪学与预防刑法观》，载《法学评价》2018 年第 6 期。

施,因而,超速问题在高速公路上真正得到了控制,因超速导致的交通事故也日益减少。然而,2008 年与 2024 年春运与恶劣天气相加导致的高速公路堵车问题得到社会各界的共同关注,堵车的原因主要是没有控制好车辆通行的最低时速,个别车辆要么在高速上以每小时 60 公里左右的速度龟速前行,要么便是并排前行挡住后车超车的通道,为此,超低速问题已经被司机深恶痛绝,很容易引发连环碰撞事故。

"目前由于受资金、技术、体制和观念等的制约,我国高速公路的管理水平总体上还比较落后。一方面,车速限制标准的制定尚缺乏理论研究成果作为技术支撑,另一方面,我国目前尚未有一整套全面、翔实的针对高速公路不同情况实施合理限速的方法、指南或规范。"①到底如何控制车辆的速度为最佳,需要从实践中探求。有学者提出理论根据:"在确定高速公路最低车速限制值时,应在保证事故率小于容忍值的前提条件下,实现高速公路的运行效率与汽车的燃油经济性。具体遵循的原则如下:最低车速限制应使车速离散程度不超过一定范围,将交通事故率控制在较低水平;最低车速限制值应尽量接近经济车速,以保证低油耗量。"②

(四)公众关切与秩序维护理论

随着社会风险的增加,民众对交通安全与秩序的期望也随之加强,立法者为了缓解舆论压力,便会使危险犯呈现扩大化趋势。扩大犯罪圈的做法虽有扩张国家权的嫌疑,然而却是最有效回应国民关切的法律手段。正如有学者所言,为什么我们会认为只有犯罪行为才应

---

① 秦丽辉、徐亮、蒋天恩:《高速公路车速限制实施方法研究》,载《长春工程学院学报(自然科学版)》2009 年第 1 期。

② 程国柱、裴玉龙:《高速公路最低车速限制方法研究》,载《中国科技论文在线》2009 年第 10 期。

受到如此严重的处罚，而其他越轨行为却不需要科处刑罚？这种观念显然不是由法律规定产生的，因为规定不能直接产生观念。这种观念的背后主要是通过刑罚的严厉性在国民的意识中留下了深刻的印象。①

二、交通运输危险犯刑法体系修复与完善的原则

（一）人权保障原则

预防性刑法规定的增加必然带来犯罪圈的扩张，为防止犯罪与刑罚对无辜者的侵害，应当在立法上给予一定的限制。有学者从功能主义的刑法视角提出预防性刑法立法的三个理念：第一，刑事立法应当与科学的风险预测、评估联系在一起；第二，刑事立法应改变单纯的控制思维，实现风险防控与人权保障相结合；第三，应当考虑多轨制的立法模式。② 由此，刑法的扩张应当以综合治理的视角，在保障人权的前提下实现犯罪控制。由于纯粹的功能主义存在其自身的弊端，不能充分关照到犯罪预防的长期社会效果，有必要寻找更合适的方法。梁根林教授认为，面对预防刑法，应当超越肯定与否定的立场选择之争，重点是在客观、深刻地理解预防性立法的基础上，通过刑法教义学对条文的适用范围进行限缩。③ 无论如何，对人权的保障，是刑法最优的价值取向，而在协调公共利益与个人利益的关系时，公共利益优先也是人权保障原则的应有之义。

---

① 参见李洁：《论罪刑法定的实现》，清华大学出版社2006年版，第162页。

② 参见劳东燕：《风险社会与功能主义的刑法立法观》，载《法学评论》2017年第6期。

③ 参见梁根林：《刑法修正：维度、策略、评价与反思》，载《法学研究》2017年第1期。

(二)公平正义原则

当代中国法治建设的瓶颈不是无规则,而是有规则无规范,公民的守法意识没有建立起来,遇到问题仍然使用熟人社会的习惯思维。调研发现,车辆违章较多,很多司机第一反应就是打电话找熟人,都想通过法外的方式化解矛盾。船舶肇事后的第一反应也是规避责任,通过找熟人解决问题的情况也比较常见。这充分说明我们的规则意识没有充分建立,法律规范时常被悬空,难以实现执法公平与司法公正。耶赛克教授认为,"保护社会的目的只有以公正的方式才能实现,如果刑罚应当作为有责的违法行为的抵偿,就必须保持责任内容和刑罚的适当比例关系,过高或过低地适用刑罚都是应当予以禁止的"。①

(三)法秩序统一原则

法秩序统一,是指在宪法的统领下,国家立法与司法在维护国家、集体与个人合法权益时所建立的法律秩序。无论是刑法还是民法、行政法,都应在尊重宪法的前提下建立统一的立法理念与法治原则,使法律秩序之间互不冲突与矛盾,该秩序表现为各类法律之间具有协调性、没有实质的冲突,而并非指法律系统内部的概念或法律效果的统一性。

交通运输预防性刑法的扩张与限缩都要坚守"法秩序统一"的理论原则,但是不能排除法律之间的依附关系。对行政犯,虽然行政法规处于前置法的地位,但也不能低估刑法在整个法律体系中作为一种保障法的属性或地位。预防性刑法是其他行政法与民法中预防性规范的补充法,对于其他规范而言具有从属性,具体表现在如下两个层

---

① [德]汉斯·海因里希·耶赛克、托马斯·魏根特:《德国刑法教科书》,徐久生译,中国法制出版社2001年版,第31页。

面的从属性上。

1. 对国内交通运输行政法的相对从属

交通运输是技术含量较高、危险性较大的一项作业活动，因而，对交通运输危险性的判断，也同样需要交通运输行业的技术支撑与行政法的行业判断化标准。当然，从属于国内交通运输行政管理法规的交通犯罪立法，并非要顺从行政违法界定标准，当危险性行为达到一定量的积累便会发生质的变化，由违法转化为犯罪行为。行政刑法虽然具有依附性，但也具有其独立的品性，只有当违法行为侵犯或威胁人身法益与财产法益时，才会从触犯公共安全与公共秩序质变为犯罪。

2. 对国际海事法律法规的相对从属

鉴于海上交通运输具有涉外性，海上交通运输规则具有国际性，判断海上交通运输风险，也"需将国际海事避碰规则和船舶肇事的技术原因与刑罚理论、立法和司法进行全面对接"。[①] 自《刑法修正案（八）》增设危险驾驶罪以来，截至《刑法修正案（十一）》，我国《刑法》已经增设了4个危险犯：危险驾驶罪、妨害安全驾驶罪、危险作业罪、高空抛物罪（有学者认为是情节犯）。在积极刑法观的影响下，危及公共安全的危险犯将有继续扩张的可能。

（四）集体法益保护原则

与现代社会交通运输风险逐渐提升一样，现代刑法也在日益加强集体法益的保护功能，因为集体法益强调的是法益的社会功能，为了预防各种危害社会风险，在经济刑法、环境刑法、秩序刑法（或行政刑法）中集体法益保护普遍存在。"不只是中国刑法倚重抽象危险犯来

---

① 赵微：《海难事故，如何追究刑责》，载《光明日报》2017年11月16日，第15版。

保护集体法益,这其实是一种全球的共同做法。”①刑法保护集体法益的边界,通常深层次受制于不同时代的国家任务及其政策目标的指引,且随着社会转型、国家任务的不断扩张,集体法益的刑法保护及其强化会更加具有行业特色。

交通运输是社会经济发展的命脉,因而,有人认为,经济高速发展必然带来交通运输的风险,“多拉快跑”是追求经济效率的必然要求,因而否定对交通犯罪,特别是货车运输风险行为的犯罪化。理由是,如果将货车超载行为入罪,必将带来一定的负面影响。“顾虑之一是,货车不超载不赚钱,如果过分打击货车超载可能影响经济,如果强制将货车严重超载入刑,将会面临‘法不责众’的困境。”②然而,在社会风险增多的背景下,公共安全具有公共利益的属性,对公共安全的破坏会必然带来集体的恐惧,于是,保障安全之功能逐渐占据刑法的核心地位。交通安全处于公共安全的前沿,随着交通风险的加大,立法只会把越来越多的与交通安全利益相关的法益列入刑法,而且保护的标准也将实现“由法益侵害到法益侵害危险”的基本转变,致使抽象危险犯大量增加。③ 在立法技术上,提倡集体法益的刑法保护,便于将风险防控提升到更前端的法规范控制领地。刑法向前延展也必然带来侵犯集体权益的风险,因而如何在保障国家刑罚权扩张的同时使集体法益得到保护,已然成为一个新的课题。陈兴良教授指出“只有在罪刑均衡这一理论框架下,将社会危害性与人身危险性,从而也就是将刑罚一般化与刑罚个别化统一起来,才能将罪刑均衡建立在更为可靠的逻辑基础之上,达到理论上的圆满与贯通”。④

---

① 姜涛:《现代刑法的立法转型与再法典化》,载《中国刑事法杂志》2023年第2期。

② 唐伟:《货车超载入刑要避免法不责众》,载《法制日报》2015年12月7日,第7版。

③ 姜涛:《论集体法益刑法保护的界限》,载《环球法律评论》2022年第5期。

④ 陈兴良:《刑法的价值构造》,中国人民大学出版社2006年版,第517页。

(五)比例原则

比例原则最初来自德国公法的一项原则,其核心思想是,在国家权力的公正性基础上,以公共利益为价值取向,尽可能选择对公民损害最小的方法以实现对公共利益的维护。

1. 比例原则的理论来源

比例原则是在公正性原则的基础之上建立的,古希腊的先哲曾明确指出:公正,就是合比例,不公正,就是破坏比例。[①] 公正性体现在公权利的措施或对公民的损害要与保护公共利益的目的相协调,公权利与公民权利二者之间的比例要符合公正性的需要。当然,比例原则的本质是,通过限制行政权利以保护当事人的合法权益。德国的行政法学家奥托·麦耶认为,“行政权追求公益应有凌越私益的优越性,但行政权力对人民的侵权必须符合目的性,并采行最小侵害之方法”,[②]这便是“比例原则”最初的来源。

2. 比例原则对公权利的制衡

比例原则引导公权利在行使中要处理好两种关系,“一是国家活动中目的与手段的关系,二是公民的自由权利与公共利益的关系……既要赋予国家权力一定的优越性以实现社会公共利益,又要防止国家权力过分介入私领域而干涉公民权利”。[③] 在二元制裁体制下,国家公权力包括行政权与司法权,为此,比例原则不但要限制行政权利的无限扩张,也要求司法侦查活动中的适度性与均衡性,在司法侦查活动中可以有效调节审判目的与手段之间的关系。其核心要义在于防

---

① 参见[美]莫蒂默·艾德勒、查尔斯·范多伦编,《西方思想宝库》编委会译编:《西方思想宝库》,吉林人民出版社 1988 年版,第 943 页。

② 参见叶俊荣:《论比例原则与行政裁量》,载《宪政时代》1986 年第 3 期。

③ 王名扬、冯俊波:《论比例原则》,载《时代法学》2005 年第 4 期。

范行政权与司法权的滥用。"任何一部刑法规范在注重实害性的同时,也侧重对危险性的考虑。故研究的核心并非预防在刑法范式中是否应发挥作用,而在于预防究竟应发挥多大的作用。"①

3. 比例原则在交通运输预防性刑法立法中的适用

比例原则在立法与司法中发挥着举足轻重的作用,有学者指出,"比例原则具有实体规范与方法规范的双重面向"。② 在针对船员犯罪的司法活动中,比例原则要求司法结论的认定必须依据刑法规范的内涵而展开,不得违背罪刑法定原则;在方法规范上,比例原则要求侦查手段与立法必须符合刑事法的程序与证据运用的规范,不得在司法过程中侵犯船员的合法权益。

(六)责任主义原则

判断行为人是否要承担责任,不仅要看其实施行为所导致的危险性与实害结果,还要考虑行为人本身实施行为的动机和目的进而分析其主观恶性的大小。这便是责任主义的实质内涵。刑罚的目的在于其预防性,责任主义要求刑罚的对象范围必须是针对违法犯罪行为有控制责任的主体,对缺乏责任的人科处刑罚无法实现刑罚的目的。

在责任层面,法定犯的违法性认识是对行为的法律意义的认识,以规范的违反为责任的前提条件。对交通运输行业来讲,这种规范应当是防止运输风险的岗位职责等要求;对于负有安全义务的人来讲,具备发现风险并且避免此类风险的能力是入职的前提条件,应当将其

---

① See Alan M. Dershowitz. (2007) *Preemption: A Knife that Cuts both Ways*, W. W. Norton & Company, p. 32. 转引自胡霞:《国家安全视阈下刑法的预防性路径研究》,载《中国刑事法杂志》2017 年第 5 期。

② 张兰兰:《作为权衡方法的比例原则》,载《法制与社会发展》2022 年第 3 期。

视为一种严格责任,不具备该责任的人,不应涉足此行业。举例而言,没有船员资质的人不应当担当船员职务,这一点是不容置疑的,这也是法定犯与自然犯在违法性认识上的不同。法定犯的违法性认识与传统的罪过形式,看似都属于犯罪主观方面的内容,然而两者却存在本质差别。违法性认识对法定犯来讲是主体的一种能力,应当突破犯罪故意的范围,被赋予独立价值。换言之,违法性认识作为主体的一种能力,可以被纳入责任的范畴进行考评。

交通运输预防性刑法的立法与司法也应当确立如下观念:一是交通运输风险只能规制而不可能消除,追求零风险或对风险的零容忍必将贬损交通运输的效率;二是需要将有限的司法资源投入具有最佳防控效果的风险类型的规避与防御上;三是应当考虑在船员之间如何分配风险才能起到最佳的预防效果。例如,在不适航的船舶冒险出航,违规运输危险化学品涉嫌危险作业罪的情况下,如何圈定刑事责任主体范围,就需要考虑船舶适航的义务主体有哪些、谁是主要责任人。虽然在通常情况下船长对船舶适航与船员适任负主要责任,但是如果船东不听船长劝阻执意冒险航行,也应减轻船长的责任。

第二节　交通运输危险犯刑法体系完善的方案与路径

刑法扩充的原则是与人们对刑法的观念紧密相连的,包括刑法的性质、价值、功能、罪刑关系、立法与司法等综合要素以及民众对上述问题的认识、情感和评价。无论怎样的扩充与调适,需要考虑法秩序的统一性,即在由宪法、刑法、民法、行政法等不同部门法组成的整体法秩序中不应存在矛盾,各部门法亦不应出现相互冲突的解释。①

一、交通运输犯罪刑法体系完善的方案

刑法体系包含刑法规范的内容与结构,交通运输预防性刑法体系具有两大核心要素:一是交通运输领域的刑法规范;二是交通运输领域的预防性刑法规范。将二者有机结合在一起才称得上是交通运输预防性刑法的体系。

我国交通运输刑法体系本身存在结构性缺失问题,罪名不足是其附随性产物。受长期以来交通运输刑法整体上粗放、偏重道路交通、消极的立法观的影响,预防性刑法体系也自然逃脱不了被束缚的命运。意欲从整体上挣脱交通运输预防性刑法体系上的束缚,必须从结构上进行大手术,并通过法规范的输血进行整体上的疏通与滋养。

(一)构建科学完善的交通运输犯罪刑法体系

以积极刑法观的立场全面审视交通运输刑法体系的全貌,梳理交通运输刑法体系的结构与内容,不难发现:我国交通运输刑法根本没有体系可言,仅有的十几个罪名分散在《刑法》第二章危害公共安全罪中的不同位置,罪名没有连贯排列,其分布和排序也没有一定的规律,水上交通刑法规范基本是空白,罪名的设置没有考虑交通工具的类型与交通犯罪的起因。笔者建议重新建构我国交通犯罪的刑法体系,系统划分交通犯罪的种类,弥补欠缺的罪名,处理好整体与部分之间的逻辑递进关系,在保障有效治理交通犯罪的前提下,便于司法操作与普通公民的理解。

---

① 参见[日]松宫孝明:《刑法总论讲义》,钱叶六译,中国人民大学出版社 2013 年版,第 81 页。

1. 大型交通工具与小型车辆分类规制交通犯罪

鉴于交通工具的大小规模与性能的不同，建议将其划分为两大类罪名：一类是大型交通运输工具，包括船舶、火车与航空器；另一类是小型的有轨电车和汽车。对于同样的犯罪，可将前者归于同一个罪名中，如交通肇事犯罪，所有的大型交通工具可共用一个罪名，电车与汽车可共用另一个罪名。《俄罗斯联邦刑法》就采取这样的立法，第 264 条规定了"违反道路通行和车辆驾驶(操控)规则罪"，针对的是陆上无轨电车和机动车的犯罪。《俄罗斯联邦刑法》第 263 条针对前述车辆以外其他大型运输工具的交通事故，罪名是"违反铁路、航空、海上、内水和地铁安全通行与安全驾驶规则罪"。这种分类方法能够保证将类似的交通工具归入同一罪名中，便于设计犯罪构成条件，且能够避免漏罪发生，值得我们借鉴。

2. 划分四类交通犯罪、重新布局交通犯罪刑法体系

细化我国交通犯罪的种类，可以分为四大类：第一类发生实害结果类交通犯罪：重大飞行事故罪(第 131 条)、铁路运营安全事故罪(第 132 条)、交通肇事罪(第 133 条)、过失损坏交通工具罪(第 119 条)与过失损坏交通设施罪(第 119 条)；第二类违反驾驶规则类犯罪：危险驾驶罪(第 133 条之一)；第三类妨害安全驾驶类犯罪：暴力危及飞行安全罪(第 123 条)，妨害安全驾驶罪(第 133 条之二)，破坏交通工具罪(第 116 条)，劫持航空器罪(第 121 条)，劫持船只、汽车罪(第 122 条)；第四类妨害安全通行类犯罪：破坏交通设施罪(第 117 条)。此外，还有一个口袋罪：以危险方法危及公共安全罪(第 114 条)，交通犯罪共有 13 个罪名，占用 12 个法条。其中，交通犯罪预防性刑法条文有 8 个，占用 7 个法条，罪名是后三类交通犯罪，如果把口袋罪"以危险方法危害公共安全罪"拿掉，只有 7 个罪名。鉴于目前这四类犯罪的布局结构与罪名设置严重失衡，笔者建议从四

个分类上重新规划交通犯罪的罪名排序，充分考虑整体与局部的协调关系。

3. 新罪名的法条排序应兼顾危险与实害犯的协调性

我国近年来新增加的交通犯罪“危险驾驶罪”和“妨害安全驾驶罪”都有应急式立法的嫌疑。也许是因为立法比较仓促，便把两个危险犯的罪名加在一个已经发生实害结果的罪名（交通肇事罪）之后，成为第133条“之一”条与“之二”条，导致交通刑法体系更加无序，缺乏对交通犯罪的整体布局和设计。交通肇事罪与后增设的两个危险犯的罪名看似在交通工具的属性上存在共性，都是车辆。然而，交通肇事罪还包含有船舶肇事，妨害安全驾驶罪的交通工具也没有排除船舶和火车等大型交通工具。因而，从交通工具的分类上看，妨害安全驾驶罪与交通肇事共用《刑法》第133条在逻辑上也不能自洽。如果从危险犯的性质上来排序，建议把妨害安全驾驶罪放在暴力危及飞行安全罪（第123条）之后，成为第123条之一，使交通运输危险犯集中归类，似乎更妥当。

（二）交通运输危险犯罪名关系的完善

我国交通运输危险犯主要针对车辆设置，包括船舶在内的大型交通运输工具的交通运输危险犯的立法非常薄弱，需要从体系构建的视角给予补充完善。

1. 弥补大型交通运输工具交通危险犯的刑法空白

我国交通运输犯罪立足于陆路环境而设置，有关车辆交通犯罪的刑法规范近年来逐渐得到完善，而水路、铁路和空中的交通预防性刑法规范极其单薄。船舶交通肇事没有独立的罪名，与车辆肇事共用《刑法》第133条“交通肇事罪”，其结果是，把两类外形、规模和使用功能相差悬殊、驾驶规则大相径庭的交通事故用同一个刑法条文进行规制，在罪刑法定的原则下根本无法实现罪责相当于司法平等。回到预防性刑法规范，危险驾驶罪的犯罪场景是“在道路上驾驶机动车”，把水路、铁路等危险性行为完全排除。妨害安全驾驶罪的犯罪场景是“行驶中的公共交通工具”，似乎这一概念完美涵盖了所有交通运输工具，然而，在妨害安全驾驶罪出台之前的 2019 年，《惩治妨害安全驾驶行为意见》在第 1 条第 7 项列举的交通工具中就没见到“船舶”和“火车”的踪影。目前，司法能否依据妨害安全驾驶罪惩治抢控船舶或火车驾驶操纵装置的行为，仍没有定论。在实践中，虽然大型客轮与货轮的驾驶室不允许值班船员以外的其他人员入内，抢控的可能性比较小。但是，抢控小型游艇或小型船只驾驶操纵装置的行为时常会有，而且未来随着游艇逐渐增多，此类危险性行为也必然会显现出来。如何将船舶纳入妨害安全驾驶罪的犯罪工具中是一个不可回避的问题。

笔者建议追加船舶交通运输犯罪实害犯与危险犯的罪名，要么将船舶肇事独立设置一个罪名“重大航行事故罪”，笔者在此之前针对增设“重大航行事故罪”提出过立法建议，①要么将该罪与“重大飞行事故罪”和“铁路运营安全事故罪”合并为一个罪名——“大型交通工具肇事罪”，与车辆交通肇事区别。针对船舶安全驾驶犯罪的立法缺失，借鉴有关航空器安全驾驶的“暴力危及飞行安全罪”、有关车辆安全驾驶的“危险驾驶罪”和“妨害安全驾驶罪”，建议在“危险驾驶罪”和“妨害安全驾驶罪”中补充追加违规驾驶船舶、火车和飞机的罪状，以弥补《刑法》立法缺失，以便保持交通运输行业的法秩序统一性。

2. 增设“妨害安全通行罪”新罪名

分析我国交通犯罪的刑法体系，立法规范的结构性布局缺少规律可循，发生实害结果的犯罪没有船舶交通肇事罪，妨害安全通行的问题，作为交通犯罪的重要来源，仅有一个罪名破坏交通设施罪，因而，

---

① 参见赵微：《海上交通事故刑法规制研究》，法律出版社 2020 年版，第 322 页。

需要充分考虑各类交通工具的不同性能，增加妨害安全通行罪的新罪名以填补空白。例如，新设“妨害车辆安全通行罪”与“妨害大型交通工具安全通行罪”等，使通行问题得到保障。《俄罗斯联邦刑法》的立法模式能够给我们提供一些经验，其交通运输犯罪被划分为两大类：违反“通行规则”的犯罪与违反“驾驶(操控)规则”的犯罪。例如，《俄罗斯联邦刑法》第 264 条规定了“违反道路通行和车辆驾驶(操控)规则罪”，罪名保护的法益就是通行规则与驾驶规则。再如，第 264 条之二规定了“受行政处罚被剥夺驾驶资格的人违反道路通行规则罪”，其罪名保护的法益仍然是“通行规则”。反观我国《刑法》，对通行安全的保护在规范上只有第 117 条的“破坏交通设施罪”，因为犯罪手段仅限于“破坏”交通设施，缺少其他因生产、生活目的而对道路、水路等通行线路的“妨害”手段。

目前，我们把交通肇事的原因大都归咎于驾驶行为的违规问题，轻视交通安全的环境保障与条件保障，不得不说是刑法立法的一大遗憾。

3. 增设独立的“公共交通危险犯”

我国《刑法》对交通运输犯罪设置了危险犯与实害犯，有时将两种形态的犯罪植入一个罪名之中，例如，第 123 条的“暴力危及飞行安全罪”，危险犯的刑期是 5 年以下有期徒刑或者拘役，实害犯(造成严重后果)的刑期是 5 年以上 10 年以下有期徒刑。破坏交通工具罪与破坏交通设施罪则是另外一种立法模式，危险犯虽然没有独立的罪名，但与实害犯不在同一个法条之内。这种立法模式有一定的优势，如果危险行为发展成为实害结果的可能性比较大，危险犯与实害犯共用一个罪名既能够有效节省立法资源，也能使刑罚幅度的设计更加合理。然而，此种立法模式也有一定的弊端。“日本刑法中的危害公共安全的犯罪都是危险犯，并不包括实害犯，因此称为公共危险罪。在这种情况下,放火罪不包括致人重伤、死亡的严重后果,因而其法定刑设定得较轻。如果发生致人重伤、死亡的情形,应当以故意伤害罪和杀人罪论处……采用这种立法方式,例如取消放火罪的实害犯,如果在放火过程中发生致人重伤、死亡或者重大财产损失后果的,完全可以按照处罚较重的犯罪定罪处罚,由此可以废除放火罪的死刑。这是一种技术性的死刑罪名废除方式,值得参考。"①

总之,提升交通运输危险犯的完整性与精准性,就必然要克服现有体系下的粗放型模式,以及对不同领域、不同环境下交通运输风险性行为犯罪化的区别性对待。目前,我国交通运输预防性刑法体系呈现的是畸形的构架,偏重陆路上车辆交通运输危险行为的犯罪化,无视水路交通运输风险的严重危害性,船舶交通运输风险犯罪的漏罪问题非常严重。由于交通运输预防性刑法整体上的供给不足,加之,其他类型危险驾驶罪的取证比较麻烦,于是司法层面为了回应社会关切、严惩交通运输风险犯罪,把锋芒全部集中在醉驾型危险驾驶罪上,"一刀切"式的生硬司法造成了大量的犯罪人,直到引起社会对被告人的同情才发现过度司法的严重性。之所以会产生如此畸形的立法失衡与司法偏颇的问题,是因为立法与司法将民众对交通运输风险犯罪的负面情绪全部挤压在醉驾型危险驾驶罪的惩处上。

二、交通运输犯罪刑法体系完善的路径

在科技飞速发展的时代,交通效率的提升也带来巨大的风险,交通事故的危险程度也越来越严重。逐步扩充交通犯罪的范围、严密刑事法网、前置刑法介入的时段,目前已经成为大多数国家的共识,中国

---

① 陈兴良:《公共安全犯罪的立法思路嬗变:以〈刑修正案(十一)〉为视角》,载《法学》2021年第1期。

当然也不例外。

(一)交通运输犯罪刑法体系完善的步骤

由于各国法系不同,对交通犯罪的治理及其刑法体系的完善也呈“八仙过海”之势。对于以成文法为主要渊源的中国而言,通过刑事立法、司法解释,辅以典型案例的指导,是比较现实的完善路径。

1. 刑法立法的分类完善

我国近年来的刑法立法活动已经不再采用单行法的模式,主要通过修正案的模式逐渐对法条进行增减与完善。目前,这种做法对于小范围内的修修补补还是很有效果的,但对于大幅度调整某类犯罪的规范体系还是力不从心的。所以,交通运输刑法体系的整体变革需要等待刑法修订的时机,应然的做法是对《刑法》第二章危害公共安全罪进行全面布局与调整,把所有危害公共安全的犯罪划分为恐怖犯罪、枪支弹药等易燃易爆设备安全、生产作业安全、环境和资源安全、交通运输安全、日常生活安全等分门别类地分为若干个“节”,交通运输安全可独立为一个节,名称为“交通犯罪”,内部结构在前一节中已有应然设计,在此不作展开。对于个别罪名增补完善,还是援用当下的修正案模式,近期应当考虑船舶交通犯罪、妨害安全通行犯罪的立法问题。

2. 司法解释的灵活补充

司法规范的出台大多是对社会关切问题的及时回应,因而其灵活性不言而喻。近年来,司法解释对交通犯罪的应急式补漏和指导对保障交通安全起到重要作用,已经成为中国司法的一大特色。由于交通犯罪具有行政犯的属性,需要司法解释及时根据交通运输安全行政法规的变化调整交通犯罪的入罪标准,其灵活性也成为司法解释的优势。鉴于司法解释没有对水上交通犯罪给予足够的重视,在交通肇事罪、危险驾驶罪的适用中,司法解释通常会把犯罪场所限定在“道路上”,或者把妨害安全驾驶的犯罪场所限定在“车辆上”,无形中把立法的宽口径适用范围限缩为“在道路上”或者“车辆上”,使大型交通运输工具成为法外之地。为此,笔者建议,司法解释应当符合立法的原意,要谨慎进行扩大或限缩解释,以避免司法擅权。

(二)扩充车船交通运输风险犯罪的配套措施

交通运输风险的犯罪化问题,在规范层面属于预防性刑法规范的扩充,在制度层面也是对行政权的一种限缩以及对犯罪人及其亲属增加的一种法律负担。为了避免罪名的无序扩张,有学者提出预防性刑法扩充的五步法:“识别法益—确定该法益的侵害—查明对该法益造成损害的不当行为类型—确定没有替代性的监管措施或其他措施—确定刑法对社会产生的积极影响大于消极影响”。[①] 设计这五个步骤能够有效防止司法权的无限扩大。为更好地保护当事人的合法权益,减少刑罚对犯罪人的负面影响,审慎地增加新的罪名,特别是轻罪名,陈兴良教授主张:轻罪入刑,不能一入了之,而是应当采取必要的配套措施。第一,畅通出罪机制。对轻罪进行定罪处罚时,应当对构成要件加以严格限制,尽可能畅通出罪机制。第二,完善前科制度。在犯罪人因犯罪受到刑罚处罚以后的一定时间内,只要没有再次犯罪,前科就被消除。第三,规范附随后果。如果犯罪附随后果对犯罪人的影响甚至超过刑罚处罚,这种犯罪附随后果就是不合理的,应当予以消除。[②]

参考前述思路,笔者认为交通运输风险预防性刑法的扩充应当进行如下问题的思考与制度配套。

---

① 姜涛:《现代刑法的立法转型与再法典化》,载《中国刑事法杂志》2023 年第 2 期。

② 参见陈兴良:《轻罪治理的理论思考》,载《中国刑事法杂志》2023 年第 3 期。

1. 风险性侵权行为的前提是违反交通运输管理法规

交通运输风险犯罪的法益侵犯具有盖然性,或者说可能转化为现实的一种风险。“现代刑法倚重抽象危险犯,这在立法技术上体现了从法益侵害到侵害危险的转变,危险成为不少个罪的入罪判断标准。现代刑法在面对现代社会的风险时,不断创设新的超个人法益的集体法益,这种超个人法益的集体法益具有抽象性、模糊性的特点。”①首先,对于行政犯而言,法益侵害行为的识别前提是行政违法行为是否存在,这是行政犯成立的前提,也是识别行政犯法益侵害行为的基本标准。“如果一个行为不具有行政违法性,则根本不可能具有刑事违法性。当行政法变更使得原本受行政法保护的利益不再受保护时,该利益也相应不再成为刑法所保护的法益。”②其次,交通运输行政违法行为所侵害的法益一定是关涉公共利益,与人身权、财产权具有直接关系的法益,如果仅仅是违反行政管理秩序的行为,即使违法性质与数量再多,也不会进入刑法视野,成为刑法规范保护的目的,更不会归入犯罪圈。换言之,行政违法的次数累加不会改变其法益侵害的性质,更不会因为“量”的积累而达成质的改变,这一点也是行政违法性判断实质标准所蕴含的内在原理。

2. 交通安全法益确实遭受到侵害

交通安全犯罪无论是否发生实害结果,都存在对法益的侵害,只是程度不同。在法益侵害判断标准上,量化危害行为对法益的侵害程度,是界分行政违法与刑事违法关系的一种学说,即“形式违法性说”,该理论认为,在行政犯的认定标准上,违法性量的积累是其由行政违法转变为刑事犯罪的根据。日本刑法学界推崇的“缓和的违

---

① 姜涛:《现代刑法的立法转型与再法典化》,载《中国刑事法杂志》2023 年第 2 期。

② 曾祥璐、刘洋:《行政犯的违法性判断》,载《人民检察》2023 年第 23 期。

法一元论”也是将行政违法与刑事犯罪的界分标准寄托在违法性量的积累上。换言之，当行政违法性达到一定严重程度，便会质变为刑事犯罪。

“定性 + 定量”的立法模式是我国《刑法》独具的认定犯罪的立法模式，“情节显著轻微危害不大的，不认为是犯罪”。这是《刑法》第13条以“定量”为出罪条件的规范依据：该法条将“危害性的程度”设定为界分罪与非罪的标准或条件，使法益侵害性的有无必须借助法益侵害性的严重程度，方可成为定罪的必要条件。申言之，即使客观上已经具有法益侵害的事实，由于法益侵害程度未达到刑法条文之规范要求，也可排除行为的刑事违法性，犯罪不能成立。在我国《刑法》分则交通犯罪的认定中，违法性的量化条件无处不在，实害犯通常以致死亡1人以上或重伤3人以上为标准。危险犯依据刑法规范的不同设计也分为抽象危险与具体危险，危险的现实可能性成为认定的条件。当然，伴随社会的发展变化，人们对危险的理解和认定也不是一成不变的。例如，各地区或各国对于醉驾的入刑条件就是不断变化的。我国台湾地区对醉酒驾驶予以严格规制，其“刑法”第185条之三规定，吐气所含酒精浓度达每公升0.25毫克或血液中酒精浓度达0.05毫克以上驾驶动力交通工具的，处2年以下有期徒刑，得并科20万元以下罚金。[①]《日本道路交通法》第117条之二第1款规定，以驾驶人血液或呼气中酒精含量为标准，当酒精浓度达到血液中每毫升0.3毫克或者呼气中每公升0.15毫克酒精时成立“饮酒驾驶罪”，处3年以下有期徒刑或50万日币以下罚金。[②]《俄

---

① 林东茂等：《酒醉驾车刑事问题研析》，载林东茂：《交通犯罪》，台北，元照出版有限公司2016年版，第6页。

② 参见林东茂等：《酒醉驾车刑事问题研析》，载谢煜伟：《交通犯罪中的危险犯立法与其解释策略》，台北，元照出版有限公司2016年版，第21页。

罗斯联邦刑法》第264.1条规定的“受到行政处罚或者有犯罪记录的人醉酒驾驶交通工具罪”要求达到醉酒的程度方可构成该罪，鉴于“醉酒”是一种可量化的行为或身体状况，《俄罗斯联邦行政违法》第12.8条规定：“在每升血液中存在浓度为0.3克或更多量的无水乙醇，或在人体组织内存在麻醉药品或精神药物的情况下构成醉酒。”

3. 刑事制裁是最后的选择

在我国的二元法律制裁体系下，刑事制裁并非治理犯罪的最优选择，轻罪的设立过程也是不断将违法行为犯罪化的过程，在交通运输行业，很难得到文化上的认同。“海上风险具有不确定性”“海员是英雄的职业”，应当“善待船员”，这些行业理念会动摇我国交通运输犯罪的二元制裁体制，因而，刑事制裁一定是在“不得已”的情况下可得到航运业的文化认同。

经过多方面的审核，确认现行交通运输管理行政法确实对严重侵害法益的行为无力应对，便有理由将严重的违法行为犯罪化。当然，正如某学者所言，我国应审慎对待刑法价值重心的转变，不能因为防控风险而破坏自由。法治建设的重点依然是要以刑法谦抑主义为原则。①

4. 尽量缩小刑罚的负面影响

刑罚的负面影响并非刑罚本身对犯罪人的惩治，而是其所带来的附随性后果。正如陈兴良教授所言：“犯罪附随后果对于犯罪人来说是如影相随的，这也可以说是犯罪的一种附带的代价。但是，犯罪附随后果应当保持在一个合理的限度之内……附随后果的手段过于严

---

① 参见何荣功：《自由秩序与自由刑法理论》，北京大学出版社2013年版，第155～156页。

厉且有违刑法的谦抑性,附随后果影响犯罪人的再社会化加剧犯罪标签效应”,[①]因而,对轻罪的附随后果应当轻缓一些,尽量减少其所带来的负面影响。

---

① 陈兴良:《轻罪治理的理论思考》,载《中国刑事法杂志》2023 年第 3 期。

第六章

车船交通运输危险犯的立法期待与司法纠偏

车辆与船舶交通犯罪在生活中比较多见，比较相关地区和国家的刑事立法和司法实践情况是完善相关制度的最佳途径。

第一节 域外交通运输危险犯的《刑法》借鉴价值

本书选取了几种域外模式，期望能够从细微的差别中鉴别出最佳的模式，为完善相关制度提供参考。对美国和日本等的规定虽然没有系统对比分析，但在个别罪名的立法建议中也会借用一些条款进行可行性分析。

一、我国澳门特别行政区、我国台湾地区交通运输犯罪的预防性规定

（一）我国澳门特别行政区交通运输犯罪的预防性刑法规定

我国澳门特别行政区将危险驾驶罪划分为驾驶大型交通工具的危险驾驶罪和驾驶车辆的危险驾驶罪，很具有启发意义。

1. 把危险驾驶大型交通工具与小型车辆的罪名分开设置

大型交通运输工具是指空中、水路和铁路上行驶的交通运输工具，《澳门特别行政区刑法》第 277 条专门为此类交通工具的危险驾驶行为规定了独立的罪名“危险驾驶交通工具罪”。该罪的构成条件是“行为人在不具备安全驾驶之条件，或明显违反驾驶规则下，驾驶供空中、水路或铁路运输之交通工具，因而对他人生命造成危险，对他人身体完整性造成严重危险，或对于巨额之他人财产造成危险的行为”。此外，第 279 条又针对小型车辆设置了“危险驾驶道路上之车辆罪”，其构成条件包括“醉驾”、“毒驾”以及明确违反道路行驶规则的行为。[①] 这里的交通运输工具是广义上的，包括车辆之外的大型交通运输工具。

2. 危险驾驶罪的适用范围相对宽泛

“毒驾”入刑和“明显违反在道路上行驶之规则”危险行为入刑是我国《刑法》所缺少的，其中包含的危险行为很多，比如，在公路上逆行和调头等行为比“醉驾”的危险性要高。另外，《澳门特别行政区刑

---

① 我国《澳门特别行政区刑法》第 279 条规定：“在下列情况下，于公共道路或等同之道路上驾驶有或无发动机之车辆，因而对他人生命造成危险、对他人身体完整性造成严重危险，或对属巨额之他人财产造成危险者……a）因在醉酒状态下，或受酒精、麻醉品、精神科物质或具相类效力之产品影响，又或因身体精神缺陷或过度疲劳，而不具有安全驾驶之条件；b）明显违反在道路上行驶之规则。”

法》第277条危险驾驶交通工具罪所指的犯罪工具没有限定在机动车的范围，包括人力车与电力车在内的其他车辆也可以构成本罪。这条规定比较符合道路交通运输危险的现实情况。非机动车在道路上制造危险并导致实害结果的案件也屡见不鲜。我国《刑法》关于交通风险犯罪的规定因对交通工具的限定而使犯罪圈被限缩，对交通犯罪的治理不利。

（二）我国台湾地区的交通运输预防性措施

我国台湾地区有关交通运输犯罪的预防性规范包括6个条款，6项罪名：倾覆或破坏现有人所在之交通工具罪（第183条）、妨害舟车及航空器行驶安全罪（第184条）、妨害公众往来安全罪（第185条）、劫持航空器罪（第185条之一）、危害毁损交通工具罪（第185条之二）、重大背信弃义致交通危险罪（第185条之三）。这些交通运输犯罪的预防性规范具有一定的启发意义。

1. 重大背信弃义致交通危险罪的启发

重大背信弃义致交通危险罪①的构成要件曾经被修改过，对犯罪成立条件逐步进行了细化。之前的罪状相对简单，是指服用毒品、麻醉药品、酒类或其他相类之物，不能安全驾驶动力交通工具而驾驶者。鉴于不能安全驾驶运输交通工具的判断比较困难，后来对此采用了列举的方法，提高了可操作性。驾驶动力交通工具如有规定的4种情

---

① 该罪名是指，驾驶动力交通工具而有下列情形之一者，处2年以下有期徒刑，得并科20万元以下罚金：(1)吐气所含酒精浓度达每公升0.25毫克或血液中酒精浓度达0.5%以上。(2)有前款以外之其他情事足认服用酒类或其他相类之物，致不能安全驾驶。(3)尿液或血液所含毒品、麻醉药品或其他相类之物或其代谢物达相关机关公告之品项及浓度值以上。(4)有前款以外之其他情事足认施用毒品、麻醉药品或其他相类之物，致不能安全驾驶。因而致人于死者，处3年以上10年以下有期徒刑，得并科200万元以下罚金；致重伤者，处1年以上7年以下有期徒刑，得并科100万元以下罚金。

形，便构成犯罪。

其一，把"毒驾"行为纳入危险驾驶罪的范围之中。这也是刑法学者们强烈呼吁的。我国台湾地区在这方面的实践具有可行性，包括麻醉品的范围、质与量的认定标准等。其二，该罪涉及的交通运输工具没有限制为哪一类，而是开放式的，无论是大型交通运输工具的船舶、飞机、火车，还是小型的汽车和电车，都可以构成本罪的行为对象。其三，从罪名上看，该罪的危险性主要来自主观上的"背信弃义"，这个词包含对驾驶者的人身危险性评价，即在明知自己"醉驾"或"毒驾"可能导致严重的交通事故而蓄意为之者，反映出其人品上具有缺陷，应该设定较高的起刑点，即"三年以下有期徒刑"，这样更具震慑力。其四，除适用入刑的量化标准以外，在有些情况下还要求"致不能安全驾驶"的实质判断作为入罪条件，这样的好处是能够实现刑罚的个别化，避免"一刀切"的入刑标准导致的司法失衡，但是在实务中也存在一定风险。

2. 妨害舟车及航空器行驶安全罪的启发

妨害舟车及航空器行驶安全罪规定，损坏轨道、灯塔、标识或以他法致生火车、电车或其他供水、陆、空公众运输之舟、车、航空机往来之危险者，处 3 年以上 10 年以下有期徒刑。这一规定与"破坏交通工具罪"相近。妨害舟车及航空器行驶安全罪突出了犯罪侵害的对象和法益，彰显事实特征。另外，"妨害舟车及航空器行驶安全罪"的犯罪对象包含引导通行线路的"灯塔"和"标识"，损坏这些具有引导通行方向和速度的"灯塔"或"标识"的，导致有人乘坐的各类交通运输工具的通行(往来)危险，涉嫌构成交通运输危险犯罪。对于将移动、损坏路标、航标或信号等行为纳入交通犯罪的罪状是必要的。

3. 妨害公众往来安全罪的启发

我国台湾地区"刑法"第 185 条规定，损坏或壅塞陆路、水路、桥梁或其他公众往来之设备或以他法致生往来之危险者可以认定为妨害公众往来安全罪。从罪状上看,该法条的规范保护目的是通行安全,即交通运输环境和其他辅助条件能够给交通工具的正常通(往来)行提供必要的保障。通行安全与驾驶安全是交通安全的两大保障,相关规定对此应予关注。我国《刑法》增设了“危险驾驶罪”“妨害安全驾驶罪”,没有涉及通行安全的问题,这也是笔者建议增设“妨害安全通行罪”的理由之一。

二、《俄罗斯联邦刑法》中有关交通运输危险犯规定的借鉴价值

《俄罗斯联邦刑法》与我国《刑法》同源,对比分析《俄罗斯联邦刑法》是完善我国《刑法》不可回避的话题。《俄罗斯联邦刑法》与我国《刑法》具有共同的蓝本《苏维埃社会主义共和国刑法》。几十年之后,当我们再回头审视《俄罗斯联邦刑法》会发现,其交通刑法体系上的分类设计很科学,从体系到罪名,都体现了刑法理论的发展和进步。

(一)交通运输刑法分类的科学性

1. 交通犯罪在危害公共安全犯罪分类中自成体系

《俄罗斯联邦刑法》共有 12 编,总则和分则各 6 编,共 34 章 361 条。分则从第 105 条到第 361 条分为 6 编,章节排序依次是侵犯个人权利的犯罪、破坏经济的犯罪、危害公共安全与公共秩序犯罪、危害国家政权犯罪、妨害兵役犯罪、违反人类和平与安全的犯罪。交通犯罪置于分则第三编“危害公共安全与公共秩序犯罪”中,这一编中包括 5 章,依次是危害公共安全罪、侵犯公民健康与公共道德秩序的犯罪、生态犯罪、危害通行安全与驾驶安全罪、计算机犯罪。危害通行安全与驾驶安全罪在总排序中位于第 27 章,从第 263 条到第 272 条,共设置了 14 项罪名。俄罗斯的修法活动比较频繁,近年来废除了第 265 条

的“交通肇事致人死亡罪”、第269条的“在建设、使用或大修主干道时破坏安全规则罪”，目前有包括“违反俄罗斯联邦领空使用规则罪”“海盗行径罪”等罪名在内的14项罪名。

2. 对小型车辆和大型交通运输工具分别设置独立的罪名

通过区分小型车辆的交通犯罪与其他大型交通工具的交通犯罪，使常见多发的陆上小型车辆交通运输犯罪具有独立的评价。例如，《俄罗斯联邦刑法》第264条规定了陆上无轨电车和陆上机动车交通事故犯罪，罪名是“违反道路通行和车辆驾驶（操控）规则罪”。《俄罗斯联邦刑法》第263条针对车辆以外的其他大型运输工具，设置了独立的罪名，即“违反铁路、航空、海上、内水和地铁安全通行与安全驾驶规则罪”。《俄罗斯联邦刑法》对交通运输工具的类型化处理具有借鉴意义。

3. 把违法行为划分为“违反通行规则”与“违反驾驶规则”两大类

《俄罗斯联邦刑法》明文把交通违法行为细化为违反通行规则的犯罪与违反驾驶（操控）规则的犯罪，前者规范保护目的是交通运输的畅通性，后者规范保护目的是驾驶安全。第263条的罪名是“违反铁路、航空、海上、内水和地铁安全通行与驾驶安全规则罪”，犯罪场所和犯罪工具覆盖了所有的铁路、水路、轨道和航空场所中的交通工具。

对违反通行安全与驾驶安全两类犯罪分别设置了独立的罪名。例如，《俄罗斯联邦刑法》第264条之二规定“因受行政处罚被剥夺驾驶资格的人违反道路通行规则罪”，需要强调的是，该犯罪的构成要件行为是违反道路通行规则，其身份特征是“因受行政处罚被剥夺驾驶资格的人”，第264条之三又规定“因受行政处罚或者有犯罪前科被剥夺驾驶资格的人驾驶车辆罪”，该罪的构成要件行为是违反车辆驾驶（操控）规则，身份特征同前款罪名。

从社会治理的角度看,俄罗斯联邦的这种分类方法比较客观真实,符合保护交通运输安全的整体目标。小型汽车大多用于家庭生活,通常与业务活动关系不大;大型交通运输工具基本上都是从事生产作业与经营活动,我们应当认同驾驶大型交通运输工具的行为属于业务活动的结论。同样的交通肇事,前者是生活中的交通过失,而后者则是业务过失,在量刑上前者轻于后者。另外,对于交通安全的考察维度,无外乎两个:通行安全问题和驾驶安全问题,按照此种分类方法分别设置交通犯罪的罪名比较科学,值得提倡。

(二)交通运输犯罪预防性刑法的法网相对严密

我国交通犯罪的构成要件行为缺少类型化的分类,交通工具的排序也缺少规则意识,因而交通运输刑法体系比较杂乱。《俄罗斯联邦刑法》有关交通运输犯罪的预防性刑法规范具有启发作用。

1. 妨害安全驾驶类危险犯的适用范围相对宽泛

严格规制驾驶行为是行驶安全的必要保障,干扰或妨害驾驶人员安全驾驶车辆的行为在我国《刑法》中也有独立的罪名"妨害安全驾驶罪"。《俄罗斯联邦刑法》第 267 条之一规定了"威胁车辆安全驾驶行为罪",与我们的"妨害安全驾驶罪"只描述犯罪成立的客观构成要件不同,此罪的构成条件是,出于流氓(戏谑)动机实施了威胁安全驾驶的行为,行为人的主观心态表现为不谨慎、不负责任、随心所欲的状态,在对他人安全驾驶的妨害中实施戏谑、取乐的行为。

"威胁车辆安全驾驶行为罪"的规制范围比较宽泛,没有限制驾驶车辆的类型是公共交通工具,还是私用的车辆。从危害公共安全的角度看,无论是否属于公共交通运输工具,只以对驾驶人员或驾驶装置实施暴力行为,都被评价为具有一定的危险,可能导致车辆失控,严重危害道路通行安全。

2. 以人身危险性作为无证驾驶车辆行为犯罪化的必要条件

人身危险性的评价依据主要是再犯的可能性。《俄罗斯联邦刑法》对危险犯的入罪条件设置兼顾了人身危险性的因素。例如，第264条之三规定“因受行政处罚或者有犯罪前科被剥夺驾驶资格的人驾驶车辆罪”，从分类上，此罪属于违反安全驾驶规则类犯罪，由于驾驶人员不适任，无法保证正常操控方向盘。犯罪行为是无证驾驶，因而此罪是抽象危险犯。该罪的危险源是特殊主体无证驾驶车辆，其主体的特殊性表现在，因受行政处罚或者犯罪被剥夺了驾驶资格，因而当这些有劣迹和有前科的人再实施无证驾驶行为，其较高的人身危险性便被放大。

该罪名的借鉴意义在于，《俄罗斯联邦刑法》从立法层面把驾驶人员的人身危险性作为入罪的条件。首次无证驾驶没有入罪，因违规驾驶被行政处罚或刑事追诉并被吊销驾驶证的人，再去无证驾驶车辆，其本身所具有的人身危险性成为刑法不能容忍的，因而把人身危险性作为入罪的前置条件没有法理与情理上的障碍，不但能够实现刑法的预防功能，在司法层面也便于操作。我国《刑法》把前科、劣迹更多地用于惩罚性的事后附随后果上，很少用于事前的预防上，因此，本书在后文对我国交通犯罪预防性刑法的建议中，特别关注于事前的劣迹和前科，并建议将其作为入罪的前提条件。

3. “船长不救助遇险人员罪”

《俄罗斯联邦刑法》第270条专门设置了“船长不救助遇险人员罪”，本罪成立的前提是，实施救助行为不会对本船舶、船员和乘客造成严重危险，行为要件是船长未履行对海上或其他水域遇险人员提供救助的义务的行为。

我国《刑法》关于水上交通犯罪的规定较少。虽然我国《海上交通安全法》规定了船舶之间的救助义务,[①]船长是船上的最高指挥者,船舶的义务便是船长的义务。但由于现行规定中没有设立“船长不救助遇险人员罪”,对于水上的不救助行为,目前只能在发生实害结果后认定为“交通肇事罪”或“重大责任事故罪”。当然,如果不是肇事船舶,便无法对船长进行刑事追诉。海上的遇险人员大多是船员本身,可能是商船的船员,也可能是渔船的船员,作为船员大国,笔者认为该罪名的设立有利于保护海上船员的生命安全。

第二节　交通运输危险犯的立法期待

一、“妨害安全通行罪”的增设

道路的功能主要是通行,通畅的通行环境是交通安全的前提保障,妨害道路通行安全已然成为交通事故的重大隐患,有必要前置刑法的规制法网。在交通运输安全管理中,驾驶安全与通行安全是两个重要的层面,并且已经得到许多国家的重视。前者主要是规制驾驶人员的资质、驾驶工具在行驶中的安全状态以及驾驶操纵工艺合规等问题的行政刑法规范,其中,驾驶人员和驾驶工具的合规性、载重或载客配额、行驶速度等问题是保证安全的核心要素;后者则是规制交通环境和条件等问题的行政刑法规范。

---

① 《海上交通安全法》第73条规定:发生碰撞事故的船舶、海上设施,应互通名称、国籍和登记港,在不严重危及自身安全的情况下尽力救助对方人员,不得擅自离开事故现场水域或者逃逸。第112条规定:船舶、海上设施不依法履行海上救助义务,不服从海上搜救中心指挥的,由海事管理机构对船舶、海上设施的所有人、经营人或者管理人处3万元以上30万元以下的罚款,暂扣船长、责任船员的船员适任证书6个月至12个月,直至吊销船员适任证书。

在实践中,通行安全表现为道路、水路和空中航线的通畅性,决定通畅性的安全要素既有信号与路标的清晰性,也包括线路上的干净清爽性。例如,在道路上停泊其他车辆或堆放一些障碍物,会严重阻碍交通工具的正常通行,水路上新建的桥梁、新改的航道如果不经公告,会成为有碍航行安全的巨大风险,空中穿行的小鸟也会导致重大的飞行事故。此外,在十字路口闯红灯,在高速公路上突然刹车、突然调头,相互别车等行为都是妨害安全通行的危险性行为,刑法不能再对这些风险视而不见。

(一)增设“妨害安全通行罪”的必要性

1. 维护安全的通行秩序

通行安全是通行效率的前提,保障通行安全才能保障通行效率。道路交通安全由两部分组成,一是驾驶安全,二是通行安全。前者主要是规范司机对车辆的速度与方向盘的把控等车辆操控行为,后者是规范司机在道路上的通行、停车占位等保证顺利通过道路的行为。由于法益保护的边界不仅局限于法益遭受实际的侵害后果,也涵括了法益面临实际侵害的危险,因而,针对严重违反安全驾驶规则并制造了交通安全危险的行为,我国《刑法》专门设置了“危险驾驶罪”“妨害安全驾驶罪”,而对于妨害安全通行的行为,我国《刑法》处于空白状态,除非造成人员伤亡结果可认定为交通肇事罪以外,无法认定其他犯罪。因而,笔者建议将“妨害安全通行”的行为设定为独立的危险犯。

实践证明,妨害安全通行最终导致事故发生的危害后果并不亚于妨害安全驾驶行为。例如,2023 年 6 月 18 日,浙江杭州富阳龙门七村桥头附近,一辆直行货车将要穿行一个斑马线路口时,一辆电瓶车横穿马路。如果按照正常速度行驶,极大可能会被这辆油罐车给撞到。而按照日常常识和经验,如果被撞到,这辆电瓶车车主大概率会导致重伤或者死亡的结果。为避让穿行电瓶车,这辆大货车司机便踩了刹车,但是由于车身重量太重,大货车失控,车辆向左滑行,最终撞向一位抱着小孩的男子,由于此时这位抱着孩子的男子背对着车辆,他还没有意识到危险的来临悲剧就发生了。事发第二天,龙门七村工作人员向媒体透露被撞男子死亡,小孩粉碎性骨折。该案因为发生了严重的人员伤亡后果,司法机关通常会以交通肇事罪追究大货车司机的刑事责任,电瓶车车主充其量被认定为次要责任。因为依据《道路交通安全法》的规定,机动车司机在斑马线上对过路的行人有停车避让的义务,而没有要求对横穿马路的其他车辆停车避让,电瓶车穿越斑马线的速度基本是快于行人,车辆的避让时间自然被压缩,理论上也不应当由车辆承担全部责任。

在道路上开车,让速不让道是最基本的常识,最重要的就是遵守交通规则。如果你遵守了交通规则,没有违规,哪怕发生交通事故也不需要承担责任,但这个事件中的车辆有点特殊。对于一辆体积非常大的油罐车,有可能这位驾驶员确实只是减速而没有动方向盘,但由于车的重量太大、车速过快,车辆根本刹不住,进而导致车辆失控。而如果这个路口根本没有红绿灯,责任归谁?笔者认为,路政对道路交通标识有义务及时安放,如果应当设置红绿灯而没有设置,路政对因此导致的交通事故是负有法律责任的。如果这个路口的设计是电瓶车不可以横穿通行,那么法律责任仍然由电瓶车车主来承担,当然,如果油罐车有超速等违规行为的话,也是需要承担部分责任的。反过来,如果这个路口是允许电瓶车通行的,且电瓶车是在绿灯下通行的,那么电瓶车车主就不需要承担法律责任了。如果是不可以横穿通行的路口,那么法律责任仍然是由电瓶车车主来承担,当然,如果油罐车有超速等违规行为的话,也是需要承担部分责任的。

2. 保障通行安全

通行安全,是交通运输过程中避免事故发生、保障人身与财产安全的代名词。不通畅的道路会造成车辆通行的风险,意味着人身与财产权益遭受危险,且具有导致实害结果的可能性。通畅的道路会减少交通事故的概率,美国学者所罗门很早就提出了车速和平均车速的差值与事故率的正向关系理论,[①]蒙纳斯大学事故研究中心也对车速与平均车速的差值与事故率的关系进行了研究。结果表明,车速与平均车速的差值越大事故率越高,这与所罗门的研究结果一致。[②]

为了保障通行安全,有必要对故意实施的严重妨害通行安全的行为犯罪化,其中表现较为恶劣的行为是在高速公路上逆行、强行变道、故意违规停车或减速,或者在道路上与他车斗气有意"别车",严重妨害他车安全通行。例如,在高速公路上同向而行的两辆车因其中一车未给另一车让路,这两台车在高速公路上你追我赶开上了"斗气车",最终碰撞到一起,导致人员死伤惨重,其中一个司机死亡。本案因为造成实害结果而涉嫌构成"交通肇事罪"或"以危险方法危害公共安全罪",如果其没有导致人员伤亡或重大财产损失的结果,便很难依据现行《刑法》入罪。

近年来,电动自行车改装后违规到机动车道上驾驶是交通运输的一大隐患。例如,一辆电瓶车因从支路转到乡村规划路口时被正常通行的机动车挡在路口,由于机动车没有给电瓶车让路,电瓶车

---

① 参见[美]大卫·所罗门:《高速公路驾驶员和车辆速度与交通事故的关系》,美国政府印刷局1964年版。转引自徐亮、程国柱:《基于车速离散度和经济车速的高速公路最低车速限制》,载《吉林大学学报(工学版)》2010年第3期。

② 参见徐亮、程国柱:《基于车速离散度和经济车速的高速公路最低车速限制》,载《吉林大学学报(工学版)》2010年第3期。

产生报复动机,在其右转开上乡村马路上后,便迅速超过机动车并在机动车前左右摇摆,不让机动车正常通行,该情况持续 1 分钟以上,最后电瓶车不小心撞上了对向驶来的小轿车导致自己轻伤。此案由于没有造成实害结果,又不符合危险驾驶罪与妨害安全驾驶罪的构成条件,按照目前《刑法》的规定不能认定为犯罪,如果《刑法》设置了“妨害安全通行罪”,便不会放纵此类故意违规行为。依据《道路交通安全法》的规定,电动自行车应在机动车道上行驶,此类车辆是道路上行驶的最为混乱的一类车型,目前在管理上也存在疏漏。2024 年 1 月 1 日,《南昌市电动自行车管理条例》正式实施,明确提出“六不一戴”的具体要求:不闯红灯、不逆向行驶、不走机动车道、不醉酒骑行、不违规载人、不违规乱停、要戴安全头盔。“六不一戴”恰恰是电动自行车最常见的违规行为,必须对其严格禁止。

类似的案件,如出租车在路上突然变道严重妨碍后车正常通行,后车为了避免碰撞出租车向两侧急打方向盘,其结果要么撞向路上行人,要么与对向车辆碰撞导致人员伤亡的严重后果。这类案件的始作俑者无疑是出租车司机,然而,由于出租车没有被追尾,也没有与其他辆车发生碰撞,令其承担刑事法律责任依据不够充分,认定以危险方法危害公共安全罪失之过重,与妨害安全驾驶罪一样,在罪名未设置之前都认定为以危险方法危害公共安全罪,这个罪名是个口袋罪,入罪口径过宽,量刑也相对较重,在实践中对入罪标准难以把握。后来《刑法》设置了妨害安全驾驶罪,使罪状与罪名更为贴切。前述案件由于没有相对应的罪名而时常被忽视。

3. 道路上置放未加警示的障碍物会成为马路“杀手”

交通运输的危险源于速度,然而,在高速运行中突然出现在路面上的障碍物往往成为避之不及的“杀手”。例如,2000 年 7 月 7 日 20

时40分，柳州市突降暴雨，并伴有强雷电及大风。21时，壶东大桥路灯因中控开关遭雷击损坏，路灯全部熄灭。大雨至22时变小。21时37分，柳州市公共交通有限责任公司驾驶员周某华驾驶一辆公交大客车（核载80人）从车场出发。22时30分，当周某华驾驶大客车以约38公里/小时的速度（限速40公里/小时）由西向东行驶至壶东大桥中段时，碰到大桥维护施工单位遗留在行车道上横倒的水泥隔离墩，导致大客车突然向左拐，冲上旁边高0.3米的人行道，撞断大桥北面护栏7.8米，大桥人行道外侧水泥板垮塌。大客车垂直翻入距桥面27.1米的柳江，沉入距柳江主航道约4米深的柳江水中，车内司乘人员79人全部死亡。事故原因是路面上的障碍物导致碰撞事故发生。事故调查结果是，柳州市政维护处某工程处临时工潘某明、潘某阳、彭某某、刘某某4人在桥面作业时违反安全管理规定，只将设置在桥面的交通安全反光警告标志牌搬离桥面，而未全部清除桥面上遗留的水泥墩，致使客车在行驶过程中左前轮与遗留在桥面上的一个横倒在地的水泥隔离墩相撞后失控。车辆与水泥隔离墩相撞导致车辆失控是事故发生的直接原因。另外，驾驶员周某华在车辆行驶中，不认真观察路面，致使大客车与水泥墩相撞。周某华未遵守确保安全通行原则，不注意安全驾驶车辆，是造成事故发生的直接原因之一。[①] 此案本可以避免发生，如果施工方能够谨慎清理现场，将障碍物及时移出路面，便不会发生79人死亡的严重后果。因此，前置刑法规制的阶段非常必要。

4. 提高通行效率

安全与效率是交通运输需要兼顾的两个重要的目标，《道路交通

---

① 参见《自治区人民政府关于对柳州壶东大桥“7·7”特大交通事故调查处理情况的通报》，载《广西政报》2001年第12期。

安全法》第1条便把“通行效率”作为立法的一项目的而提出，[①]如果保证效率的代价是放弃安全保障，这一逻辑前提是不会得到支持的。然而，在确保安全的前提下，提高交通运输的效率，则是交通运输的重要目标。各个国家交通管理部门都会根据不同等级的道路设置不同的交通规则，包括限制哪些车辆通行，车速多少，里道与外道通常都有自己的限制，划分这些标准的目的都是提高通行率，为经济发展提供便利。“合理的车速限制标准对于保证行车安全至关重要。以往的研究及社会各界所关注的焦点多集中于最高车速限制问题，而忽略了最低车速限制的重要性。事实上，合理的最低车速限制对于提高高速公路的交通安全水平同等重要。”[②]近年来，我国车辆保有量日益加大，高速公路与城市高架环路堵车现象也日益严重，对通行效率的负面影响不仅仅表现在车行缓慢影响运输效率上，还极有可能造成连环追尾碰撞事故。有网友专门通过无人机拍摄了高速公路堵车的现状，发现行驶在最前面的车辆速度极低，严重妨害了公路的通行效率。

（二）增设“妨害安全通行罪”的可行性

1. 犯罪预备行为实行行为化已然成为一种立法趋势

妨害安全通行的行为，本身并没有附带实害结果，只具有发生实害结果的危险性，至于会有哪些危险，刑法不需要一一列举，也无法列举穷尽。因而，此罪在立法上是以抽象危险的形式呈现的，这种模式是比较典型的预备行为实行行为化的一种，是预防性刑法的主要表现形式。

---

① 《道路交通安全法》第1条规定：“为了维护道路交通秩序，预防和减少交通事故，保护人身安全，保护公民、法人和其他组织的财产安全及其他合法权益，提高通行效率，制定本法。”

② 程国柱、裴玉龙：《高速公路最低车速限制方法研究》，载《中国科技论文在线》2009年第10期。

2. 我国交通犯罪的前置化立法趋势越来越明确

妨害道路通行行为本身具有一定的危险性，我国《刑法》早已将某些破坏道路设施的行为犯罪化，如破坏交通设施罪，即使存在主观过失，也构成过失损坏交通设施罪。近年来，我国加强了通行安全的刑法保护。2020 年 3 月最高人民法院、最高人民检察院、公安部通过法律文件[①]把盗窃、破坏道路上的窨井盖的妨害安全通行的行为明确列入犯罪行为，构成破坏交通设施罪与过失损坏交通设施罪。对于这类妨害交通安全的行为，我们可称其为“静态妨害”行为，除前述通过破坏交通设施导致的妨害安全驾驶的行为之外，还包括道路施工方挖土设障而未设置明显标志警示车辆通行安全的，或者在高速公路的行车道或临时通道上擅自停车，妨害后车通行的行为。此外，还有通过车辆运行的状态妨害他车正常通行的行为，例如，通过快速驾驶改变行车轨迹的行为妨害后车正常通行、在十字路口闯红灯妨碍他车正常行驶，可视为“动态妨害”行为。目前，“动态妨害”安全通行的行为没有被纳入《刑法》，但是此类行为的危险性已经备受关注。与“静态妨害”行为相比，此类“动态妨害”安全通行的行为危害性更大，防范难度也更大。

海上碍航物在客观上妨碍了其他船舶正常通行，甚至会导致海上安全事故的发生。所以，碍航物的所有人、经营人或管理人有义务及时设置警示标志或者未向海事管理机构报告碍航物的名称、形状、尺

---

① 2020 年最高人民法院、最高人民检察院、公安部《关于办理涉窨井盖相关刑事案件的指导意见》第 1 条规定：“盗窃、破坏正在使用中的社会机动车通行道路上的窨井盖，足以使汽车、电车发生倾覆、毁坏危险，尚未造成严重后果的，依照刑法第一百一十七条的规定，以破坏交通设施罪定罪处罚；造成严重后果的，依照刑法第一百一十九条第一款的规定处罚。过失造成严重后果的，依照刑法第一百一十九条第二款的规定，以过失损坏交通设施罪定罪处罚。”

寸、位置和深度，违反此项规定的，依据《海上交通安全法》的规定要承担行政责任，[1]构成犯罪的，依法追究刑事责任。[2]

3. 域外交通刑法立法能够提供相关经验

《美国伊利诺伊州市政法典》第 1 – 2 – 1. 1 条规定，任何人故意和不必要地阻碍或延误，或故意和不必要地试图阻碍或延误任何其他人在任何街道上合法驾驶或行驶，或在街道上以物易物或出售任何商品或提供其他服务，在街道上干扰交通的有效流动，或多次导致在公共道路上行驶的机动车停止或阻碍交通的人，即属轻罪，可判处 200 美元以下的罚款，初次犯罪的可单处或并处 10 天以下监禁；对于第二次犯罪的，可判处 500 美元以下罚款，单处或并处 20 天监禁；对于再次犯罪的，可判处单处或并处罚款或 30 天以下的监禁。

新《日本道路交通法》把“别车”行为列为刑事处罚对象，并处以较重的刑罚。日本把“别车”定义为“妨碍驾驶”的行为，具体包括不保持车距、恶意加塞、危险靠近平行车辆和蛇形驾驶、非必要按喇叭、危险变换车道、随意闪大灯、低于最低限速行驶、违法驻停车、急刹车、逆向车道靠近的行为，共 10 项。对多次发生“别车”行为并存在引起交通事故危险的，其规定可处 3 年以下有期徒刑或 50 万日元以

---

① 《海上交通安全法》第 106 条规定：“碍航物的所有人、经营人或者管理人有下列情形之一的，由海事管理机构责令改正，处二万元以上二十万元以下的罚款；逾期未改正的，海事管理机构有权依法实施代履行，代履行的费用由碍航物的所有人、经营人或者管理人承担：(一)未按照有关强制性标准和技术规范的要求及时设置警示标志；(二)未向海事管理机构报告碍航物的名称、形状、尺寸、位置和深度；(三)未在海事管理机构限定的期限内打捞清除碍航物。”

② 《海上交通安全法》第 116 条规定：“违反本法规定，构成违反治安管理行为的，依法给予治安管理处罚；造成人身、财产损害的，依法承担民事责任；构成犯罪的，依法追究刑事责任。”

下的罚金。在高速公路或一般道路上逼停对方车辆并险些造成车祸的“显著危险”行为，加重处以 5 年以下有期徒刑或 100 万日元以下罚金。①

《日本刑法典》第 192 条规定了“妨碍交通罪”，罪状和法定刑是损坏、封锁陆路、水路或者其他交通道路，或者损坏、拆除、变更道路的标识或者其他附属物，以致妨害交通的，处 3 年以下惩役或者 25 万元以下罚金。

4. 境外交通刑法立法类似立法例

我国《澳门特别行政区刑法》针对妨碍大型交通运输工具安全通行与车辆安全通行分别设置了两个不同的罪名。第 276 条设置了“妨害运输安全罪”，构成要件是“妨害空中、水路或铁路运输安全，因而对他人生命造成危险、对他人身体完整性造成严重危险、或对属巨额之他人财产造成危险者……”而“妨害运输安全”所指的实质上都是妨害安全通行的行为，因为运输一词就是指转移货物的意思。据此，妨害转移货物的安全，自然包括装卸与通行过程中的安全性。《澳门特别行政区刑法》列举了如下妨害行为：其一，“将设施、设备或信号装置毁灭、除去、损坏或使之失去效用”；其二，“对运作或行驶设置障碍”；其三，给予虚假通知或信号；其四，“作出可导致祸事之行为”。从上可知，我国《澳门特别行政区刑法》中的“妨害运输安全罪”比“妨碍安全通行罪”的外延还要大，包括装卸过程中的妨害行为。鉴于我国内地《刑法》已经设置了“危险作业罪”，妨害装卸的危险性行为可以被纳入这一罪名进行规制，只把妨害通行安全的危险行为留在“妨害安全通行罪”中也不失为一种策略。

---

① 参见章江：《日本实施新〈道路交通法〉》，载《检察风云》2021 年第 3 期。

（三）妨害安全通行罪的构成要件设计

1. 犯罪客观方面要件

违反交通运输规则，妨害车船通行安全，情节严重的，具体包括如下几种情形。

首先，在道路上违规驾驶或停留，严重妨害其他车辆正常通行间接造成人员伤害结果或者造成严重堵车现象的应当入罪。交通运输违法行为分为：违反管理规范的行为与违反安全规则的行为。依据《道路交通安全法实施条例》的要求，在妨害其他车辆通行的交通要塞不得停车。①

在道路上妨害其他车辆安全通行的行为表现多种多样。例如，在道路边上擅自开车门（疏于瞭望），导致与其贴身通过的摩托车、电瓶车或自行车驾驶人被撞倒；再如，在消防通道上违规停车严重妨害消防车正常通行进而延误消防灭火救助的行为，此行为在发生火灾的情况下已经导致具体危险的出现，列入妨害安全通行罪的罪状没有法理上的障碍，如果未发生火灾事故，对于擅自在消防通道上停车的行为可以视为行政违法行为，给予行政处罚。最后，在高速公路上超慢行驶，严重妨碍其他车辆正常通行，甚至造成大规模堵车现象，此行为针对危害结果而言，可能是过失实施的，也不排除故意实施的可能性。国内春运期间高速公路免收费，路上车辆畸多且通行过程也很危险，如果前方有两辆占路车辆并排前行，便阻碍了其他车辆正常通行，如

---

① 《道路交通安全法实施条例》第 63 条规定："机动车在道路上临时停车，应当遵守下列规定：（一）在设有禁停标志、标线的路段，在机动车道与非机动车道、人行道之间设有隔离设施的路段以及人行横道、施工地段，不得停车；（二）交叉路口、铁路道口、急弯路、宽度不足 4 米的窄路、桥梁、陡坡、隧道以及距离上述地点 50 米以内的路段，不得停车；（三）公共汽车站、急救站、加油站、消防栓或者消防队（站）门前以及距离上述地点 30 米以内的路段，除使用上述设施的以外，不得停车……"

果占道车故意以低于高速公路限制的时速行驶，造成道路严重拥堵，进而导致事故风险的，就当以妨害通行罪定罪处罚。目前，我国高速公路的最低车速限制在每小时 60 公里，这个速度的设置并不科学，如果放在 10 年前或者 20 年前，这个时速问题不大，因为在当时我国的私家小型车辆保有量并不高，即使高速公路上有个别车辆速度极低也不会造成堵车现象，然而 2023 年全国机动车保有量达 4.35 亿辆，其中，汽车 3.36 亿辆；机动车驾驶人达 5.23 亿人，其中，汽车驾驶人 4.86 亿人。[①] 通行效率问题已经摆在眼前，高速公路上最低车速仍然限制在每小时 60 公里已经严重妨碍了道路的通行效率，不符合实际需要。有学者针对高速公路上最低车速设置标准提出了“车速离散度”[②]的概念，“高速公路最低车速限制应该保证车速分布尽量均匀，降低车速离散性，从而降低事故发生的概率”。“从行车安全角度给出最低车速限制基于车速离散度的约束条件，即最低车速限制值应大于最高车速限制值的 62%”。[③] 这个 62% 的数据是通过车速离散度的“容忍值”[④]换算而来的，得出的结论是，如果按照当下高速公路最高时速 120 公里来计算，最低时速不应当小于 74.4 公里。如果按照 2 条

---

① 参见《2023 年全国机动车保有量达 4.35 亿辆，新能源汽车保有量达 2041 万辆》，载网易新闻网，https://www.163.com/dy/article/IO6LL4QK0519DFFO.html。

② 车速离散度是指“交通流中最高车速与最低车速之差与最高车速的比值”。参见徐亮、程国柱：《基于车速离散度和经济车速的高速公路最低车速限制》，载《吉林大学学报(工学版)》2010 年第 3 期。

③ 程国柱、裴玉龙：《高速公路最低车速限制方法研究》，载《中国科技论文在线》2009 年第 10 期。

④ 容忍值是指社会对交通事故率的容忍程度，经过换算，得出的结论是 0.38，换算最低车速的原则是，“确定高速道路最低车速限制值时应在保证事故率小于容忍值的前提条件下实现高速道路的运行效率最高和汽车的燃油经济性最好”。参见徐亮、程国柱：《基于车速离散度和经济车速的高速公路最低车速限制》，载《吉林大学学报(工学版)》2010 年第 3 期。

路超车道的最高时速 110 公里来计算,最低时速也不能低于每小时 68.2 公里。

在高速公路上逆行,严重妨害其他车辆正常通行,导致碰撞事故的概率很大。在实践中,电动自行车逆行的现象比较多见。在高速公路上洒落物品不予回收或者运载不可拆解的超大货物不予上报严重影响通行安全的,①也应当考虑入罪。在高速公路上强行变道或者违规停车与减速严重妨害他车安全通行的,具有极大的事故风险。需要强调的是,上述违规行为都制造了法益侵害的危险,而并非发生了人员伤亡或财产损失的实害结果,这是其构成危险犯的前提条件。如果发生了实害结果,涉嫌交通肇事罪或以危险方法危害公共安全罪等罪名。

其次,水上妨害安全通行的行为具有极大的风险性,可能导致船舶碰撞、搁浅、侧翻,因而妨害船舶通行安全,在前置法中有明确的禁止性规定。为了规范和加强航道的规划、建设、养护、保护,保障航道畅通和通航安全,促进水路运输业的正常发展,我国 2014 年出台的《航道法》明文禁止危害航道通航安全的行为。②

2. 犯罪主观方面要件

行为人违规制造了交通安全风险,妨害了其他车辆安全通行,其

---

① 《道路交通安全法》第 48 条规定:“机动车载物应当符合核定的载质量,严禁超载;载物的长、宽、高不得违反装载要求,不得遗洒、飘散载运物。机动车运载超限的不可解体的物品,影响交通安全的,应当按照公安机关交通管理部门指定的时间、路线、速度行驶,悬挂明显标志……”

② 《航道法》第 35 条规定:“……(一)在航道内设置渔具或者水产养殖设施的;(二)在航道和航道保护范围内倾倒砂石、泥土、垃圾以及其他废弃物的;(三)在通航建筑物及其引航道和船舶调度区内从事货物装卸、水上加油、船舶维修、捕鱼等,影响通航建筑物正常运行的;(四)危害航道设施安全的;(五)其他危害航道通航安全的行为。”

主观心理也是比较复杂的,对于违规行为而言,行为人是故意实施的,对于其制造的具有法益侵害性的危险,可能出于间接故意的放任心理,也可能是过于自信或者疏忽大意的过失,但是针对妨害安全通行的行为而言,其主观心态仍然保持在间接故意的范围内。

实施交通运输危险性行为是否导致交通风险,足以使交通工具发生倾覆、毁坏危险,其判断标准要从主、客观方面进行多维考量。首先,应当以社会上一般人的标准作出初步判断;其次,需要针对嫌疑人的专业能力与主观心态进行更深层次的判断。申言之,如行为人在公路行车道上放上一个大石头,以一般人的认识水平来看,上述破坏行为是否认为有可能造成交通工具倾覆、毁坏的危险,如果认为存在这种危险,就可以得出上述破坏行为足以造成交通工具倾覆、毁坏危险,进而断定该行为属于交通运输风险性行为的初步结论。这种一般人的标准在通常情况下可以给我们提供一个参考,提供一个考虑问题的基本要求思路。然而,交通运输风险是专业性比较强的客观现象,特别是船舶交通运输的风险,并不是一般人能够理解与判断的,需要在作出初步判断的基础上,再进一步作技术性判断。所谓技术性标准,是指法官对具体案情进行分析判断时,应以事实为基础,兼顾交通工具的特殊性,遇到疑难问题,涉及专业知识的,必须请专家鉴定,避免先入为主,只有这样,才能对危险是否存在、危险性是否达到必须动用刑法才能得以控制的事实进行科学的判断。一是要搞清楚汽车或船舶是否处于使用期间;二是要对妨害手段和方法、道路堵塞进而妨害交通安全的严重程度进行分析鉴定。总之,只要我们坚持以“一般人标准和科学标准相结合”的判断标准,通过对具体案情事实作全面、系统、深入的科学分析和鉴定,就会得出是否存在具体危险的正确结论。

本罪的主体要件是交通运输的业务人员与管理人员,在此不作展开。

二、“船长不救助遇险人员罪”的增设

由于水域面积非常广阔,海难事故发生之后他救的机会非常小。如果有一艘船舶途经事故现场,便成为唯一救命稻草。为了履行《联合国海洋法公约》义务,《船员条例》第20条明确给船长设定了“在不严重危及自身安全的情况下,尽力救助遇险人员”的义务。第51条又对船员设置了救助义务,即船员“不依法履行救助义务或者肇事逃逸的”,要面临行政罚款、暂扣或吊销船员证书的处罚。在实践中,途经船只发现遇难事故落水船员的概率原本就不大,确实有些船舶不愿意救助落水人员,使冰冷的海水更加冷酷无情。为此,我国有必要通过刑法手段强制要求船长履行救助海上落水人员的义务,前提是救助行为不会影响本船的安全。

(一)增设“船长见危不救罪”的必要性

1. 救助海上遇险人员是善待海员基本要求

海上环境人迹罕见,海难事故发生之后如果有船舶途经事故现场,便有义务实施救助。作为船员大国,我国有义务成为海洋法治建设的引领者,特别是在“一带一路”海洋战略中,建设友善互助的海洋秩序会吸引邻邦友人参与到中国的海洋战略大潮中,因而,船舶的救助义务会促进海洋国家更加珍惜船员的生命与健康,更好地维护海洋交通安全秩序。

2. 救助海上遇险人员是海洋国家的应尽义务

《联合国海洋法公约》第98条规定:“每个国家应责成悬挂该国旗帜航行的船舶的船长,在不严重危及其船舶、船员或乘客的情况下:(a)应当救助在海上遇到的任何有生命危险的人……”我国于1996年加入了《联合国海洋法公约》,依据信守条约原则,有必要将该公约中

的罪名条款转化为国内刑法规范。

在实践中,船长在不危及自身船舶与船员安全的情况下,也会自动履行救助义务,但是也有拒绝施救的特例。例如,2021 年 7 月,北海海上搜救中心接报:在斜阳岛以南约 6 海里处,受海上风浪影响造成一艘船舶遇险,并导致 1 人落水,情况危急,请求救助。北海海上搜救中心办公室(北海海事局)通过(Vessel Traffic Service,VTS)发现在距离遇险船舶位置最近相隔仅 3 海里处有一艘“金××2”轮正向钦州方向行驶。搜救协调员立即通过 VHF16 频道与“金××2”轮取得联系,协调其调头驶往指定海域搜救落水人员,并为“金××2”轮提供了落水人员位置、航向和距离,但“金××2”轮值班驾驶员无视北海海上搜救中心指令,执意保向保速继续驶往钦州,拒不履行海上人命救助义务。该中心立即寻找遇险海域附近其他船舶,与距离事发海域西南方向约 8 海里的“鑫×13”轮取得联系,该船在获知险情信息后,立即调转船头向遇险位置开去,并成功将落水人员救起。

为了维护法律权威、严厉打击责任船员“见死不救”的恶劣行为,北海海事局依法对该轮立案调查。经查,“金××2”轮当班驾驶员违反《船员条例》相关规定,不仅拒不执行搜救任务,且未如实将海难信息及时向船长汇报,造成该轮未遵循海上搜救中心的指挥参与搜救行动。北海海事局依据相关法规的规定,依法对该名当班驾驶员处以罚款并船员记分 8 分的行政处罚。海上人命救助是每艘船舶、每位船员应尽的义务和责任,北海海事局的执法人员对该名驾驶员进行了严厉的批评,使其充分认识到不履行救助义务的严重性,承担违法行为所带来的后果。同时,对积极参与搜救行动的“鑫×13”轮,北海海上搜救中心办公室向其发出了表扬信,并将依据《北海市海上搜救奖励补偿办法》的相关规定,将该船纳入 2021 年北海市海上搜救奖励和补偿名单。[1]

3. 救助海上遇险人员是构建海上交通秩序的最低底线

从人类共同生活的道德义务看,即使没有法律强制性约束,在通常情况下,基于人性的道德同情心,大多数船舶都会自觉出手相助。法律是道德的最低底线,但是总会有个别人置道德准则于不顾而我行我素。为此,动用刑罚的力量强制船长救助海上遇难人员也是促进人类构建互助共生社会模式的必然选择。《船员条例》第 20 条第 2 款授予船长以准司法权:“船舶在海上航行时,船长为保障船舶上人员和船舶的安全,可以依照法律的规定对在船舶上进行违法、犯罪活动的人采取禁闭或者其他必要措施。”由此,船长既然具有准司法权,便意味着其也具有保护其他人生命安全的义务。《船员条例》第 20 条的明文规定佐证了这一义务的客观科学性。《刑法》作为其他法律的保护法,在保障人权的功能上应当倾力合作而非坐视旁观。

(二)增设“船长见危不救罪”的可行性

1. 动用刑罚措施保护海上落水人员的生命具有合目的性

在海上航行中,船长救助遇险船员具有现实可行性,我国现行海事行政法已经明确赋予船长救助海上遇险人员的义务,如《船员条例》第 16 条第 6 项明确规定:“在不严重危及自身安全的情况下,尽力救助遇险人员。”这条规定设置的救助的前置性条件是“在不严重危及自身安全的情况下”,从法理上讲,契合了“法律不强人所难”的法律格言,当船长处于自身难保的情况下,行政法与刑法都会对船长网开一面。鉴于这种救助义务只是赋予船长本人,即《船员条例》第 20 条规

---

① 参见《见死不救,严厉处罚!北海海事局对拒不履行海上人命救助义务的船员开具罚单》,载广西海事局网,http://gx.msa.gov.cn/wap/content.html?keyValue=41327。

定:“船长在保障水上人身与财产安全、船舶安全、防治船舶污染水域方面,具有独立决定权,并负有最终责任。”船长未履行上述行政义务,便意味着违反了命令性规范,发生严重的人身伤亡后果而入罪入刑,符合社会主流的价值观和社会正义的基本理念。

2. 现代船舶识别系统与船载数据航行记录仪能够查找到犯罪嫌疑人

在船舶航运技术不发达的时代,海事部门与司法机构查找并认定遇险船舶附近过路船舶比较困难,近年来,船舶识别系统(AIS)能够回放船舶的航行路线,船载数据航行记录仪(Voyage Date Recorder, VDR)能够清晰记载船上所发生的事情。这些技术手段能够帮助海事执法部门与海警迅速查找到遇险或遇难船舶附近的过路船舶,准确圈定“见危不救罪”的犯罪嫌疑人,为开展刑事诉讼提供有力的证据支持。

3. 具有可资借鉴的域外刑法立法与司法经验

《日本船员法》也明文规定了“船长见危不救罪”。在《日本船员法》第 14 条、第 14—3 条、第 128 条的内容中,规定:“船长在知悉他船或飞机遇难时,必须用尽一切手段救助人命。但是自己指挥的船舶遇有紧急危险或在命令规定的情况下,不在此限。”同时,依省令规定的船舶的船长,在遇有第 14 条规定的险情时,“对船员的业务必须依省令制定应变布置表,并把此表张贴于船员舱室或其他适当的场所。如果违背上述义务,处 30 万元以下的罚金”。

《俄罗斯联邦刑法》第 270 条明文规定了“船长不救助遇险人员罪”,其立法模式与司法判例是值得我们参考的。在犯罪对象上,《俄罗斯联邦刑法》不限于被救助者是他船的遇险人员还是本船的遇险人员,例如,被告雷若夫船长,因未向落水人员提供救助而被判刑一案,获刑 8 万卢布罚金。2011 年 8 月 17 日 18 时 10 分至 30 分,在伏尔加河水域航行期间，雷若夫由于健康原因离开船舶驾驶岗位，等其返回时发现小型船舶乙船头和船尾都张起了锚，直接行驶在拖船航线上。雷若夫迅速向左打转方向盘，然而未能成功避免碰撞，大船右船舷龙骨与小船船头发生碰撞。在碰撞之前，小船上的 Y 直接跳进水中，并沉入水中。为了救助 Y，小船上的 L 也跳进水中。目睹眼前状况，船长雷若夫意识到与其他船只发生了碰撞，当时正刮大风，浪也很大，Y 和 L 二人的生命面临现实的紧迫性危险，船长也意识到二人的危险处境，而且也有可能为水中的遇难者 Y 提供帮助，而不至于对自己的船舶、乘客产生重大危险。但雷若夫故意违反《俄联邦内水运输法典》和《苏俄内河航运部船舶服务章程》的要求，在自己的船舶、船员和乘客没有任何危险的情形下，对水中的遇难者未采取任何救助措施。雷若夫船长驾驶船舶没有停留，沿着既定航线驶离。由于雷若夫未对水中的遇难者 Y 提供救助，造成 Y 溺水而死。因此，法院认定雷若夫触犯了《俄罗斯联邦刑法》第 270 条的罪名，判处 8 万卢布罚金，身为船长的雷若夫应当遵守《俄联邦内水航运规则》、《俄联邦内水运输法典》和《苏俄内河运输部船舶服务章程》中有关水上运输的规定。根据上述规定，其有义务向水上遇难者提供救助。

本罪的主体条件只能是船上的最高指挥者，可以是事故船舶本船的船长，也可以是附近的他船船长。如果船长不在位，由该船上代理船长职位的人承担刑事责任。本罪的客观方面要件是，本船有能力救助而不予救助的情况。法律不强人所难，如果本船在海上交通事故中成为受害人之一，或者因为船体缺陷与船员资质等其他原因而丧失救助他人的能力或时机的，不构成本罪。本罪的主观心态只能是间接故意，如明知自己不实施救助行为可能导致落水遇险人员死亡而放任不管的，构成间接故意犯罪；明知自己的不救助行为可能导致落水人员死亡，而听之任之，放任不管等。如果遇险船舶附近有多艘船只，每艘船只上的船长都涉嫌构成本罪,应当分别处罚,不宜作为共犯处理。本罪的罚则不宜过严,哪怕只有罚金刑也会产生预防效果。有句有关刑罚的格言——法律的价值不在于其严厉性,而在于其不可避免性。

三、"危险驾驶罪"的调整

我国交通运输犯罪预防性刑法适用中的争议问题集中在"危险驾驶罪"与"妨害安全驾驶罪"这两项罪名上,少数情况还涉及"以危险方法危害公共安全罪"和"危险作业罪"。经分析研究,笔者建议,对前述罪名进行如下调整和完善。

(一)"毒驾"入刑

"毒驾"入刑是近年来社会关注的问题,笔者支持"毒驾"入刑,并提出如下思路。

1. 取证问题不应当成为"毒驾"入刑的障碍

"毒驾"同"酒驾"一样是道路交通安全的两大"杀手"。随着《刑法修正案(八)》和《刑法修正案(九)》的相继出台,"醉驾入刑"得到了《刑法》的确认,但对于同样具有严重社会危害性的"毒驾"行为,其入刑的进程却阻力重重,为吸毒人员驾车留下了可乘之机,也为公共交通安全埋下了重大隐患。[①] 如果囿于取证困难而不能将"毒驾"入刑的话,可以参考其他地区的做法,如我国台湾地区的"重大背信弃义致交通危险罪"中将吸食麻醉品后的驾驶行为入罪。

2. "毒驾"入刑符合民意

"毒驾"入刑得到社会各界的广泛支持。在《刑法修正案(九)草

---

① 参见钟华:《论"毒驾入刑"》,载《云南大学学报(法学版)》2015年第6期。

案》讨论上,全国人民代表大会常务委员会委员就提出“毒驾”入刑的建议,如时任全国人民代表大会常务委员会委员陈光国主张,吸毒后容易产生幻觉,其驾驶机动车的危险性同“酒驾”和飙车行为一样危害公共安全,建议“毒驾”入刑。时任全国人民代表大会常务委员会委员刘政奎也建议将“毒驾”入刑。[①] 但是,至今“毒驾”行为也没有被纳入危险驾驶罪中。2023 年出台的《办理醉驾意见》第 10 条第 5 项仅仅是把“服用国家规定管制的精神药品或者麻醉药品后驾驶的”行为作为醉驾型危险驾驶罪的一个加重情节。

3. 因危险驾驶行为导致交通肇事罪的应在刑罚中考量危险驾驶的危害性

危险驾驶行为造成交通事故的,是危险犯向实害犯发展的结果。为了解决醉驾行为与相关危害公共安全犯罪的竞合问题,2023 年《办理醉驾意见》第 16 条规定,醉驾行为同时构成交通肇事罪、过失以危险方法危害公共安全罪、以危险方法危害公共安全罪等其他犯罪的,依照处罚较重的规定定罪,依法从严追究刑事责任。这一规范看似解决了定性与量刑问题,实则并没有加大刑罚力度。例如,醉驾行为导致交通事故依照较重的规定定罪,实际上也就认定为“交通肇事罪”,因为危险驾驶罪的刑罚更轻。如此处罚的结果是,醉驾的行为没有得到刑法评价,与其他违规行为导致的交通事故获得同样的刑罚。

笔者建议,在危险驾驶罪中增加实害结果的罪状,罪名可以是“危险驾驶肇事罪”,并加重该罪的刑罚幅度,以免刑罚裁量时漏掉危险驾驶行为的“贡献”。

---

① 参见姜敏:《危险驾驶行为犯罪化研究——从间接危险行为的视角》,载《现代法学》2016 年第 6 期。

（二）船员“醉驾”应入刑

1.船员“醉驾”的社会危害性不会小于车辆

船员醉酒、船舶超载和违规运输危化品很容易导致碰撞与翻沉事故，海事行政法律、法规对前述危险性行为都有明确的禁止性规定。然而，该行为却不在我国《刑法》第133条之一危险驾驶罪的规制范围之内。危险驾驶罪的入罪条件是“在道路上驾驶机动车……”，由此导致船舶、火车和飞机等大型交通运输工具上的危险驾驶行为不能适用此罪名。

当人类社会发展到工业时代与后工业时代，由于科技进步与人类控制风险能力的不平衡，海上交通风险已经远远超过陆上的车辆驾驶。船员醉酒驾驶、吸毒驾驶以及冒险驾驶等现象在现实中虽不多见，但也未能完全避免。况且，船舶发生事故后的自救能力非常差，受害人数可能较多，得到他人救助的机会很小，防患于未然就显得非常重要。为了有效防控海上交通风险，将《刑法》介入的时间提前化、将刑罚处罚的报应论转化为预防刑，是预防性刑法的价值取向。船舶醉驾是导致事故的重要原因之一，其危害性既有直接的人员伤亡和财产损失，也不乏间接的水域污染和生物资源灭绝等，经济损失非常大。例如，“埃克森·瓦迪斯”号搁浅事故全部损失约115亿美元，是美国历史上最严重的溢油事故。事后调查事故的主要原因是，船在离港前，船长到海员俱乐部去酗酒，把驾驶权交给还未领取证书的三副，自己去睡觉，直到触礁后9小时才醒过来。公众因此对州政府提出了批评：第一，反应迟缓，事故发生了10小时后，应急人员才赶到现场，到第八天才收回5%的溢油；第二，对使用消油剂的建议患得患失，下不了决心，直到事故发生后30小时才决定用燃烧的方法去减少污染；第三，对天气估计不足，没有利用好天气抓紧回收溢油。最终的结果是，法院判处船长拘禁90天，罚款1000美金、交纳赔偿金5万美金、从事清污劳役 1000 小时。

2. 前置法明确禁止醉酒驾驶船舶

船舶醉驾始终是水上运输的顽疾，2013 年 2 月 1 日起施行的《海船船员值班规则》第 125 条规定：船员不得酗酒。值班人员在值班前 4 小时内禁止饮酒，且值班期间血液酒精浓度（BAC）不高于 0.05% 或呼吸中酒精浓度不高于 0.25 毫克/升。2016 年 5 月 1 日起施行的《内河船舶船员值班规则》第 15 条也有同样的规定。所以，醉驾行为在水上交通运输活动中会面临行政处罚的后果。① 在刑法中将“醉驾”入刑没有前置法的障碍。

（三）提高法定刑

目前，“危险驾驶罪”的法定刑只有“拘役，并处罚金”，针对复杂且危险性较大的危险驾驶行为，仅有“拘役”和“罚金”的刑罚种类与幅度明显畸轻。有学者建议，“应对危险驾驶罪的法定刑做适当调整。

---

① 《海上海事行政处罚规定》第 16 条规定：“违反《海上交通安全法》第四十二条的规定，船员未保持安全值班，在履行值班职责前和值班期间摄入可能影响安全值班的食品、药品或者其他物品，或者有其他违反海上船员值班规则的行为的，由海事管理机构对船长、责任船员处 1000 元以上 1 万元以下的罚款，或者暂扣船员适任证书 3 个月至 12 个月；情节严重的，吊销船长、责任船员的船员适任证书。前款所称的‘食品、药品或者其他物品’是指酒精、毒品等可能影响安全值班的物品。本条第一款所称‘其他违反海上船员值班规则的行为’是指未按照《中华人民共和国海船船员值班规则》和国际公约中关于航行、值班的要求保持安全值班的其他行为。”《内河海事行政处罚规定》第 11 条规定：“违反《船员条例》第十六条的规定，船员有下列情形之一的，依照《船员条例》第五十二条的规定，处以 1000 元以上 1 万元以下罚款；情节严重的，并给予扣留船员适任证书 6 个月至 24 个月直至吊销船员适任证书的处罚：（一）在船在岗期间饮酒，体内酒精含量超过规定标准；（二）在船在岗期间，服用国家管制的麻醉药品或者精神药品。”《内河渡口渡船安全管理规定》第 42 条规定，渡船船员、渡工酒后驾船的，由海事管理机构对船员予以警告，情节严重的处 500 元以下罚款，并对渡船所有人或者经营人处 2000 元以下罚款。

具体来说,应将其调整为三年以下有期徒刑、拘役,并处罚金”。[①] 笔者支持这一观点,因为交通运输危险犯属于危害公共安全类犯罪,相比而言,同样是危害交通安全的犯罪,破坏交通工具罪和破坏交通设施罪的危险犯的法定刑都是“三年以上十年以下有期徒刑”,与“危险驾驶罪”的刑罚幅度相差悬殊。从客观危险性上看,对于“危险驾驶罪”中的四项罪状的危险性评价不能“一刀切”,“醉驾”的危险性相对较小,而“飙车”要求达到“情节恶劣”的程度,校车或客车严重超载、超速达到“危及公共安全”的程度,一定是发生了现实的险情,比如,发生车辆碰撞、导致多人受伤的事件,虽然损害结果没有达到“交通肇事罪”的客观构成要件结果的要求,但是对人身法益或财产法益造成了严重威胁,具有发生实害结果的“紧迫性”。因而,为有效预防危险驾驶行为的实施,有必要提高“危险驾驶罪”的刑罚幅度。

(四)货车因超载受过行政处罚再次超载的行为纳入“危险驾驶罪”罪状的正当性

在现有的交通运输危险犯之外,存在一种尚未入罪的再次违反交通运输管理法的行为。例如,因“毒驾”或超载被行政处罚后,再次“毒驾”或违规超载运输,有些案件的两次违规行为间隔时间不超过两天,其人身危险性在此暴露无遗。货车超载受过行政处罚再次超载的可能性非常大,其原因并非仅仅是人的行为惯性,更深层次的原因可能是“不超载就要赔钱”的生存逻辑迫使超载成为一种必然。“久治不愈下猛药”也许是激发源头行业管理科学化、人性化,进而确交通运输安全的一项良策,因而建议将类似再次实施违反交通运输管理法规的行为入刑。

---

① 刘婷、徐建康:《道路交通犯罪刑法规制的完善》,载《山西省政法管理干部学院学报》2018 年第 4 期。

1. 货车超载受过行政处罚再次超载的适用“危险驾驶罪”的必要性

（1）货车超载后果严重且难以控制

囿于信息不畅，货车超载导致交通安全事故的危害后果等数据无法取得，但是通过个案分析，也可以达到管中窥豹的效果。超载货车压垮桥梁、追尾车辆、侧翻碰撞等事故屡见不鲜。据河南省高速公路管理部门对 2015 年 5 月该省高速公路超载的调查统计，该月共有 5,908,190 辆货运车辆通行，其中，超载车辆为 1,638,743 辆，占车辆总数的 27.74%。在超载货车中超载 0～30%（1,309,224 辆）的占通行车辆总数的 22.16%，超载 30%～50%（243,865 辆）的占 4.13%，超载 50%～100%（78,667 辆）占 1.33%，超载 100%（6987 辆）以上的占 0.12%。[①] 此外，因超载受过行政处罚再次超载的货车司机具有严重的人身危险性，如果再次轻纵超载行为，酿成严重后果的可能性必然加大。

（2）货车超载行为的行政处罚畸轻

目前，我国对超载货车的行政处罚手段畸轻，无法控制此类现象的再次发生。笔者对浙江省货车超载的情况进行了调研，发现多次超载的现象比较严重，下列行政处罚决定便明确记载了一些再次违规超载的案例，对这些司机的罚款大多在 2000 元至 3000 元，难以有效预防他们再次违规超载。例如，浙江省沈某君触犯了《道路交通安全法》第 92 条第 4 款规定的运输单位的客运车辆载客或货运车辆超载，经处罚不改的违法行为，被处以 3000 元的罚款。[②] 马某于 2022 年 7 月

① 参见刘晨阳：《货车超载运输对公路的危害及经济效益影响》，河南农业大学 2016 年硕士学位论文，第 9 页。

② 2022 年 10 月 12 日绍兴市公安局上虞区分局交通警察大队 3306822900108064 号行政处罚决定书。

18 日 21 时 01 分,在杨渔线鼎峰水泥厂门口“实施运输单位的客运车辆载客或货运车辆超载,经处罚不改的违法行为”,被处以 2000 元罚款。[①] 丁某锋于 2022 年 8 月 27 日 21 时 22 分,在诸暨市次坞镇上峰路路段实施“运输单位的客运车辆载客或货运车辆超载,经处罚不改的违法行为”,被处以 3000 元罚款。[②]

2. 货车超载受过行政处罚再次超载行为入刑的可行性

(1)货车超载已经作为量刑的考量因素、没有入刑的法理障碍。《办理醉驾意见》第 10 条第 4 项明文规定,对“醉驾”且附带“严重超员、超载、超速驾驶的”行为的,加重刑罚处罚。由此,能够证明该类危险行为已经进入司法机关的视野,通过《刑法》立法从根本上解决此问题也是早晚的事情。危险驾驶罪只将校车和客车超载入刑,因为载人车辆的超载直接威胁人身权益,货车超载的程度与危险驾驶的危险程度成正比,有学者建议,为了控制打击面,货车超载入刑的门槛宜设定为超载率 100% 以上。[③]

(2)《俄罗斯联邦刑法》为我们提供了立法先例。《俄罗斯联邦刑法》第 264 条之二的罪名“受行政处罚且被剥夺驾驶资格的人违反道路通行规则罪”,[④]第 264 条之三的罪名“被剥夺驾驶资格并受到行政

---

① 2022 年 9 月 23 日浙江省绍兴市公安局柯桥区分局交通警察大队 3306212900173982 号行政处罚决定书。

② 2022 年 9 月 30 日浙江省诸暨市公安局交通警察大队 3306812900179582 号行政处罚决定书。

③ 参见魏汉涛:《货车严重超载是否入刑的四维考察》,载《安徽大学学报(哲学社会科学版)》2021 年第 1 期。

④ УК РФ Статья 264.2. Нарушение правил дорожного движения лицом, подвергнутым административному наказанию и лишенным права управления транспортными средствами.

处罚或者有犯罪记录的人驾驶车辆罪”。[①] 这两个罪名的犯罪主体都是“被剥夺驾驶资格且受到行政处罚的人”，而不是从来没有得到过驾驶证或者从未因交通违规行为而受到行政处罚的人，用这个条件加以限制，能够反映出犯罪主体具有较为严重的人身危险性。客观要件是，违反道路通行规则或者实施无证驾驶汽车、电车或其他机械车辆的行为。在我国《刑法》中没有对应《俄罗斯联邦刑法》第264条之二和第264条之三的罪名，而在司法实践中因超载受到行政处罚并被吊销驾驶证的司机再次实施超载行为的行政案件为数不少，对这些行为应否入刑，需要考虑其反复超载的原因。“法律不强人所难”，如果这些超载货车司机不实施违规超载行为便无法获取利润，就需要有关部门认真研究税费问题，《刑法》也不宜过于“积极”和“能动”。

（3）货车超载入刑符合民意。货车严重超载问题由来已久，安徽省合肥市曾经针对货车严重超载能否入刑进行随机问卷调查，调研共收回150份有效问卷。调查结果显示，24%的人持反对态度，74.7%的人都支持将货车严重超载的行为纳入犯罪圈。[②] 当一类具有严重社会危害性的行为已经为民众在情感上所排斥时，该类行为就有必要通过法律加以控制。当然，分析其生成的原因，也是社会治理的必要手段。“从公共政策的角度上来讲，犯罪现象背后是一个复杂的原因系统，而单从刑法的角度看来，是刑罚在与犯罪单打独斗，尽管也有观众在呐喊，有各种各样的支持。解决犯罪问题，就要关注社会和国家大

---

① УК РФ Статья 264.3. Управление транспортным средством лицом, лишенным права управления транспортными средствами и подвергнутым административному наказанию или имеющим судимость.

② 参见魏汉涛：《货车严重超载是否入刑的四维考察》，载《安徽大学学报（哲学社会科学版）》2021年第1期。

的政治经济文化的走向,要关注其他社会科学——哲学、伦理学、经济学、社会学等所能够提供的用来抗拒犯罪的知识。”①

四、“危险作业罪”的完善

(一)“违规运输危险化学品”罪状移植到“危险作业罪”中的正当性

违规运输危险化学品的行为,目前是危险驾驶罪的第4项罪状,笔者建议将其调整到“危险作业罪”的第3项罪状中,与“违规生产、经营、储存”行为汇合,从而优化该类犯罪的刑法体系,净化业务危险犯的罪名关系。此修改建议还会带来如下益处。

1. “违规运输危险化学品”罪状移植到“危险作业罪”中的必要性

(1)能够有效防止违规运输危险化学品造成的事故危险

石油属于易燃易爆的危险化学品,2022年《危险化学品目录》已经将石油纳入其中。船舶运输危险化学品主要体现在对石油的海上运输上,远洋运输原油的工具通常是大型油轮,近海运输石油的工具大都是化工企业自持的或雇佣的中小型船舶,后者违规冒险运输危险化学品的概率大于前者。

“危化品的生命周期包括生产、加工、储存、运输、经营、使用、废弃处理等7个环节,每个环节都存在安全风险。这7个环节中,运输手段贯穿了各个环节,且在运输过程中极易发生危化品风险事故。”②这可能导致不可收拾的后果。例如,2002年11月13日,单

---

① 曲新久:《公共政策视域中的刑事一体化思想》,载《中国检察官》2018年第1期。

② 孙苗:《危化品交通运输安全风险分析及防范策略研究》,载《现代商贸工业》2018年第36期。

壳油轮“威望”号(Prestige)从俄罗斯圣彼得堡出发,在驶往直布罗陀的航行途中,因遭遇一场风暴而失控。当时,船员们听到一声巨响,随后发现自己的船只在西班牙海岸搁浅。出于保护本国沿海海洋环境的目的,法国、西班牙和葡萄牙政府均拒绝让这艘船停靠在他们的港口,最后“威望”号被拖到更远的海域。在这个过程中,该船船体发生断裂、一分为二,事故导致63,000吨燃料排入大海,西班牙、法国和葡萄牙近3000公里海岸线遭受污染,对污染海域野生动植物和渔业造成了严重破坏,直接经济损失高达44亿美元。调查发现“威望”号油轮已经投入使用26年之久,属于超龄工作,该轮离开俄罗斯圣彼得堡港之前,没有经过适当的检查,事故发生的间接原因是船舶维修状况欠佳。如果事先能够通过检查发现该油轮已经超期服役并且船舶自身条件处于不适航的状况,可依据不适航这一因素认定涉嫌构成危害公共安全罪,如此,便可将交通运输危险化解在事故发生之前。所以,将风险控制在未然状态是法治的理想状态。

危险驾驶罪是专门针对道路上的车辆运输设置的危险犯,在立法层面便限制了适用范围。如果将危险驾驶罪第4项罪状归入危险作业罪中,便不会对运输工具有所限制,因为危险作业罪可适用于所有违反生产、作业安全的危险行为,不是交通犯罪的专属,也没有限制犯罪的场所或线路,无论是发生在道路上的犯罪,还是发生在水路、铁路或航空线路上的犯罪,都不会因运输线路问题而导致漏罪。

(2)能够完善生产、作业型危险犯的刑法体系

立法将违规“运输”危险化学品的行为作为第4项罪状强行置于“危险驾驶罪”,把擅自生产、经营、储存危险物品的罪状置于“危险作业罪”中,人为导致同类犯罪对象被分解在两个罪名中。运输行为是

生产、作业行为的中间环节，与其他“生产、经营、储存”等生产、作业行为密不可分，与这些行为合并在一个罪名中，即在危险作业罪中补充上“运输”行为，会使危险驾驶罪的罪状更加洁净，也会使危险作业罪的罪状更加完整。因为危险驾驶罪第 4 项罪状所涵盖的犯罪行为超出了违规驾驶行为的范围，即“违反危险化学品安全管理规定”的运输行为不但包括违反驾驶规则的犯罪，还包括危险化学品包装不合规、车辆不适运、押运人员不适任等违规问题，这些罪状属于危险作业的行为，将其移植到危险作业罪中，会使罪状与罪名之间的关系更加清晰和自洽。从刑法规范的内容上看，既纯化了“危险驾驶罪”的规范保护目的——“交通运输安全”，又弥补了“危险作业罪”中危险物运输型犯罪的缺失。

在立法体系上，危险作业罪与危险驾驶罪虽然都是近年来新设立的业务危险犯，但是前者适用于所有生产、作业中违反生产安全法的所有危险行为，对应的实害犯是重大责任事故罪；后者是发生在交通运输领域的危险作业行为，对应的实害犯是交通肇事罪。而针对危险物的危险作业罪是特殊对象在生产、作业过程中的危险犯，对应的实害犯是危险物品肇事罪，只是目前《刑法》立法没有将危险物这一特殊对象的危险犯独立成罪（实际上归属于危险作业罪中也无妨），类似情况还有重大劳动安全事故罪、工程重大安全事故罪、教育设施重大安全事故罪、消防责任事故罪，这些罪名都没有危险犯的独立罪名，对应的实害犯都是重大责任事故罪。危险作业罪本身就是一个口袋罪名，只要是没有独立出来的业务危险犯，都可以由其担当起刑法的预防性功能。正因为如此，危险作业罪的罪状不应限制在某一行业或某一领域，而应当开放适用于所有的生产、作业领域，“立法机关采用了法益保护前置化的方法，将可能导致重大责任事故发生的违反安全管理规定的生产、作业行为直接设置为犯罪……对于防范重大责任事故能够起到一定的警示作用”。①

2.“违规运输危险化学品”罪状移植到“危险作业罪”的可行性

(1)实现特种对象生产作业危险犯的一体化立法模式

所谓一体化的立法,是指立法将同一类犯罪对象规定在同一个法条或同一个罪名之中的立法模式。例如,枪支、弹药、爆炸物和毒品等危险物品,刑法在罪名设置时通常会将所有犯罪手段和犯罪对象统一在同一个罪名之下,不同的手段和犯罪对象设置为不同的选择性罪名。例如,《刑法》第125条的“非法制造、买卖、运输、邮寄、储存枪支、弹药、爆炸物罪”,《刑法》第347条的“走私、贩卖、运输、制造毒品罪”,《刑法》第350条的“非法生产、买卖、运输制毒物品、走私制毒物品罪”,这些罪名都是以一体化的立法体例设置的选择性罪名。此立法模式便于对特种物品进行全方位的刑法规制,危险化学品属于特种危险物品,“运输”行为被归入“危险作业罪”中,是实现同一类危险物品的一体化刑法规制的最佳方案。

(2)移植到“危险作业罪”中没有语义障碍

为避免罪名概念与罪状之间出现错位,“运输”行为能否被归入危险作业罪,还需要证明“运输”行为是否涵盖在“作业”活动中。《大辞海》把“作业”一词解释为:“在一个组织内为了某一个目的而进行的耗费资源的工作。”②在危险化学品生产、经营、运输、储存过程中,“运输”行为起到桥梁纽带作用,因而也是耗费资源较多的领域。由此,不能否认“运输”行为属于“作业”活动的一种表现形式。目前,虽然没有法律明确将“运输”行为视为“作业”活动,但是对于渔船而言,捕鱼

---

① 陈兴良:《公共安全犯罪的立法思路嬗变:以〈刑法修正案(十一)〉为视角》,载《法学》2021年第1期。

② 夏征农、陈至立、孔凡郫:《大辞海(交通卷)》,上海世纪出版股份有限公司、上海辞书出版社2015年版,第912页。

活动需要在渔船行驶的过程中实施,所以捕鱼工作属于“作业”行为,渔船的“运输”活动与“作业”活动交织在一起,很难剥离,“船舶出海,无论是正在生产、作业过程中还是在来回运输途中,应视为一次完整的海上运输作业行为”。[①] 综上,违规运输危险化学品的行为归入危险作业罪中没有理论障碍。

(二)因酒驾受过行政处罚而再次酒驾的行为应当入刑

刑法规制醉驾行为的目的是保护交通安全,目前,我国《刑法》规定的醉驾入刑标准完全取决于饮酒的量,因而无法实质性地判断驾驶人是否已经丧失了辨认能力与控制能力。

1. 酒驾受过刑罚处罚再次酒驾的行为主观恶性较大

因酒驾受到行政处罚而再次酒驾的行为反映出行为人较高的人身危险性,《办理醉驾意见》第 10 条第 13 项把“二年内曾因饮酒后驾驶机动车被查获或者受过行政处罚的”作为醉酒型危险驾驶罪加重刑罚的“量刑情节”,没有考虑将人身危险性作为入罪的条件,实为不妥。再者,酒驾的出现已经说明驾驶人的主观恶性较深,酒驾成为恶习,屡教不改,因而应将再次饮酒驾车的行为入刑。

2. 行政处罚不足以有效预防再次实施酒驾行为

依据《道路交通安全法》第 91 条第 1 款的规定,“因饮酒后驾驶机动车被处罚,再次饮酒后驾驶机动车的”,“处十日以下拘留,并处一千元以上二千元以下罚款,吊销机动车驾驶证”。我们发现,行政处罚的威慑力非常低,不能实现特殊预防与一般预防的作用。例如,张某于 2022 年 8 月 12 日 23 时 25 分,在杭州市临安区锦城街道临天路 2085 号路段“因饮酒后驾驶机动车被处罚,再次饮酒后驾驶机动车的违法

---

① 徐玲玲、王柳巧:《海事违法涉罪案件适用危险作业罪相关问题研究》,载《第五届全国检察官阅读征文活动获奖文选》。

行为”,仅仅被处以吊销驾驶证和行政拘留 3 天的处罚。[①]

(三)船舶因超载受过行政处罚再次超载的适用“危险作业罪”的正当性

1. 船舶因超载受过行政处罚再次超载的适用“危险作业罪”的必要性

渔船捕捞渔获物与商船运输客货的行为都属于生产作业行为,船舶超载运输的危险性远远高于车辆超载运输,轻者导致沉船,重者导致船上人员落水伤亡或失踪。在司法实践中,超载运输海砂导致船舶自沉的案件时有发生,对此类案件通常会认定为“重大责任事故罪”。如果能够实现刑法早期介入,在风险未发展为实害结果之前适用“危险作业罪”,便能有效控制和减少超载运输的风险。在司法实践中,船舶超载运输海砂的犯罪比较严重,案发后通常仅针对犯罪对象来路不明的问题进行追诉,大多案件被认定为“掩饰、隐瞒犯罪所得罪”。目前,我国《刑法》对船舶超载行为虽未明文进行禁止,就现有条款来看,适用“危险作业罪”第 2 项罪状具有一定的空间,但是由于该条款的适用需要经由行政管理机关“责令停工、停产”的前提,入罪条件比较严苛,因而建议在“危险作业罪”中增加“船舶超载”的罪状,此举至少能够有效控制和减少因超载而导致的人身伤亡与财产损失等危害后果。例如,2018 年年底至 2019 年年初,被告人何某作为“凯××999”轮实际经营管理人雇佣船员开展海上运输作业。2019 年 2 月 21 日,何某指示船长罗某驾驶该轮至宁波市象山县白沙湾工地码头装载石料。该轮离泊时,船体出现左右平衡尾倾现象(严重超载),并有水流进入机舱。船上人员虽采用移动水泵排水但未见效。次日,罗某通过电话

① 2022 年 10 月 10 日杭州市公安局交通警察支队 3301002900496925 号行政处罚决定书。

向何某报告了船舶出现的异常情况,何某要求确保人员安全,并联系某矿业公司码头请求帮助抢卸货物。之后,“凯××999”轮后尾倾斜进一步增大,其间有4名船员撤离上岸。最后,船体向左侧翻后倒扣于海面,造成船上8人落水后6人获救,但大副潘某死亡,水手王某失踪。此起事故还造成船舶打捞费、修理费等直接经济损失600余万元。[①] 本案当事人如能针对超载问题实施整治措施,实害结果便不会发生,因而,《刑法》提前设置交通危险犯非常必要。

2.船舶因超载受过行政处罚再次超载的适用“危险作业罪”的可行性

船舶超载运输属于严重不适航,导致沉船事故的危险性非常大,在世界海运史上发生过多起因集装箱超重导致的沉船事故,人员伤亡后果也非常严重,因而,对船舶超载行为进行规制具有海事或渔业行政管理的规范根据。我国《海上交通安全法》第91条第2款规定:“船舶超载的,海事管理机构可以依法对船舶进行强制减载。”在此逻辑下,如果超载行为“具有发生重大伤亡事故或者其他严重后果的现实危险的”,则应当给予刑事制裁。鉴于船舶运载货物的行为具有生产作业的属性,笔者建议在《刑法》第134条之一的“危险作业罪”中增加“船舶超载”的罪状。

五、建议分离“非法制造、买卖、运输、储存危险物质罪”危险犯与实害犯的刑罚幅度

在我国《刑法》分则第二章中,公共危险犯与其对应的实害犯大多分布在不同的法条中,虽然罪名相同但实害犯的刑罚幅度明显高于危

① 参见国际船舶网,http://www.eworldship.com/html/2021/ship_inside_and_outside_0429/170539.html。

险犯,最高刑通常为死刑。然而,《刑法》第 125 条第 2 款把“非法运输危险物质罪”的危险犯与实害犯放在同一个条款中,并且在罪状的表述上没有任何差别,不但导致刑法体系分裂,也导致司法解释错位,甚至适用罪名混乱。笔者建议参照其他罪名的立法模式将“非法运输危险物质罪”的危险犯与实害犯的罪状剥离开、分头表述,分头设置独立的刑罚幅度。在危险犯的罪状中附加“危及公共安全,尚未造成严重后果的”入罪的条件;在实害犯的罪状中附加“造成严重后果的”入罪条件。前述立法调整建议会带来如下益处。

(一)能够有效维系危害公共安全危险犯刑法体系的统一性

《刑法》第 125 条第 2 款的非法制造、买卖、运输、储存危险物质罪,可以看作是从《刑法》第二章以危险方法危险公共安全类犯罪中分解出来的特殊对象的独立罪名,在其入罪条件中用“危害公共安全的”来表述。从字面理解“危害公共安全的”内涵,其中包括尚未造成严重后果的危险犯和已经造成严重后果的实害犯。该罪的刑罚幅度要参照本法条第 1 款的罪名“非法制造、买卖、运输、邮寄、储存枪支、弹药、爆炸物罪”的规定,即“三年以上十年以下有期徒刑”和“十年以上有期徒刑、无期徒刑或死刑”两个幅度。第 1 款的罪名中也包含抽象危险犯与实害犯两种既遂形式,实施法定的构成要件行为便构成抽象危险犯,符合“情节严重的”标准的,构成实害犯。由于第 2 款立法没有明确危险犯与实害犯之间的界限,危险犯与实害犯的危险性因素共用“危害公共安全的”表述,且没有附加“情节严重”等隔离危险犯与实害犯的定量因素,容易使人将“危害公共安全的”误解为仅仅是对实害犯结果的描述,导致危险犯被覆盖。如前所述,《刑事立案标准(一)》第 2 条第 1 项把“非法制造、买卖、运输、储存危险物质罪”的立案标准设定为“造成人员重伤或死亡的”的实害犯结果,于是尚未造成严重后果的危险犯在此被淹没,不具备独立构成犯罪的前提,由此必然造成此类犯罪的事先预防功能无法实现，也使公共危险犯的刑法体系坍塌失衡。

我国《刑法》分则第二章的公共危险犯的立法通常是与实害犯设置在不同条文中的，如《刑法》第 114 条是多个罪名的危险犯，对应的实害犯被放在第 115 条中；也有多个危险犯分别占用不同条文但实害犯共用另一个条文的立法例，如《刑法》第 116 条至第 118 条的危险犯分别是破坏交通工具罪、破坏交通设施罪、破坏电力设备罪、破坏易燃易爆设备罪，而这些罪名的实害犯被统一规定在《刑法》第 119 条中。如果将《刑法》第 125 条第 2 款的危险犯与实害犯剥离开，则会避免危险犯被实害犯所覆盖，也会统一公共危险犯的立法体例、完成刑法体系，提升刑法的预防性功能。

（二）能够厘清自然犯与法定犯的关系

在理论上讲，以危险方法危害公共安全的犯罪属于公共危险犯、自然犯，重罪；与此相对应，“危险作业罪”则属于业务危险犯、法定犯，轻罪。“法定犯的成立从属于行政标准和行政概念”，①是刑事违法性从属于行政违法性的必然要求。然而，当我们依据行政法鉴别“非法运输危险物质罪”与“危险作业罪”的犯罪对象时，却发现，我国《刑法》在立法时并没有考虑不同行政法规中的危险物质或危险物品之间所存在交叉重叠关系，因而，通过犯罪对象区分自然犯与法定犯的关系根本无法实现。例如，《刑事立案标准（一）》第 2 条将“毒鼠强”作为自然犯的犯罪对象，而《危险化学品目录》中也有“毒鼠强”，又成为法定犯的犯罪对象，因而我们只能另辟蹊径，从犯罪的其他构成要件中寻找罪名界分的标准。

若能将“非法运输危险物质罪”的危险犯罪状独立出来，便会彰显其公共危险犯的特质而不被实害犯所掩盖，通过以下三点改造厘清自然犯与业务危险犯的关系。一是在犯罪对象上，可以参照同类自然犯

---

① 刘夏：《犯罪的行政从属性研究》，中国法制出版社 2016 年版，第 111 页。

“非法携带危险物品危及公共安全罪”中的犯罪对象，涵盖所有“危险物质”或“危险物品”，即把“毒害性、放射性、传染病病原体等物质”与“危险化学品”都纳入该罪的犯罪对象，避免因犯罪对象的重叠与法定犯罪纠缠。二是在主观要件上，突出强调其危害公共安全的目的，据此与业务危险犯划清界限。前者作为公共危险犯，其非法运输危险物品的目的是准备从事其他具有严重危险性的危害公共安全犯罪；而后者作为业务危险犯，其违规运输危险物品的目的是为生产、作业提供条件或便利。三是在犯罪手段上，由于前者是为从事犯罪做准备，因而该罪名中的其他手段便是“非法制造、买卖”等不法行为，后者属于合规的生产、作业单位，只因生产、作业中违反安全管理规定，容易导致重大责任事故罪，因而刑法提前了规制环节。从根本上，前者的危险行为是没有资质的“非法”行为，由于其行为方式是私下里偷偷地“制造”或“买卖”的行为，与后者的正规企业合法公开的“生产”和“经营”行为不能同日而语。

第三节　交通运输危险犯的司法完善

司法规范的完善，是指通过司法机关出台司法解释和指导意见等方式修改完善定罪与量刑的标准或条件。司法规范调整的根据是社会治理的需要，调适的内容大多是修改个罪的犯罪构成要件。由于立法中的犯罪构成具有稳定性，“它为国家设置了具有约束力的边界，使之不得随意介入公民的自由空间”。[①] 鉴于司法规范的调整具有灵活性、细密性、可操作性的特点，在我国已经成为一种被接纳的修法

① ［德］乌尔斯·金德霍伊泽尔：《现代社会中的刑法与两种安全》，陈璇译，载《苏州大学学报（法学版）》2023 年第 4 期。

活动。

我国《刑法》已有的交通运输危险犯罪包括“危险驾驶罪”“妨害安全驾驶罪”“危险作业罪”“以危险方法危害公共安全罪”，笔者结合这几个罪名对交通危险犯的规制提出如下调整建议。

一、“危险驾驶罪”的司法完善

（一）加大道路上追逐竞驶夹带“别车”行为的惩罚力度

在道路上追逐竞驶构成危险驾驶罪已经存在立法与司法根据，然而，有些斗气“别车”行为会导致更严重的交通事故，有必要加以严惩。2014 年 12 月 18 日，最高人民法院公布的第八批指导性案例第 32 号“张某某、金某危险驾驶案”，机动车驾驶人员出于竞技、追求刺激、斗气或者其他动机，在道路上穿行、快速追赶行驶的，属于《刑法》第 133 条之一规定的“追逐竞驶”。虽未造成人员伤亡或财产损失，但综合考虑超过限速、闯红灯、强行超车、抗拒交通执法等严重违反道路交通安全法的行为，足以威胁他人生命、财产安全的，属于危险驾驶罪中“情节恶劣”的情形。① 本案被告人张某某被判处拘役 4 个月，缓刑 4 个月，并处罚金人民币 4000 元；被告人金某犯危

---

① 参见 2014 年最高人民法院《关于发布第八批指导性案例的通知》第 32 号案例。基本案情：被告人张某某、金某相约驾驶摩托车出去享受大功率摩托车的刺激感，约定“陆家浜路、河南南路路口是目的地，谁先到谁就等谁”。随后，由张某某驾驶无牌的本田大功率二轮摩托车（经过改装），金某驾驶套牌的雅马哈大功率二轮摩托车（经过改装），从上海市浦东新区乐园路 99 号车行出发，行至杨高路、巨峰路路口掉头沿杨高路由北向南行驶，经南浦大桥到陆家浜路下桥，后沿河南南路经复兴东路隧道、张杨路回到张某某住所。全程 28.5 公里，沿途经过多个公交站点、居民小区、学校和大型超市。在行驶途中，二被告人驾车在密集车流中反复并线、曲折穿插、多次闯红灯、大幅度超速行驶。当行驶至陆家浜路、河南南路路口时，张某某、金某遇执勤民警检查，遂驾车沿河南南路经复兴东路隧道、张杨路逃离。

险驾驶罪,判处拘役3个月,缓刑3个月,并处罚金人民币3000元。

本案裁判要点中认定"斗气或其他动机,在道路上曲折穿行、快速追赶行驶的"属于"追逐竞驶",没有问题。然而,在实践中"追逐竞驶"的通常还有出于斗气或其他动机而夹带"别车"行为的情形,其危险性远远超过单纯的"追逐竞驶",如果只认定为危险驾驶罪,妨碍安全通行的行为便没有得到刑法的评价,自然是轻纵了犯罪。"别车"行为给交通运输造成的安全风险更加直接、更加具体,因而,从立法上将此类行为独立设置一个罪名,加大量刑幅度,更有益于维护交通秩序。如此立法既符合法理逻辑,在司法上也是行得通的。

(二)危险驾驶罪主观罪过的认定

交通犯罪的主观要件在认定犯罪中的作用被刑法学界所忽视,在刑法立法中,实害犯属于过失犯没有争议,但在危险犯中是否存在过失犯则存在较大的分歧,笔者对过失危险犯持否定立场,并在第一章第一节"二、交通运输危险犯的构成要件"中展开论述。

我国《刑法》对交通运输危险犯的罪状设置上没有明确行为人的主观动机或目的要素。实际上,非法运输危险物质或违规危险物品的行为,各自具有不同的目的,由此在分类上也完全不同,司法环节应当给予重视。《刑法》第125条第2款"非法运输危险物质罪"的"运输"行为主观目的是实施"公共危险"犯罪所进行的预备活动,具体的准备行为包括"非法制造、买卖、运输、储存"危险物质等手段。前述"公共危险犯",是指与放火、爆炸、投放危险物质等犯罪的危害程度相当的犯罪,属于具有高度危险的犯罪,因而《刑法》对此类犯罪的刑罚都比较重,最低为3年以上有期徒刑。与此不同,《刑法》第133条之一的

“危险驾驶罪”的第3项罪状和第4项罪状都属于典型的业务型危险犯，[①]第4项罪状“违规运输危险化学品”的行为在司法实践中通常都是为了满足化工企业的生产作业或者经营需要，行为人违反安全管理规定“运输”危险化学品的目的，或者是为了赶工期而运输生产资料或者半成品，或者是为了销售产品而提供运输服务，因而其主观不存在危害公共安全的目的，《刑法》在设置刑罚幅度时给予较为宽缓的政策，最高刑是拘役。这与“非法运输危险物质罪”的最低刑为3年有期徒刑相差很大。

此外，《刑法》第133条之二的“妨害安全驾驶罪”在主观动机上具有一定的特殊性，“泄愤”“报复”是该罪主要的主观心态，因而主观方面也只能是故意，而且是间接故意，即放任车辆侧翻与毁损的结果。与我国不同，《俄罗斯联邦刑法》第267条之一设置了“威胁车辆安全驾驶罪”，其构成条件是，出于流氓（戏谑）动机实施了威胁车辆安全驾驶的行为，行为人的主观心态表现为不谨慎、不负责任、随心所欲的状态，其动机是在驾驶过程中戏谑、取乐；客观上表现为无视安全驾驶规则要求，不认真控制方向盘、冒险违规行驶。本罪的主观要件是出于流氓（戏谑）动机，如果没有这个动机，仅仅是忽视或者冒险而实施了同样的行为，也不能构成“威胁车辆安全驾驶罪”。在此我们也发现，“威胁车辆安全驾驶罪”的构成要件在我国《刑法》中没有对应的罪名。

---

① 从广义上讲，“危险驾驶罪”的四项罪状都是业务危险犯，我国的机动车司机最早就是一种职业，无论是客车还是货车，乃至小轿车的司机都是专职从事驾驶的人员，并以驾驶职业作为生活来源。近年来，小型轿车才走进我国的家庭生活，“驾车”成为日常生活的行为方式之一，但是“驾车”的目的大多也是“运输”车上人员。所有机动车的司机都要经过严格的培训、考试并获得驾驶资质后，方可“驾车”上道行驶，所以说，机动车司机也是专业性较强的工作，遵守交通安全法规是驾驶员行车时必须恪守的原则，在此意义上讲，“驾车”也是业务行为。船员职业具有更为严格的准入制度，目前私家游艇并不普遍，船员身份基本上也是一种职业的标志。

二、交通运输危险犯入罪标准之纠偏

船舶交通运输危险犯是典型的行政犯，入罪的前提是需要对交通运输的危险性进行判断。在司法适用中，船舶交通运输风险的裁判必须依据船舶驾驶规则、船舶适航性与避碰规则等国内与国际海事规范，即便《刑法》条文中未有如“违反国家规定”之规定，裁判者在面对相关案件时亦会参照行政法律规范，首先判断其是否具备行政违法性，进而认定其是否符合刑法上的违法性。① 在司法适用中应防止将“交通运输危险”进行泛化解释，避免将行政违法行为升格为危险犯。

（一）防止将行政违法行为划入犯罪圈

1. 严格把控交通运输危险犯的刑法法益、避免扩大适用

危险物运输型犯罪经由前述立法修改建议后，还有 3 个罪名，即危险作业罪、非法运输危险物质罪、非法携带危险物品危及公共安全罪，在此主要对比前 2 个罪名的入罪条件，前者是指法定犯，后者是自然犯。法定的危险性是“具有发生重大伤亡事故或者其他严重后果的现实危险的”，自然犯的危险性尚无定论，可以是“危及公共安全的”或附加“尚未造成严重后果的”。虽然表述不同，但实际上内涵是一样的，表层侵犯的法益是安全秩序，深层次侵犯的法益都是人身权益与财产权益。正如陈兴良教授所言：“我国刑法中的公共安全罪以公共安全为保护法益，而事实上公共安全往往包含人身、财产等法益内容。因此，公共安全罪就涵括了人身犯罪与财产犯罪。”②

---

① 参见王勇：《法秩序统一视野下行政法对刑法适用的制约》，载《中国刑事法杂志》2022 年第 1 期。

② 陈兴良：《公共安全犯罪的立法思路嬗变：以〈刑法修正案（十一）〉为视角》，载《法学》2021 年第 1 期。

2. 加强判决文书的说理性、厘清行政违法与刑事犯罪的界限

为防止行政违法行为被犯罪化，需要强化判决书的说理性以避免刑事司法干扰行政执法权限，如果仅仅实施了非法或违规运输行为，对人身或财产法益没有造成现实的危险，不宜入罪。例如，2020 年 9 月至 2021 年 3 月，被告人麻某某在明知被告人杨某、刘某某无危险货物运输许可证及从业资格的情况下，仍委托被告人杨某、刘某某先后 4 次（其中刘某某仅有 1 次，运输 1 吨）运输危险化学品高锰酸钾共计 2.4 吨。公诉机关认为，被告人麻某某、杨某、刘某某违反危险化学品安全管理规定运输危险化学品，危及公共安全，其行为已触犯《刑法》，构成危险驾驶罪。法院认为，被告人麻某某、杨某、刘某某的行为已触犯《刑法》，构成危险驾驶罪，分别对其判处了拘役刑。① 该判决书没有对具体危险进行说理，实际上该案的危险性也未必达到必须定罪的程度。由于高锰酸钾是《危险化学品目录》中的腐蚀性化学品，属于一种强氧化剂，具有很好的消炎、杀菌、抑菌的作用，违规运输中如果没有泄漏，便不宜认定为“具有发生重大伤亡事故或者其他严重后果的现实危险”。如果本案判决书中有明确的说理内容，对危险性有深入的剖析论证过程，至少能够提醒司法人员对具体危险进行实质的紧迫性或现实性的判断。

（二）船舶不适航且违规或非法运输危险物品的司法纠偏

关闭船舶导航、通讯设施的行为虽然也会影响驾驶安全，但由于船舶航行通常被看作一系列整体的作业活动，因而，关闭船舶导航、通讯设施的行为，在性质上是一种影响作业安全的行为，而不仅仅影响驾驶安全。在司法实践中也有些类似案件被定性为“危险作业罪”，需要引起注意，以免发生法律适用的偏差。

---

① 参见江苏省镇江市丹徒区人民法院刑事判决书，(2021)苏 1112 刑初 165 号。

1. 船舶关闭安全设施违规作业的适用“危险作业罪”

鉴于立法把危险驾驶罪的运输线路自限在道路上，为避免船舶违规运输危险化学品出现漏罪问题，2021 年国务院安全委员会出台的《关于近期水上交通和渔业船舶事故情况的通知》，明确要求对关闭船上安全设备的行为依据危险作业罪追究刑事责任。① 学界认为，船舶故意关闭船载 AIS、北斗导航等安全生产关键设备冒险出海作业，其他船舶则无法获得该船的位置和其他信息，该船也无法获得其他船舶的位置和其他信息，极易导致紧迫局面，甚至会造成船舶碰撞事故的发生，因而水上运输船舶此类行为符合“危险作业罪”第一种入罪情形。②

2. 船员不适任、货物不适运违规作业的适用“危险作业罪”

由于前述入罪的危险行为仅涉及船舶安全设施问题，没有提及运输船舶上船员不适任、货物不适运等因素，这些因素也是导致船舶碰撞、自沉的主要因素，如果不加以注意便可能被司法机关忽略。因为这些罪状被归入“危险作业罪”的第二种罪状中，入罪条件要求事先有一次事故发生且被责令停工、停产的行政处罚，如果行政执法部门未给予过行政处罚，漏罪问题在所难免。

三、违规运输危险化学品行为定性的司法纠偏

运输危险化学品是较危险的工作，船舶运输因为运力较大，发生

---

① 2021 年国务院安委会办公室发布《关于近期水上交通和渔业船舶事故情况的通报》(安委办明电〔2021〕36 号)：打击船舶通导设备和消防救生设施缺失、船员值班脱岗、开航前检查不到位、超员超载超风级超航区航行作业等违法违规行为，对企业主要负责人和船东实施行政处罚，执行《刑法修正案(十一)》，对关闭、破坏 AIS 等安全生产关键设备冒险出海作业行为移送司法机关追究刑事责任。

② 参见徐希鹏、马鸿飞、沈革新：《关于将水上运输船舶有关违法行为纳入危险作业罪入罪范围的思考》，载《中国海事》2022 年第 10 期。

事故后导致的危害后果会更大。然而，违规运输危险化学品的犯罪行为在发现查处环节比较困难，导致监管不力。我国的危险货物监管方式手段落后、信息化程度低，导致危险品运输的监管效率低下。[①] 此外，海事机构依据经验进行监管、只注重事先审批监管而忽视对危险化学品的过程监管，也是其监管效率低下的原因。由于我国《刑法》在立法设置上模糊了船舶违规运输危险化学品行为的定性问题，从理论上梳理其所能适用的罪名，是目前提升治理能力的最好路径。

（一）机动车违规运输危险化学品的定性纠偏

1. 正视立法规范与司法规范的失衡

在刑法立法层面，机动车违规运输危险化学品的行为的定性是“危险驾驶罪”，由于“危险驾驶罪”只能适用于“道路上”，这便意味着船舶违规运输危险化学品的行为无法适用“危险驾驶罪”。由于相关司法解释将前述行为认定为以危险方法危害公共安全罪。2021 年，《十部门意见》第 8 条规定，在水路、铁路、航空易燃易爆危险物品运输生产作业活动中违反有关安全管理的规定，有下列情形之一，[②]明知存在重大事故隐患而不排除，足以危害公共安全的，依照《刑法》第 114 条的规定，以以危险方法危害公共安全罪定罪处罚。由此我们发现，立法未入罪的运输行为却在司法解释中被认定为较重的罪名，在逻辑上不通。

---

① 参见洪辉：《海上危险货物运输海事监管研究》，大连海事大学 2014 年硕士学位论文，第 30 页。

② 《十部门意见》第 8 条规定的可适用“以危险方法危险公共安全罪”的情形：(1)未经依法批准或者许可，擅自从事易燃易爆危险物品运输的；(2)委托无资质企业或者个人承运易燃易爆危险物品的；(3)在托运的普通货物中夹带易燃易爆危险物品的；(4)将易燃易爆危险物品谎报或者匿报为普通货物托运的；(5)其他在水路、铁路、航空易燃易爆危险物品运输活动中违反有关安全管理规定的情形。

2. 机动车违规运输危险化学品的应当适用“危险作业罪”

对同一类犯罪对象，如果是生产、经营、储存行为，却被解释为刑罚较低的罪名。例如，《惩治危化品意见》第5条第2款又规定，“在易燃易爆危险物品生活、经营、储存等高度危险的生产作业活动中违反有关安全管理的规定……具有发生重大伤亡事故或者其他严重后果的现实危险的，依据刑法第134条之一第3项的规定，以危险作业罪定罪处罚”。前者刑期是3年至10年有期徒刑，后者刑期是1年以下有期徒刑、拘役或管制。在这里，很难说清“运输”行为的危害性与“生产”“经营”“储存”行为的危险性存在多大差异，因而希望通过刑法教义学的分析方法，对违规运输行为的定性给出适当的结论。

（二）船舶违规运输危险化学品的定性纠偏

1. 船舶违规运输危险化学品的行为应适用“危险作业罪”

笔者在本书第四章第二节中建议对运输危险化学品的行为依据“危险作业罪”入刑，其中一个理由是“危险作业罪”的客观构成要件中没有限制运载危险化学品的交通工具种类。从理论上讲，船舶、飞机和火车违规运输危险化学品的行为，包括在托运的普通货物中夹带易燃易爆危险物品的行为、将易燃易爆危险物品谎报或者匿报为普通货物托运的行为等违规运输易燃易爆危险物品的危险性行为，都可以适用“危险作业罪”。依据文理解释，运输行为包括“作业”行为，广义的运输不仅是把货物进行运送转移的过程，还包括“装卸”货物的过程，此行为更接近作业活动。

此外，在交通犯罪的刑法体系中，司法解释也曾经将某一类危险性行为认定为重罪，后来《刑法》立法为该类行为设立了新的罪名，成为轻罪。例如，妨害安全驾驶的行为曾经被司法解释认定为“以危险方法危害公共安全罪”，[①]后来《刑法修正案（十一）》新增“妨害安全驾驶罪”，把前述危险行为归入该罪，刑罚尺度大大降低。

笔者认为，目前船舶违规“运输”危险化学品的行为也应当参照妨害安全驾驶行为的立法模式，通过《刑法修正案》明确将其归入危险作业罪中，降低刑罚幅度。只有这样，方能避免立法和司法的偏差。当然，在实践中如何发现船舶违规运输危险化学品的行为也是比较困难的，这就要求海事管理机构对危险化学品的运输实施全过程的监管，无论是出港还是进港，都要严格按照要求进行管控。

2. 明确界分“危险作业罪”与“非法运输危险物质罪”的界限

依据《十部门意见》，无资质的船舶、火车或飞行器擅自运输易燃易爆危险物品的行为、在托运的普通货物中夹带易燃易爆危险物品的行为、将易燃易爆危险物品谎报或者匿报为普通货物托运的行为等违规运输易燃易爆危险物品的危险性行为，应当被认定为“以危险方法危害公共安全罪”。[②] 这条司法解释仅以主体无许可或无资质这一个

---

① 2019 年《惩治妨害安全驾驶行为意见》第 1 条第 1 项规定：“乘客在公共交通工具行驶过程中，抢夺方向盘、变速杆等操纵装置，殴打、拉拽驾驶人员，或者有其他妨害安全驾驶行为，危害公共安全，尚未造成严重后果的，依照刑法第一百一十四条的规定，以以危险方法危害公共安全罪定罪处罚”；第 2 项规定：“妨害公共交通工具安全行驶，危害公共安全的，依照刑法第一百一十四条、第一百一十五条第一款的规定，以以危险方法危害公共安全罪定罪处罚。”

② 《十部门意见》第 8 条规定：“在水路、铁路、航空易燃易爆危险物品运输生产作业活动中违反有关安全管理的规定，有下列情形之一，明知存在重大事故隐患而不排除，足以危害公共安全的，依照刑法第一百一十四条的规定，以以危险方法危害公共安全罪定罪处罚；致人重伤、死亡或者使公私财产遭受重大损失的，依照刑法第一百一十五条第一款的规定处罚：（1）未经依法批准或者许可，擅自从事易燃易爆危险物品运输的；（2）委托无资质企业或者个人承运易燃易爆危险物品的；（3）在托运的普通货物中夹带易燃易爆危险物品的；（4）将易燃易爆危险物品谎报或者匿报为普通货物托运的；（5）其他在水路、铁路、航空易燃易爆危险物品运输活动中违反有关安全管理规定的情形。”

条件便断定违规运输行为严重危害公共安全,没有考虑主观要件是为了实施危害公共安全犯罪,还是为了生产、作业提供条件,也没有区分业务危险犯与公共危险犯的界限,适用“以危险方法危害公共安全罪”的结果是将轻罪认定为重罪。张明楷教授认为,《刑法》第 125 条第 2 款的罪名立法本身就属于“将较轻的法定犯当作较重的自然犯规定”①的混同式立法。笔者认为,如果再将业务危险犯认定为公共危险犯,将法定犯认定为自然犯,会使本来就失衡的司法天平更加倾斜。如果能将“危险驾驶罪”第 4 项罪状移到“危险作业罪”的第 3 项罪状中,便能为“违规运输行为”的适用范围松绑,直接扩大适用于水路、铁路和航空线路。在此需要注意的另一个问题是,避免船舶违规运输危险化学品的重刑问题。

车辆交通运输风险很容易成为社会舆情的爆发点,近年来,交通运输领域的预防性刑法跟进可圈可点。我们所担心的是,船舶交通运输犯罪一直以来就是被我国《刑法》立法遗忘的“孤岛”,加上海事行业对船员入刑的误解,导致行刑衔接不通畅。鉴于船员工作的风险性较高,在我国交通刑法体系的构建中应当充分研究船舶运输风险的因果关系,从责任层面给予充分考虑。

综合上述信息,治理交通运输风险犯罪并非刑法所能独立胜任的使命。应当说,前置法对违反交通运输安全法的交通违规行为管控更加便捷和具体。长期以来,我国《刑法》并没有重视交通犯罪的立法,

---

① 张明楷:《自然犯与法定犯一体化立法体例下的实质解释》,载《法商研究》2013 年第 4 期。《刑法》第 125 条第 1 款规定的罪名“非法制造、买卖、运输、邮寄、储存枪支、弹药、爆炸物罪”系非常严重的自然犯,而第 2 款规定的“非法制造、买卖、运输、储存危险物质罪”系自然犯与法定犯混同的罪名,其危害性相比第 1 款犯罪要轻得多,特别是为了合法生产经营而实施该罪行为的情形,危险性更轻,而立法者将第 2 款罪名与第 1 款罪名归入同一法条,并且适用同一刑罚幅度,把轻罪当作重罪,导致重刑问题。

似乎在介入行政权干预的领域有所顾忌。在交通运输风险犯罪日益突显的当下,刑法的触角向前延伸也是一种不得已而为之的选择。刑事司法始终站在回应社会关切的风口浪尖上,起到快速安抚民心、震慑犯罪的社会效果。

余　论

交通运输是现代化生产和生活的重要方式，高效的客货运输导致我国近年来交通事故发生率大幅提升。2023 年我国共发生道路交通事故 175 万起，较 2022 年上升了 8%。其中，死亡人数达到 5 万人，上升了 4%。另外，受伤人数达到 6 万人，上升了 5%。[①]为有效控制交通事故，《刑法修正案（八）》、《刑法修正案（九）》和《刑法修正案（十一）》扩充了交通运输危险犯的犯罪圈，表明我国《刑法》对交通运输安全的早期化干预将成为近期的立法趋势。

交通肇事罪在 1979 年《刑法》制订时属于典型的业务过失犯罪，然而伴随城乡居民生活水平的提高，私家轿车已经成为代步工具，运输的业务属性逐渐弱化，《刑法》对交通运输犯罪的提前介入不仅仅是对业务风险的干预，而且具有预防日常生活风险的现实意义。交通运输管理技术日新月异，交通运输安全的《刑法》

① 《当自动驾驶来临，你真的敢松开双手吗？》，载腾讯网，https://news.qq.com/rain/a/20240304A05WN500。

规制也需及时跟进。本书对交通运输危险犯的研究只是一个初浅的探索,未来还有很长的路要走。我国已经进入智慧公路(Intelligent Road)[①]时代,建构本土化与现代化融合的交通运输刑法体系,是现行《刑法》法典化进程中不可回避的艰辛路程,为此,需要处理好如下几对概念的关系。

1.“驾驶失误”与“管理失职”

长期以来我们将交通运输安全的重心放在了“驾驶失误”而忽视了“管理失职”问题。机动车交通事故在直观上表现为碰撞、翻车、爆炸与起火等,传统观点认为,交通运输风险与气候、车辆状况、酒驾、疲劳驾驶以及驾驶员是否履行危险注意义务、是否履行危险回避义务有关,没有考虑或很少考虑道路的设计是否合理、路标的提示语可与摆放位置是否科学。不可否认,连续27公里的长下坡“昆磨高速”极易导致刹车失灵、因指示路标内容不明错过出口、因路障未设警示灯而至碰撞、因窨井盖松动或缺失而至翻车等,都属于交通运输管理的问题,而非驾驶人的违规驾驶问题。截至2022年年底,我国高速公路的总里程已经达到17.7万公里,居世界第一。[②] 尽管我们有了先进的智慧公路设施,强化了侦测驾驶人员违规驾驶行为的能力,但交通运输行政管理的科学化水平仍有待提升。伴随居民生活水平的提高与社会经济活动的发展,交通运输的密集化程度也越来越高,船舶运输、铁

① 智慧公路,简称IR,是指某种多功能集成的道路基础设施系统。由自动驾驶车辆、智能道路基础设施、车路通信与协同三个部分所组成。智慧公路的目标是依据电子、通信、自动化技术搭建车辆—公路一体化系统,提供非常丰富的全局、实时、先验的信息,实现不同车辆间、实时通信环境下最大限度地提高道路通行的能力,辅助智能网联汽车(Intelligent and Connected Vehicle,ICV)提高环境感知、即时通信能力,减少车辆的行车安全隐患和改善交通拥堵,更广泛的实现车路协同。

② 叶昊鸣、王聿昊:《我国高速公路通车里程稳居世界第一》,载中国政府网,https://www.gov.cn/lianbo/bumen/202311/content_6916724.htm。

路运输和航空运输也日益亲民，自然会对交通安全的管理提出更高的要求。航标不准确、新建海上设施与航道调整信息发布不及时、船员不适任、货物不适运、客轮超载等违规行为监管不到位等都与管理失职有密切关系。2024 年 12 月 22 日，上海地铁列车与倒塌在轨道上的吊机吊臂相碰撞恰恰也反映出我们在交通运输管理层面上的问题。我们需要明确，要提升交通运输安全，首先要提升的是交通运输管理水平，科学的管理是重中之重。

2.“驾驶安全”与“通行安全”

在保障交通运输安全的各种因素中，“驾驶安全”问题在我国始终处于风口浪尖，驾驶人员与车辆的合规性、驾驶行为的合法性一直是立法与司法的重心。然而，近年来我们发现，与“驾驶安全”相比，“通行安全”导致发生交通事故的概率更多，“路怒症”的“斗气别车”反映的不仅仅是违规驾驶问题，更重要的是妨害安全通行的问题，如果说“驾驶安全”是导致交通运输风险的低度危险性行为，那么“通行安全”则是交通运输的高度危险性行为。在高速公路上突然刹车、变道、逆行等行为严重妨害其他车辆的正常通行，行人或车辆在普通道路上突然穿行等都极易造成交通事故，其危险性与危害性都比“醉驾”和“超载”严重，甚至容易导致因果关系判断失误，冤枉了好心避让的司机。正如某学者所言：“在车来车往的公路上超车别车、呈 S 形路线驾驶、踩刹车急停是极其危险的驾驶行为，极易酿成交通事故，轻则造成人员受伤、车辆受损，重则造成人员身亡。但在现实生活中，像这种动辄就开‘路怒车’的驾驶人却大有人在。在每年发生的交通事故中，很多都是由于驾驶人开‘路怒车’造成的。”[①]然而，我国《刑法》共设置了

① 叶金福：《“路怒”犯罪获刑是一堂法治教育课》，载《人民公安报》2021 年 3 月 18 日，第 3 版。

三类交通运输危险犯:其一,驾驶人员违规驾驶型犯罪:危险驾驶罪;其二,妨害安全驾驶型犯罪:暴力危及飞行安全罪,妨害安全驾驶罪,破坏交通工具罪,劫持航空器罪,劫持船只、汽车罪;其三,妨害安全通行型犯罪:破坏交通设施罪。相比而言,妨害安全通行的危险犯罪名只有一个,而现实生活中的妨害安全通行行为不仅表现为前述高度危险性的动态行为,还包括违规堆放物品占道、违规停车占道、违规经营占道等静态的妨害通行行为,司法实践通常将动态的妨害安全通行行为认定为"以危险方法危害公共安全罪",鉴于"以危险方法危害公共安全罪"适用于妨害通行行为在刑罚上失之过重,增设"妨害安全通行罪"的独立罪名非常必要。该建议也许一时难以得到本土法律文化的认同,然而,"文化从来不是静止不动的,随着时间的流逝,它定会产生出结果,尽管这种结果对于某个社会成员来说在很短时间里难以接受"。①

3. "私家轿车"与"大型公共交通运输工具"

近年来我国交通运力激增,在小型轿车走进普通家庭成为代步工具以来,交通运输行为的性质已经由原来的业务活动逐渐转变成为一种生活方式,对交通工具的分类管控自然也应趋向细腻化与精致化。小型轿车的安全风险有别于大型公共交通工具的安全风险,在本质上也是日常生活安全与生产作业安全的差别,《刑法》规制的视角与刑罚的力度应当有所不同。目前我国《刑法》要么忽视船舶交通肇事实害犯的罪名设置,要么将危险驾驶罪限定在"道路上",大型公共交通运输工具的危险驾驶罪成为立法的空白。因而建议对大型公共交通运输工具的危险驾驶行为和妨害其安全驾驶的行为设置独立的罪名,把关涉船舶、地铁、火车和航空器的交通危险犯归入一个罪名中,在刑罚幅度的设计上重于车辆的同类犯罪。

---

① [美]霍贝尔:《原始人的法》,严存生等译,法律出版社2006年版,第13页。

在建构交通刑法体系时，首先，应当把交通犯罪分为大型交通工具的犯罪与小型车辆的交通犯罪，以此为基础再进行类型化区分，包括法条的排列、罪名与法定刑的设置等都要按照犯罪工具的类型化逻辑依次进行布局。其次，将交通运输犯罪分为实害犯与危险犯两大类，实害犯虽然在本书中没有展开论述，但是在构建交通犯罪刑法体系时却不可或缺。最后，把所有交通犯罪按照危害程度的不同划分为四类：发生实害结果类交通犯罪、违反驾驶规则类犯罪、妨害安全驾驶类交通犯罪、妨害安全通行类交通犯罪。总之，经过前述几个层次的分类，应按照由重至轻的原则，兼顾罪名与法益的相近关系重新梳理并排列各个罪名。

4.“交通运输安全”与“危险物品安全”

交通运输与生产作业紧密相关，当运输对象属于放射性、毒害性或易燃易爆危险物质时，形成运输安全、生产作业安全和危险物品管理安全三重规范保护目的交织，加大了交通运输犯罪刑法体系的建构难度。交通运输危险犯的行为性质复杂，对主观罪过形式的争议较大，导致司法认定标准不一，甚至轻罪被认定为重罪。为解决这些问题，首先需要重新梳理“非法运输危险物质”、“违规运输危险化学品”与“擅自生产、经营、储存危险物品”等罪状及其规范保护目的；其次要从立法层面将前述罪状合理归位，亟待解决的问题是针对违规运输危险化学品的行为，其主要保护的是运输安全还是危险物品的管理安全？违规“运输”行为应否与“擅自生产、经营、储存危险物品”等行为合并到一个罪名之中？从理论上讲，规范保护的目的是强调行为人对何种结果应当预见并避免，其核心是结果回避的可能性问题。① 然而，司法实践

① 参见周光权：《结果回避义务研究———兼论过失犯的客观归责问题》，载《中外法学》2010年第6期。

中往往关注危险物品的运输许可和运输目的,忽视了这些违规行为是否处于规定保护目的的范围之内,结果导致将违反行政法规的行为认定为犯罪,将业务危险犯(危险驾驶罪第4项罪状)认定为公共危险犯(非法运输危险物质罪)。抛开规范层面的问题,我们需要明确的司法路径是,"首先要根据构成要件保护特定法益的目的对规定进行初步筛查,将不具有风险关联的目的排除在外。以交通法规为例,大部分的交通法规的目的都是为了预防和减少交通事故"。保护危险物品的运输安全与保护其生产、经营和仓储安全一样,主要目的是针对特殊物品的安全保护,但运输安全保护居于次要地位。①

5."继承传统文化"与"吸收域外经验"

近年来,构建刑法自主的知识体系成为时尚的话题和语境。在交通运输犯罪的立法理念与刑法体系建构中,自主,不是妄自尊大,也不是照抄照搬,哪些交通运输违规行为应当入刑,哪些行为留给行政管理,在人类法治历史的长河中一定有其辨别与判断的公理或良知。首先,"'自主'永远是和'本土'紧密相连的,本土色彩越浓,自主性就越强。当然,这种本土色彩应当是符合人类整体文明的发展步伐和发展方向的,而不能是'逆文明'的走向。"②其次,交通运输作为人类社会发展中的重要生活方式与生产作业手段,各个国家都会设定自己的风险红线,这些标准一定符合大多数人的认知与价值标准。"一种文化在行进中,总有某些选择的标准左右或影响着选择。这些广泛总结出来的标准掌握在一个社会的成员手中,作为衡量事物的本质和作为可取与不可取的尺度。我们宁可称这些标准为'公规'。哲学家和社会

① 吴尚赟:《注意规范保护目的的理论的本土化展开》,载《政法论坛》2018年第1期。

② 何勤华、路培欣:《论建构中国自主法学知识体系的本土资源》,载《华东政法大学学报》2024年第2期。

学家通常称之为‘价值’……因为社会成员通常接受这些基本主张，视之为不证自明的真理。而且作真理使用，用这些主张进行推理”。①

目前，我国交通犯罪的罪名严重缺失，在交通刑法规范本土化完善进程中，国际公约的内国化也不容忽视。为履行《联合国海洋法公约》缔约国义务，有必要增设“海盗罪”；为履行《国际海上人命安全公约》（International Convention for Safety of Life at Sea, SOLAS）（1974），应当增设“船长不救助遇险人员罪”。正如张智辉教授所言，刑法自主知识体系的核心在于必须以中国刑法的规范体系为基本遵循。在刑法自主知识体系的构建中，既要保持全球视野，又要充分体现中国刑法的本土特色。要融合各国刑法发展的共性与个性特征，将中国传统法律文化与现代刑法理念有机结合，从而指导刑事司法实践，服务国家发展大局。②

① [美]霍贝尔：《原始人的法》，严存生等译，法律出版社 2006 年版，第 12 页。

② 张智辉教授于 2024 年 11 月 24 日在湖南大学所做学术讲座，载湖南大学网，https://law.csu.edu.cn/info/1047/7760.htm。

主要参考文献

著作

高铭暄、马克昌主编:《刑法学(第6版)》,北京大学出版社、高等教育出版社2014年版。

高铭暄:《中华人民共和国刑法的孕育诞生和发展完善》,北京大学出版社2012年版。

高铭暄主编:《新编中国刑法学》,中国人民大学出版社1998年版。

高铭暄、赵秉志主编:《过失犯罪的理论基础》,法律出版社2002年版。

马克昌:《比较刑法原理:外国刑法学总论》,武汉大学出版2002年版。

马克昌主编:《犯罪通论》,武汉大学出版社1991年版。

王作富、刘树德:《刑法分则专题研究》,中国人民大学出版社2013年版。

储槐植:《刑事一体化要论》,北京大学出版社2007年版。

储槐植主编:《附属刑法规范集解》,中国检察出版社1992年版。

储槐植:《美国刑法(第2版)》,北京大学出版社1996年版。

陈兴良:《规范刑法学(第2版)》(上册),中国人民大学出版社2008年版。

陈兴良:《本体刑法学》,商务印书馆2001年版。

陈兴良:《口授刑法学》,中国人民大学出版社2007年版。

陈兴良:《刑法适用总论》(上卷),法律出版社1999年版。

陈兴良:《刑法哲学》,中国政法大学出版社1992年版。

高铭暄、赵秉志主编:《犯罪总论比较研究》,北京大学出版社2008年版。

张明楷:《刑法学(第5版)》,法律出版社2016年版。

姜伟:《犯罪故意与犯罪过失》,群众出版社1992年版。

李洁:《论罪刑法定的实现》,清华大学出版社2006年版。

刘明祥主编:《过失犯研究:以交通过失和医疗过失为中心》,北京大学出版社2010年版。

卢建平:《论行政刑法的性质》,载杨敦先、曹子丹主编:《改革开放与刑法发展》,中国检察出版社1993年版。

齐文远主编:《刑法学(第3版)》,北京大学出版社2016年版。

刘志伟、聂立泽主编:《业务过失犯罪比较研究》,法律出版社2004年版。

黎宏:《刑法学总论(第2版)》,法律出版社2016年版。

黎宏:《日本刑法精义》,中国检察出版社2004年版。

何荣功:《实行行为研究》,武汉大学出版社2007年版。

曲新久主编:《刑法学(第4版)》,中国政法大学出版社2011年版。

王志祥:《危险犯研究》,中国人民公安大学出版社2004年版。

刘作翔:《法律文化理论》,商务印书馆1999年版。

喻海松:《环境资源犯罪实务精释》,法律出版社 2017 年版。

韩忠谟:《刑法原理》,中国政法大学出版社 2002 年版。

许发民:《刑法的社会学分析》,法律出版社 2003 年版。

李凯:《交通犯罪的刑法规制》,法律出版社 2017 年版。

彭聃龄主编:《普通心理学(修订版)》,北京师范大学出版社 2004 年版。

林欣、李琼英:《国际刑法新论》,中国人民公安大学出版社 2005 年版。

韩立新、王秀芬编译:《各国(地区)海商法汇编》,大连海事大学出版社 2003 年版。

郝艳兵:《风险刑法:以危险犯为中心的展开》,中国政法大学出版社 2012 年版。

曹菲:《管理监督过失研究:多角度的审视与重构》,法律出版社 2013 年版。

梁根林、[德]埃里希·克尔根多夫主编:《刑法体系与客观归责:中德刑法学者的对话(二)》,北京大学出版社 2015 年版。

吴兆麟、赵月林主编:《船舶避碰与值班》,大连海事大学出版社 2014 年版。

吴兆麟:《船舶避碰与海上安全研究》,大连海事大学出版社 2006 年版。

李卫红:《刑事政策学(第 2 版)》,北京大学出版社 2018 年版。

赵微主编:《水上交通犯罪的理论与实务》,黑龙江大学出版社 2012 年版。

杨雪冬等:《风险社会与秩序重建》,社科文献出版社 2006 年版。

赵微、王赞:《海上国际犯罪研究》,法律出版社 2015 年版。

赵微:《海事犯罪立法与司法研究集锦》,人民交通出版社股份有限公司 2016 年版。

叶慧娟:《见危不助犯罪化的边缘性审视》,中国人民公安大学出版社 2008 年版。

高贵君主编:《危险驾驶刑事办案指南》,人民法院出版社 2014 年版。

张晶:《风险刑法:以预防机能为视角的展开》,中国法制出版社 2012 年版。

王小波:《〈罗得海商法〉研究》,中国政法大学出版社 2011 年版。

孟昭兰主编:《普通心理学》,北京大学出版社 1994 年版。

季卫东、程金华主编:《风险法学的探索——聚焦问责的互动关系》,上海三联书店 2018 年版。

姜敏:《交通风险语境下间接危害行为犯罪化研究》,中国法制出版社 2022 年版。

高贵君主编:《危险驾驶刑事案件办案指南》,人民法院出版社 2014 年版。

王秀芬等主编:《日本海事法规辑要》,吉林大学出版社 2000 年版。

周成瑜:《海事刑法论》,台北,学林文化事业有限公司 2003 年版。

周成瑜:《海上犯罪与国际刑法》,台北,五南图书出版股份有限公司 2007 年版。

皮艺军:《犯罪学研究论要》,中国政法大学出版社 2001 年版。

张永强:《预防性犯罪化及其限度研究》,中国社会科学出版社 2020 年版。

高波:《海事行政法研究》,国防工业出版社 2010 年版。

黄河:《行政刑法比较研究》,中国方正出版社 2001 年版。

[德]乌尔里希・贝克:《世界风险社会》,吴英姿、孙淑敏译,南京

大学出版社 2004 年版。

［德］乌尔斯·金德霍伊泽尔:《刑法总论教科书(第 6 版)》,蔡桂生译,北京大学出版社 2015 年版。

［德］约阿希姆·哈内主编:《船舶航行安全》,刘曜、宋新新译,上海科学技术出版社 2017 年版。

［日］松宫孝明:《刑法总论讲义(第 4 版补正版)》,钱叶六译,中国人民大学出版社 2014 年版。

［日］大谷实:《刑事政策学(新版)》,黎宏译,中国人民大学出版社 2009 年版。

［日］佐伯千仞:《刑法总论的思之道·乐之道》,于佳佳译,中国政法大学出版社 2017 年版。

［日］甲斐克則:《海上交通犯罪の研究》(海事刑法研究第一卷),成文堂株式会社 2001 年発行。

［日］甲斐克则:《责任原理与过失犯罪论》,谢佳君译,中国政法大学出版社 2016 年版。

［日］大谷实:《刑法讲义总论(新版第 5 版)》,黎宏、姚培培译,中国人民大学出版社 2023 年版。

［日］川本哲郎:《交通犯罪对策研究》,杨宁译,法律出版社 2021 年版。

［德］切萨雷·贝卡利亚:《论犯罪与刑罚》,黄风译,中国法制出版社 2002 年版。

［德］弗兰茨·冯·李斯特:《李斯特德国刑法教科书》,徐久生译,北京大学出版社 2021 年版。

［德］黑格尔:《小逻辑》,贺麟译,商务印书馆 1980 年版。

［德］黑格尔:《法哲学原理》,范扬、张企泰译,商务印书馆 1961

年版。

[法]卡斯东·斯特法尼等:《法国刑法总论精义》,罗结珍译,中国政法大学出版社 1998 年版。

[法]米海依尔·戴尔玛斯－马蒂:《刑事政策的主要体系》,卢建平译,法律出版社 2000 年版。

[英]伊丽莎白·费雪:《风险规制与行政宪政主义》,沈岿译,法律出版社 2012 年版。

[英]安东尼·吉登斯、克里斯多弗·皮尔森:《现代性:吉登斯访谈录》,尹宏毅译,新华出版社 2001 年版。

[美]哈伯特·L. 帕克:《刑事制裁的界限》,梁根林等译,法律出版社 2008 年版。

[美]阿尔弗雷德·塞耶·马汉:《大国海权》,熊显华编译,江西人民出版社 2011 年版。

[德]克劳斯·罗克辛:《德国刑法学总论》(第 1 卷),王世洲译,法律出版社 2005 年版。

[德]胡塞尔:《纯粹现象学通论》,李幼蒸译,商务印书馆 2002 年版。

论文

高铭暄、孙道萃:《预防性刑法观及其教义学思考》,载《中国法学》2018 年第 1 期。

张明楷:《也谈客观归责理论 兼与周光权、刘艳红教授商榷》,载《中外法学》2013 年第 2 期。

张明楷:《日本刑法的发展及其启示》,载《当代法学》2006 年第 1 期。

张明楷:《〈刑法修正案(十一)〉对司法解释的否认及其问题解

决》,载《法学》2021 年第 2 期。

张明楷:《“风险社会”若干刑法理论问题反思》,载《法商研究》2011 年第 5 期。

陈兴良:《风险刑法理论的法教义学批判》,载《中外法学》2014 年第 1 期。

陈兴良:《公共安全犯罪的立法思路嬗变:以〈刑法修正案(十一)〉为视角》,载《法学》2021 年第 1 期。

黄京平:《危险作业罪的规范目的及其实现——〈刑法修正案(十一)〉的标志性立法实践》,载《北京联合大学学报(人文社会科学版)》2021 年第 2 期。

胡云腾、徐文文:《刑法修正案(十一)若干问题解读》,载《法治研究》2021 年第 2 期。

刘宪权、陆一敏:《〈刑法修正案(十一)〉的解读与反思》,载《苏州大学学报(哲学社会科学版)》2021 年第 1 期。

卢建平:《风险社会的刑事政策与刑法》,载《法学论坛》2011 年第 4 期。

梁根林:《刑法修正:维度、策略、评价与反思》,载《法学研究》2017 年第 1 期。

侯国云:《有关交通肇事罪的几个疑难问题》,载《中国法学》2003 年第 1 期。

何荣功:《预防刑法的扩张及其限度》,载《法学研究》2017 年第 4 期。

姜敏:《刑法预防性立法对犯罪学之影响:困境与出路》,载《政法与法律》2020 年第 1 期。

田宏杰:《“风险社会”的刑法立场》,载《法商研究》2011 年第 4 期。

楼伯坤:《对刑法第 133 条“逃逸”的逻辑解释——以加重犯为视

角》,载《河北法学》2008 年第 5 期。

黄伟明:《交通肇事后逃逸的行为性解释——以质疑规范目的解释为切入点》,载《法学》2015 年第 5 期。

劳东燕:《交通肇事逃逸的相关问题研究》,载《法学》2013 年第 6 期。

劳东燕:《风险社会与变动中的刑法理论》,载《中外法学》2014 年第 1 期。

姜涛:《现代刑法的立法转型与再法典化》,载《中国刑事法杂志》2023 年第 2 期。

詹奇玮、赵秉志:《妨害安全驾驶罪的规范考察与适用探析》,载《贵州社会科学》2021 年第 10 期。

梅传强、胡雅岚:《妨害公共交通工具安全驾驶罪的理解与适用》,载《苏州大学学报(哲学社会科学版)》2021 年第 1 期。

郑天城:《论妨害安全驾驶罪的结果归属与主观归责——基于风险支配视角的观察》,载《上海法学研究》集刊 2021 年第 21 卷。

钱叶六:《监督过失理论及其适用》,载《法学论坛》2010 年第 3 期。

周光权:《指使交通肇事者逃逸应当以窝藏罪定性》,载《人民检察》2005 年第 14 期。

陈洪兵:《指使交通肇事者逃逸构成遗弃罪或者故意杀人罪的教唆犯——兼质疑周光权老师提出的"窝藏罪"说》,载《政治与法律》2008 年第 5 期。

李晓龙、李立众:《试析交通肇事罪中的"因逃逸致人死亡"》,载《法学》1999 年第 8 期。

李晓明:《行政刑法属性的论争及其定位》,载《北方法学》2008 年第 4 期。

赵微、王慧:《水上交通事故“人员失踪”的刑法定性研究》,载《苏州大学学报(哲学社会科学版)》2013 年第 1 期。

彭菊萍:《浅析交通肇事因逃逸致人死亡的有关问题》,载《法学杂志》2009 年第 7 期。

陈洪兵:《“因逃逸致人死亡”条款虚置化的原因及其克服》,载《法学》2018 年第 2 期。

马金星:《论海事安全调查国际立法发展趋势及启示》,载《中国海洋大学学报(社会科学版)》2016 年第 5 期。

叶国鑫:《法网难逃——一起重大水上交通肇事涉嫌逃逸犯罪心理分析与对策》,载《中国海事》2012 年第 8 期。

关政军:《船舶交通事故的分析》,载《大连海事大学学报》1997 年第 1 期。

余丽、陈志军:《对妨害公共交通工具安全驾驶行为的刑法规制研究》,载《公安学研究》2020 年第 4 期。

郑泽善:《共同正犯若干问题研究——论过失共同正犯》,载《政治与法律》2014 年第 11 期。

那吉超、施飞峰:《对中国海事安全调查的几点思考》,载《大连海事大学学报(社会科学版)》2010 年第 2 期。

汤兆宝:《某渔船沉没事故的思考》,载《航海技术》2018 年第 2 期。

王应富:《论远洋船舶船长行使警察权的正当性》,载《中国人民公安大学学报(社会科学版)》2013 年第 1 期。

胡道华、胡正良、王国华:《海事国际条约在中国的适用原则》,载《大连海事大学学报(社会科学版)》2007 年第 1 期。

周丹、郑中义:《能见度良好时影响船舶领域的因素的重要性分析》,载《哈尔滨工业大学学报》2017 年第 1 期。

曹怀昌:《从“自由企业先驱”号失事谈起》,载《航海》1988 年第 3 期。

魏榕根:《紧迫局面的形成与船舶碰撞责任》,载《中国海事》2017 年第 10 期。

章江:《日本实施新〈道路交通法〉》,载《检察风云》2021 年第 3 期。

何腾蛟、杜何阳:《析沿海船舶避碰行动中“VHF 避碰协议”的法律效力》,载《世界海运》2018 年第 6 期。

王赞:《水上交通肇事刑事责任研究》,载《中国海商法研究》2017 年第 4 期。

孙运梁:《客观归责理论的引入与因果关系的功能回归》,载《现代法学》2013 年第 1 期。

施海平:《海上交通肇事逃逸原因及法律问题探讨》,载《中国海事》2010 年第 12 期。

张琦:《醉驾型危险驾驶罪法定刑模式的优化与重构——以 24881 份裁判文书为视角的展开》,载《河南警察学院学报》2020 年第 6 期。

邓红梅、吴航帆:《妨害公共交通工具驾驶案件的司法适用现状、问题与路径指引》,载《法律适用》2020 年第 2 期。

吴文正、李光辉、吴忠华:《水上交通肇事逃逸情况分析及对策》,载《世界海运》2012 年第 2 期。

周舟:《日本道路交通犯罪立法体系修正及其启示》,载《江西警察学院学报》2014 年第 4 期。

王金霞:《海上事故中公平对待海员法律问题研究》,大连海事大学 2008 年硕士学位论文。

王玉玺:《船舶碰撞责任划分辅助决策系统研究》,大连海事大学

2016 年硕士学位论文。

曾志辉:《风险社会背景下交通犯罪的立法研究》,华南理工大学 2011 年硕士学位论文。

吴卫云:《论醉驾型危险驾驶罪的司法适用与立法完善——基于醉驾电动摩托车问题的反思》,载《公安研究》2023 年第 7 期。